〔梁〕沈約撰

點校本
二十四史
修訂本

宋書

第八册
卷八五至卷一〇〇

中華書局

2018 年 5 月北京第 1 版　　2021 年 10 月北京第 2 次印刷

ISBN 978-7-101-10701-2

宋書卷八十五

列傳第四十五

謝莊　王景文

謝莊字希逸，陳郡陽夏人，太常弘微子也。年七歲，能屬文，通論語。及長，韶令美容儀，太祖見而異之，謂尚書僕射殷景仁、領軍將軍劉湛曰：「藍田出玉，豈虛也哉。」初爲始興王濬後軍法曹行參軍，轉太子舍人，廬陵王文學，太子洗馬，中舍人，廬陵王紹南中郎諮議參軍。又轉隨王誕後軍諮議，並領記室。分左氏經傳，隨國立篇，製木方丈，圖山川土地，各有分理，離之則州別郡殊，合之則寓內爲一。元嘉二十七年，索虜寇彭城，虜遣尚書李孝伯來使，與鎮軍長史張暢共語，孝伯訪問莊及王微〔一〕，其名聲遠布如此。二十九年，除太子中庶子。時南平王鑠獻赤鸚鵡，普詔羣臣爲賦。太子左衞率袁淑文冠當時，作賦畢，齎以示莊，莊賦亦竟，淑見而歎曰：「江東無我，卿當獨秀。我若無卿，亦一時之傑也。」遂隱其賦。

元凶弒立，轉司徒左長史。世祖入討，密送檄書與莊，令加改治宣布。莊遣腹心門生具慶奉啓事密詣世祖曰：「賊劭自絕於天，裂冠毀冕，窮弒極逆，開闢未聞，四海泣血，幽明同憤。奉三月二十七日檄，聖迹昭然，伏讀感慶。天祚王室，叡哲重光。殿下文明在嶽，神武居陜，肅將乾威，龔行天罰，滌社稷之仇，雪華夷之恥，使弛墜之構，更獲締造，垢辱之甿，復得明目。伏承所命，柳元景、馬文恭、宗慤、沈慶之等精甲十萬〔二〕，已次近道。殿下親董鋭旅，授律繼進。荆、鄢之師，岷、漢之衆，舳艫萬里，旌旆虧天，九土冥符，羣后畢會。今獨夫醜類，曾不盈旅，自相暴殄，省闥橫流，百僚屏氣，道路以目。檄至，輒布之京邑，朝野同欣，里頌塗歌，室家相慶，莫不望景聳魂，瞻雲佇足。先帝以日月之光，照臨區寓，風澤所漸，無幽不洽。況下官世荷寵靈，叨恩踰量，謝病私門，幸免虎口，雖志在投報，其路無由。今大軍近次，永清無遠，欣悲踊躍，不知所裁。」

世祖踐阼，除侍中。時索虜求通互市，上詔羣臣博議。莊議曰：「臣愚以爲獯獫棄義，唯利是視，關市之請，或以覘國，順之示弱，無明柔遠，距而觀釁，有足表彊。且漢文和親，豈止彭陽之寇；武帝脩約，不廢馬邑之謀。故有餘則經略，不足則閉關。何爲屈冠帶之邦，通引弓之俗，樹無益之軏，招塵點之風。交易爽議，既應深杜；和約詭論，尤宜固絶。臣庸管多蔽，豈識國儀，恩誘降逮，敢不披盡。」

時驃騎將軍竟陵王誕當爲荆州，徵丞相、荆州刺史南郡王義宣入輔，義宣固辭不入，而誕便克日下船。莊以：「丞相既無入志，驃騎發便有期，如似欲相逼切，於事不便。」世祖乃申誕發日，義宣竟亦不下。

上始踐阼，欲宣弘風則，下節儉詔書，事在孝武本紀。莊慮此制不行，又言曰：「詔云『貴戚競利，興貨廛肆者，悉皆禁制』。此實允愜民聽。其中若有犯違，則應依制裁糾。若廢法申恩，便爲令有所屈。此處分伏願深思，無緣明詔既下，而聲實乖爽。臣愚謂大臣在禄位者，尤不宜與民爭利，不審可得在此詔不？拔葵去織，實宜深弘。」

孝建元年，遷左衛將軍。初，世祖嘗賜莊寶劍，莊以與豫州刺史魯爽送别。爽後反叛，世祖因宴集，問劍所在，答曰：「昔以與魯爽别，竊爲陛下杜郵之賜。」上甚説，當時以爲知言。

于時搜才路陿，乃上表曰：

臣聞功照千里，非特燭車之珍；德柔鄰國，豈徒秘璧之貴〔三〕。故詩稱殄悴，誓述榮懷，用能道臻無積，化至恭己。伏惟陛下膺慶集圖，締寓開縣，夕爽選政，昃旦調風，采言厮輿，觀謡仄遠，斯實辰階告平，頌聲方製。臣竊惟隆陂所漸，治亂之由，何嘗不興資得才，替因失士。故楚書以善人爲寶，虞典以則哲爲難。進選之軌，既弛中代，登造之律，未闡當今。必欲崇本康務，庇民濟俗，匪更沾濯，奚取九成〔四〕。升曆中陽，英賢起於徐、沛，受籙白水，茂異出於荆、宛。寧二都智之所産，七隩才之所集〔五〕，實遇與不遇，用與不用耳。今大道光亨，萬務俟德，而九服之曠，九流之艱，提鈞懸衡，委之選部。一人之鑒易限，而天下之才難原，以易限之鑒，鏡難原之才，使國罔遺授，野無滯器，其可得乎。昔公叔與僎同升，管仲取臣於盜，趙文非親士踈嗣，祁奚豈諂讎比子，茹茅以彙，作範前經，舉爾所知，式昭往牒。且自古任薦，賞罰弘明，成子舉三哲而身致魏輔，應侯任二士而己捐秦相，臼季稱冀缺而疇以田采，張勃進陳湯而坐以褫爵。此先事之盛准，亦後王之彝鑒。如臣愚見，宜普命大臣，各舉所知，以付尚書，依分銓用。若任得其才，舉主延賞〔六〕；有不稱職，宜及其坐。重者免黜，輕者左遷，被舉之身，加以禁錮，年數多少，隨愆議制。若犯大辟，則任者刑論。

又政平訟理，莫先親民，親民之要，寔歸守宰，故黄霸治潁川累稔，杜畿居河東歷載，或就加恩秩，或入崇輝寵。今莅民之職，自非公私必應代换者，宜遵六年之制，進獲章明庸墥，退得民不勤擾。如此則下無浮謬之愆，上靡棄能之累，考績之風載泰，槱薪之歌克昌。臣生屬亨路，身漸鴻猷，遂得奉詔左右，陳愚於側，敢露芻言，懼氛恒典。

有詔莊表如此，可付外詳議，事不行。

其年，拜吏部尚書。莊素多疾，不願居選部，與大司馬江夏王義恭牋自陳，曰：

下官凡人，非有達概異識，俗外之志，實因羸疾，常恐奄忽，故少來無意於人間，豈當有心於崇達邪。頃年乘事回薄，遂果饕非次，既足貽誚明時，又亦取愧朋友。前以聖道初開，未遑引退，及此諸夏事寧，方陳微請。欵志未伸，仍荷今授，被恩之始，具披寸心，非惟在己知尤，實懼塵穢彝序。

稟生多病，天下所悉，兩脅癖疾，殆與生俱，一月發動，不減兩三，每至一惡，痛來逼心，氣餘如綖。利患數年，遂成痼疾，吸吸惙惙，常如行尸。恒居死病，而不復道者，豈是疾痊，直以荷恩深重，思答殊施，牽課尫瘵，以綜所忝。眼患五月來便不復得夜坐，恒閉帷避風日，晝夜惛懵，爲此不復得朝謁諸王，慶吊親舊，唯被敕見，不容停耳。此段不堪見賓，已數十日，持此苦生，而使銓綜九流，應對無方之訴，實由聖慈罔已，然當之信自苦劇。若才堪事任，而體氣休健，承寵異之遇，處自效之塗，豈苟欲思閑辭事邪。家素貧弊，宅舍未立，兒息不免羸糲，而安之若命，寧復是能忘微禄，正以復有切於此處，故無復他願耳。今之所希，唯在小閑。下官微命，於天下至輕，在己不能不重。屢經披請，未蒙哀恕，良由誠淺辭訥，不足上感。

家世無年，亡高祖四十〔七〕，曾祖三十二，亡祖四十七，下官新歲便三十五，加以疾患如此，當復幾時見聖世，就其中煎懹若此，實在可矜。前時曾啓願三吴，敕旨云「都不須復議外出」。莫非過恩，然亦是下官生運，不應見一閑逸。今不敢復言此，當付之來生耳。但得保餘年，無復物務，少得養痾，此便是志願永畢。在衡門下有所懷，動止必聞，亦無假居職，患於不能裨補萬一耳。識淺才常，羸疾如此，孤負主上擢授之恩，私心實自哀愧。入年便當更申前請，以死自固。但庸近所訴，恐未能仰徹。公恩盼弘深，粗照誠懇，願侍坐言次，賜垂拯助，則苦誠至心，庶獲哀允。若不蒙降祐，下官當於何希冀邪。仰憑愍察，願不垂悋。

三年，坐辭疾多，免官。

大明元年，起爲都官尚書，奏改定刑獄，曰：

臣聞明慎用刑，厥存姬典〔八〕；哀矜折獄，實暉吕命。罪疑從輕，既前王之格範；寧失弗經，亦列聖之恒訓。用能化致升平，道臻恭己。逮漢文傷不辜之罰，除相坐之令，孝宣倍深文之吏，立鞫訊之法，當是時也，號稱刑清〔九〕。陛下踐位，親臨聽訟，億兆相賀，以爲無冤民矣。而比囹圄未虛，頌聲尚缺。臣竊謂五聽之慈，弗宣於宰物；三宥之澤，未洽於民謠。頃年軍旅餘弊，劫掠猶繁，監司討獲〔一〇〕，多非其實，或規免身咎〔一一〕，不慮國患，楚對之下，鮮不誣濫。身遭鈇鑕之誅，家嬰孥戮之痛，比伍同閈，莫不及罪，是則一人罰謬，坐者數十。昔齊女告天，臨淄臺殞，孝婦冤戮，東海愆陽，此皆符變靈祇，初感景緯〔一二〕。臣近兼訊，見重囚八人，旋觀其初，死有餘罪，詳察其理，實並無辜。恐此等不少，誠可怵惕也。

舊官長竟囚畢，郡遣督郵案驗，仍就施刑。督郵賤吏，非能異於官長，有案驗之名，而無研究之實。愚謂此制宜革。自今入重之囚，縣考正畢，以事言郡，并送囚身，委二千石親臨覈辯，必收聲吞釁，然後就戮。若二千石不能決，乃度廷尉。神州統外，移之刺史，刺史有疑，亦歸臺獄。必令死者不怨，生者無恨。庶鬻棺之諺，輟歎於終古；兩造之察，流詠於方今。臣學闇申、韓，才寡治術，輕陳庸管，懼乖國憲。

上時親覽朝政，常慮權移臣下，以吏部尚書選舉所由，欲輕其勢力，二年，下詔曰：「八柄馭下，以爵爲先；九德咸事，政典居首。銓衡治樞，興替攸寄，頃世以來，轉失厥序，徒秉國鈞，終貽權謗。今南北多士，勳勤彌積，物情善否，實繫斯任。官人之詠，維聖克允；則哲之美，粤帝所難。加澆季在俗，讓議成風，以一人之識，當羣品之誚，望沈浮自得，庸可致乎。吏部尚書可依郎分置，并詳省閑曹。」又別詔太宰江夏王義恭曰：

分選詔旦出，在朝論者，亦有同異。誠知循常甚易，改舊生疑。但吏部尚書由來與録共選，良以一人之識，不辦洽通，兼與奪威權，不宜專一故也。前述宣先旨，敬從來奏，省録作則，永貽後昆，自此選舉之要，唯由元、凱一人。若通塞乖衷，而訴達者尠，且違令與物，理至隔閡。前王盛主，猶或難之，況在寡闇，尤見其短。又選官裁病，即嗟誚滿道，人之四體，會盈有虛，旬日之間，便至怨詈，況實有假託，不由寢頓者邪。一詣不前，貧苦交困，則兩邊致患，互不相體，校之以實，並有可哀。若職置二人，則無此弊。兼選曹樞要，歷代斯重，人經此職，便成貴塗，己心外議，咸不自限，故范曄、魯爽，舉兵滅門，以此言之，實由榮厚勢驅，殷繁所至。設可擬議此授，唯有數人，本積歲月，稍加引進，而理無前期，多生慮表，或嬰艱抱疾，事至回移。官人之任，決不可闕，一來一去，向人已周，非有黜責，已貴難賤，既成妨長，寘之無所，盛衰遞襲，便是一段世臣相處之方，臣主生疑，所以彌覺此職，宜在降階。監令端右，足處時望，無人則闕，異於九流。今但直銓選部，有減前資。物情好猜，橫立別解，本旨向意，終不外宣。唯有從郎分置，視聽自改。選既輕先，民情已變，有堪其任，大展遷回。兼常之宜，以時稍進，本職非復重官可得，不須帶帖數過，居之盡無詒怪。

自中分荆、揚，于時便有意於此，正訝改革不少，容生駭惑。爾來多年，欲至歲下處分，會何偃致故，應有親人，故近因此施行。本意詔文不得委悉，故復紙墨具陳。於是置吏部尚書二人，省五兵尚書，莊及度支尚書顧覬之並補選職〔一三〕。遷右衞將軍，加給事中。

時河南獻舞馬，詔羣臣爲賦，莊所上其詞曰：

天子馭三光，總萬寓，挹雲經之留憲，裁河書之遺矩。是以德澤上昭，天下漏泉，符瑞之慶咸屬，榮懷之應必躔。月晷呈祥，乾維效氣，賦景河房，承靈天駟，陵原郊而漸影，躍采淵而泳質，辭水空而南傃，去輪臺而東洎，乘玉塞而歸寶，奄芝庭而獻祕。及其養安騏校，進駕龍涓，輝大馭於國皂，賁上襄於帝閑，超益野而踰緑地，軼蘭池而轢紫燕。五王晦其術，十氏懵其玄，東門豈或狀，西河不能傳。既秣苣以均性〔一四〕，又佩蘅以崇躅，卷雄神於綺文，蓄奔容於帷燭，蘊籋雲之鋭景，戢追電之逸足，方疊鎔於丹縞，亦聯規於朱駮。觀其雙璧應範，三封中圖，玄骨滿，燕室虛，陽理竟，潛策紆，汗飛赭，沫流朱。至於肆夏已升，采齊既薦，始徘徊而龍俛，終沃若而鸞盼，迎調露於飛鍾，赴承雲於驚箭，寫秦坰之彌塵〔一五〕，狀吴門之曳練，窮虞庭之蹈蹀，究遺野之環袨。若夫蹠實之態未卷，凌遠之氣方攄，歷岱野而過碣石，跨滄流而軼姑餘，朝送日於西坂，夕歸風於北都，尋瓊宮於倏瞬，望銀臺於須臾。

若乃日宣重光，德星昭衍，國稱梁、岱佇蹕，史言壇場望踐，鄗上之瑞彰，江間之禎闡，榮鏡之運既臻，會昌之曆已辨，感五緐之程符，鑒羣后之薦典。聖主將有事於東嶽，禮也。於是順斗極，乘次躔，戒懸日於昭旦，命月題於上年。騑騑翼翼，泛脩風而浮慶煙，肅肅雍雍，引八神而詔九仙。下齊郊而掩配林，集嬴里而降祊田，蒲軒次巘，瑄璧承巒，金檢茲發，玉牒斯刊，盛節之義洽，升中之禮殫，億兆悅，精祇歡，聆萬歲於曾岫，燭神光於紫壇。是以擊轅之蹈，撫埃之舞，相與而歌曰：聳朝蓋兮泛晨霞，靈之來兮雲漢華。山有壽兮松有茂，祚神極兮貺皇家。

然後悟聖朝之績，號慶榮之烈，比盛乎天地，爭明乎日月，茂實冠於胥、庭，鴻名邁於勛、發。業底於告成，道臻乎報謁，巍巍乎，蕩蕩乎，民無得而稱焉。

又使莊作舞馬歌，令樂府歌之。

五年，又爲侍中，領前軍將軍。于時世祖出行，夜還，敕開門，莊居守，以棨信或虛，執不奉旨，須墨詔乃開。上後因酒讌從容曰：「卿欲效郅君章邪？」對曰：「臣聞蒐巡有度，郊祀有節，盤于遊田，著之前誡。陛下今蒙犯塵露，晨往宵歸，容恐不逞之徒，妄生矯詐，臣是以伏須神筆，乃敢開門耳。」改領游擊將軍，又領本州大中正，晉安王子勛征虜長史、廣陵太守，加冠軍將軍。改爲江夏王義恭太宰長史，將軍如故。六年，又爲吏部尚書，領國子博士。坐選公車令張奇免官，事在顏師伯傳。

時北中郎將新安王子鸞有盛寵，欲令招引才望，乃使子鸞板莊爲長史，府尋進號撫軍，仍除長史、臨淮太守，未拜，又除吳郡太守。莊多疾，不樂去京師，復除前職。前廢帝即位，以爲金紫光祿大夫。初，世祖寵姬殷貴妃薨，莊爲誄云：「贊軌堯門。」引漢昭帝母趙婕妤堯母門事，廢帝在東宮，銜之。至是遣人詰責莊曰：「卿昔作殷貴妃誄，頗知有東宮不？」將誅之。或說帝曰：「死是人之所同，政復一往之苦，不足爲深困。莊少長富貴，今且繫之尚方，使知天下苦劇，然後殺之未晚也。」帝然其言，繫於左尚方。太宗定亂，得出。及即位，以莊爲散騎常侍、光祿大夫，加金章紫綬，領尋陽王師，頃之，轉中書令，常侍、王師如故。尋加金紫光祿大夫，給親信二十人，本官並如故。泰始二年，卒，時年四十六，追贈右光祿大夫，常侍如故，謚曰憲子。所著文章四百餘首，行於世。

長子颺，晉平太守。女爲順帝皇后，追贈金紫光祿大夫。

王景文，琅邪臨沂人也。名與明帝諱同。祖穆，臨海太守。伯父智，少簡貴，有高名，高祖甚重之，常云：「見王智，使人思仲祖。」與劉穆之謀討劉毅，而智在焉。它日，穆之白高祖曰：「伐國，重事也，公云何乃使王智知？」高祖笑曰：「此人高簡，豈聞此輩論議。」其見知如此。爲太尉諮議參軍，從征長安，留爲桂陽公義真安西將軍司馬、天水太守。還爲宋國五兵尚書，晉陵太守，加秩中二千石，封建陵縣五等子，追贈太常。父僧朗，亦以謹實見知。元嘉中，爲侍中，勤於朝直，未嘗違惰，太祖嘉之，以爲湘州刺史。世祖大明末，爲尚書右僕射〔一六〕。太宗初，以后父爲特進、左光祿大夫，又進開府儀同三司，固讓，乃加侍中、特進。尋薨，追贈開府，謚曰元公。

景文出繼智，幼爲從叔球所知。美風姿，好言理，少與陳郡謝莊齊名。太祖甚相欽重，故爲太宗娶景文妹，而以景文名與太宗同〔一七〕。高祖第五女新安公主先適太原王景深，離絶，當以適景文，固辭以疾，故不成婚。起家太子太傅主簿，轉太子舍人，襲爵建陵子。出爲江夏王義恭、始興王濬征北後軍二府主簿，武陵王文學，世祖撫軍記室參軍，南廣平太守，轉諮議參軍，仍度安北、鎮軍府，出爲宣城太守。

元凶弑立，以爲黄門侍郎，未及就，世祖入討，景文遣間使歸款。以父在都邑，不獲致身，及事平，頗見嫌責，猶以舊恩，除南平王鑠司空長史，不拜。出爲東陽太守，入爲御史中丞，祕書監，領越騎校尉，不拜，遷司徒左長史。上以散騎常侍舊與侍中俱掌獻替，欲高其選，以景文及會稽孔覬俱南北之望〔一八〕，並以補之。尋復爲左長史。坐姊墓開不臨赴，免官。大明二年，復爲祕書監。太子右衛率，侍中。五年，出爲安陸王子綏冠軍長史、輔國將軍、江夏内史，行郢州事。又徵爲侍中，領射聲校尉，右衛將軍，加給事中，太子中庶子，右衛如故。坐與奉朝請毛法因蒱戲，得錢百二十萬，白衣領職。尋復爲侍中，領中庶子，未拜。前廢帝嗣位，徙祕書監，侍中如故。以父老自解，出爲江夏王義恭太宰長史，輔國將軍、南平太守。永光初，爲吏部尚書。景和元年，遷右僕射〔一九〕。

太宗即位，加領左衛將軍。時六軍戒嚴，景文仗士三十人入六門。諸將咸云：「平殄小賊，易於拾遺。」景文曰：「敵固無小，蜂蠆有毒，何可輕乎。諸軍當臨事而懼，好謀而成，先爲不可勝，乃制勝之術耳。」尋遷丹陽尹，僕射如故。遭父憂，起爲冠軍將軍、尚書左僕射、丹陽尹，固辭僕射，改授散騎常侍、中書令、中軍將軍，尹如故，又辭不拜。仍出爲使持節、散騎常侍、都督江州郢州之西陽豫州之新蔡晉熙三郡諸軍事、安南將軍、江州刺史。讓常侍，服闋乃受。

太宗翦除暴主，又平四方，欲引朝望以佐大業，乃下詔曰：「夫良圖宣國，賞崇彝命；殊績顯朝，策勤王府。安南將軍、江州刺史景文，風度淹粹，理懷清暢，體兼望實，誠備夷岨。寶曆方啓，密贊義機，妖徒干紀，預毗廟略。宜登茅社，永傳厥祚。朕澄氛寧樞，實資多士，疏爵疇庸，寔膺徽列。尚書右僕射、領衛尉興宗，識懷詳正，思局通敏。吏部尚書、領太子左衛率淵，器情閑茂，風業韶遠。並謀參軍政，績亮時艱，拓宇開邑，寔允勳典。景文可封江安縣侯，食邑八百户，興宗可始昌縣伯，淵可南城縣伯，食邑五百户。」景文固讓，不許，乃受五百户。進號鎮南將軍，尋給鼓吹一部。後以江州當徙鎮南昌，領豫章太守，餘如故。州不果遷。頃之，徵爲尚書左僕射，領吏部，揚州刺史，加太子詹事，常侍如故。不願還朝，求爲湘州刺史，不許。

時又謂景文在江州，不能潔己，景文與上幸臣王道隆書曰〔二〇〕：「吾雖寡於行己，庶不負心，既愧殊效，誓不上欺明主。竊聞有爲其貝錦者，云營生乃至巨萬，素無此能，一旦忽致異術，必非平理。唯乞平心精檢，若此言不虚，便宜肆諸市朝，以正風俗。脱其妄作，當賜思罔昧之由。吾踰忝轉深，足以致謗，念此驚懼，何能自測。區區所懷，不願望風容貸。吾自了不作偷，猶如不作賊。故以密白，想爲申啓。」

景文屢辭内授，上手詔譬之曰：「尚書左僕射，卿已經此任，東宫詹事，用人雖美，職次正可比中書令耳。庶姓作揚州，徐干木、王休元、殷鐵並處之不辭。卿清令才望，何愧休元，毗贊中興，豈謝干木，綢繆相與，何後殷鐵邪？司徒以宰相不應帶神州，遠遵先旨，京口鄉基義重，密邇畿内，又不得不用驃騎，陝西任要，由來用宗室。驃騎既去，巴陵理應居之，中流雖曰閑地，控帶三江，通接荆、郢，經塗之要，由來有重鎮。如此，則揚州自成闕刺史，卿若有辭，更不知誰應處之。此選大備，與公卿疇懷，非聊爾也。」固辭詹事領選，徙爲中書令〔二〕，常侍、僕射、揚州如故。又進中書監，領太子太傅，常侍、揚州如故。景文固辭太傅，上遣新除尚書右僕射褚淵宣旨，以古來比例六事詰難之，不得已乃受拜。

時太子及諸皇子並小，上稍爲身後之計，諸將帥吴喜、壽寂之之徒，慮其不能奉幼主，並殺之，而景文外戚貴盛，張永累經軍旅，又疑其將來難信，乃自爲謡言曰：「一士不可親，弓長射殺人。」一士，王字；弓長，張字也。景文彌懼，乃自陳求解揚州，曰：

臣凡猥下劣，方圓無算，特逢聖私，頻叨不次，乘非其任，理宜覆折，雖加恭謹，無補横至，夙夜燋戰，無地容處。六月中，得臣外甥女殷恒妻蔡疏，欲令其兒啓聞乞禄，求臣署入，云凡外人通啓，先經臣署。于時驚怖，即欲封疏上呈，更思此家落漠，庶非通謗，且廣聽察，幸無復所聞。比日忽得兗州都送迎西曹解季遜板云是臣屬，既不識此人，即問郗顒，方知虚託。此十七日晚〔三〕，得征南參軍事謝儼口信，云臣使人略奪其婢。臣遣李武之問儼元由，答云「使人謬誤」。誤之與實，雖所不知，聞此之日，唯有憂駭。

臣之所知，便有此三變，臣所不覺，尤不可思。若守爵散輩，寧當招此，誠由闇拙，非復可防。自竊州任，倏已七月，無德而禄，其殃將至。且傅職清峻，亢禮儲極，以臣凡走，豈可暫安。荷恩懼罪，不敢執固，焦魂褫氣，憂迫失常。況臣髮醜人羣，病絶力効，穢朝點列，顧無與等，獨息易駭，慙懼難持。伏願薄回矜愍，全臣身計，大夫之俸，足以自周，久懷欣羨，未敢干請，仰希慈宥，照臣款誠。

上詔答曰：

去五月中，吾病始差，未堪勞役，使卿等看選牒，署竟，請敕施行。此非密事，外間不容都不聞。然傳事好訛，由來常患。殷恒妻，匹婦耳，閨閤之内，傳聞事復作一兩倍落漠，兼謂卿是親故，希卿署，不必云選事獨關卿也。恒妻雖是傳聞之僻，大都非可駭異。且舉元薦凱，咸由疇諮，可謂唐堯不明，下干其政邪？悠悠好詐貴人及在事者，屬卿偶不悉耳，多是其周旋門生輩，作其屬託，貴人及在事者，永無由知。非徒止於京師，乃至州郡縣中，或有詐作書疏，灼然有文迹者。諸舍人右丞輩，及親近驅使人，慮有作其名，載禁物，求停檢校，彊賣猥物與官，仍求交直，或屬人求乞州郡資禮，希𥌓呼召及虜發船車，並啓班下在所，有即駐録。但卿貴人，不容有此啓。由來有是，何故獨驚。

人居貴要〔二三〕，但問心若爲耳。大明之世，巢、徐、二戴〔二四〕，位不過執戟，權亢人主；顏師伯白衣僕射，橫行尚書中。令袁粲作僕射領選〔一五〕，而人往往不知有粲。粲遷爲令，居之不疑。今既省録，令便居昔之録任，置省事及幹童，並依録格。粲作令來，亦不異爲僕射。人情向粲，淡淡然亦復不改常。以此居貴位要任，當有致憂兢理不？卿今雖作揚州，太子傅位雖貴，而不關朝政，可安不懼，差於粲也。想卿虛心受榮，而不爲累。

貴高有危殆之懼，卑賤有溝壑之憂，張、單雙災，木雁兩失，有心於避禍，不如無心於任運。夫千仞之木，既摧於斧斤；一寸之草，亦瘁於踐蹋。高涯之脩幹，與深谷之淺條，存亡之要〔一六〕，巨細一揆耳。晉卿畢萬七戰皆獲〔一七〕，死於牖下；蜀相費禕從容坐談，斃於刺客。故甘心於履危，未必逢禍；縱意於處安，不必全福。但貴者自惜，故每憂其身；賤者自輕，故易忘其己。然爲教者，每誡貴不誡賤，言其貴滿好自恃也。凡名位貴達，人以在懷，泰則觸人改容，不則行路嗟愕。至如賤者，否泰不足以動人，存亡不足以絓數，死於溝瀆，死於塗路者，天地之間，亦復何限，人不以係意耳。

以此而推，貴何必難處，賤何必易安。但人生也自應卑慎爲道，行己用心，務思謹惜。若乃吉凶大期，正應委之理運，遭隨參差，莫不由命也。既非聖人，不能見吉凶之先，正是依俙於理，言可行而爲之耳。得吉者是其命吉，遇不吉者是其命凶。以近事論之，景和之世，晉平庶人從壽陽歸亂朝，人皆爲之戰慄，而乃遇中興之運；袁顗圖避禍於襄陽，當時皆羨之，謂爲陵霄駕鳳，遂與義嘉同滅。駱宰見幼主〔二八〕，語人云：「越王長頸鳥喙，可與共憂，不可與共樂。范蠡去而全身，文種留而遇禍。今主上口頸，頗有越王之狀，我在尚書中久，不去必危。」遂求南江小縣。諸都令史住京師者，皆遭中興之慶，人人蒙爵級；宰值義嘉染罪，金木纏身，性命幾絶。卿耳眼所聞見，安危在運，何可預圖邪。

時上既有疾，而諸弟並已見殺，唯桂陽王休範人才本劣，不見疑，出爲江州刺史。慮一旦晏駕，皇后臨朝，則景文自然成宰相，門族彊盛，藉元舅之重，歲暮不爲純臣。泰豫元年春，上疾篤，乃遣使送藥賜景文死，手詔曰：「與卿周旋，欲全卿門户，故有此處分。」死時年六十。追贈車騎將軍、開府儀同三司，常侍、中書監、刺史如故，謚曰懿侯。

長子絢字長素。年七歲，讀論語至「周監於二代」，外祖何尚之戲之曰：「耶耶乎文哉。」絢即答曰：「草翁風必偃〔二九〕。」少以敏惠見知。及長，篤志好學，官至祕書丞。年二十四，先景文卒，謚曰恭世子。子嫿襲封，齊受禪，國除。

景文兄子藴字彦深。父楷，太中大夫，人才凡劣，故藴不爲羣從所禮，常懷恥慨。家貧爲廣德令，會太宗初即位，四方叛逆，藴遂感激爲將，假寧朔將軍、建安王休仁司徒參軍，令如故。景文甚不悦，語之曰：「阿益，汝必破我門户。」阿益者，藴小字也〔三〇〕。事寧，封吉陽縣男，食邑三百户。爲中書、黄門郎，晉陵、義興太守，所莅並貪縱。在義興應見收治，以太后故，止免官。廢帝元徽初，復爲黄門郎，東陽太守。未之郡，值桂陽王休範逼京邑，藴領兵於朱雀門戰敗被創，事平，除侍中，出爲寧朔將軍、湘州刺史。藴輕躁，薄於行業，時沈攸之爲荆州刺史，密有異志，藴與之結厚。及齊王輔朝政，藴、攸之便連謀爲亂，會遭母憂，還都，停巴陵十餘日，更與攸之成謀。時齊王世子爲郢州行事，藴至郢州，謂世子必下慰之，欲因此爲變，據夏口，與荆州連横。世子覺其意，稱疾不往，又嚴兵自衛，藴計不得行，乃下。及攸之爲逆，藴密與司徒袁粲等結謀，事在粲傳。事敗，走鬬場，追禽，斬於秣陵市。

景文弟子孚，大明末，爲海鹽令。泰始初，天下反叛，唯孚獨不同逆〔三一〕，官至司徒記室參軍。

史臣曰：王景文弱年立譽，聲芳籍甚，榮貴之來，匪由勢至。若泰始之朝，身非外戚，與袁粲羣公方駿並路，傾覆之災，庶幾可免。庾元規之讓中書令，義在此乎。

校勘記

〔一〕孝伯訪問莊及王微　「王微」，原作「王徽」，據南史卷二〇謝弘微傳附謝莊傳、宋本册府卷七七六改。按王微卒於元嘉三十年，故孝伯問訊及之。

〔二〕柳元景馬文恭宗慤沈慶之等精甲十萬　「馬文恭」，原作「司馬文恭」，據本書卷九九二凶傳載孝武檄文删正。孫虨考論卷四：「索虜傳有馬文恭，『司』字衍。」按馬文恭事迹，附見本書卷四五劉懷慎傳。據本書卷五九張暢傳、卷九五索虜傳，孝武在藩時馬文恭爲其軍府參軍。故討元凶而馬文恭率衆前驅也。

〔三〕臣聞功照千里非特燭車之珍德柔鄰國豈徒祕璧之貴　南史卷二〇謝弘微傳附謝莊傳作「臣聞功傾魏后，非特照車之珍，德柔秦客，豈徒祕璧之貴」。

〔四〕奚取九成　南史卷二〇謝弘微傳附謝莊傳此下多「夫才生於時，古今豈貳，士出於世，屯泰焉殊」十七字。

〔五〕七隩才之所集　南監本、北監本、殿本作「七隩愚之所集」，南史卷二〇謝弘微傳附謝莊傳作「七隩愚之所育」。

〔六〕舉主延賞　「舉」，原作「據」，據南監本、局本、南史卷二〇謝弘微傳附謝莊傳、建康實録卷一三改。

〔七〕亡高祖四十　按謝莊高祖謝萬，卒年四十二，見晉書卷七九謝安傳附謝萬傳。此云四十，與晉書異。

〔八〕厥存姬典　「厥」，原作「獄」，册府卷四七一作「式」，今據殿本、局本改。

〔九〕號稱刑清　原作「號令刑存」，據册府卷四七一改。

〔一〇〕監司討獲　「討」，原作「計」，據册府卷四七一改。

〔一一〕或規免身咎　「身」字原闕，據册府卷四七一補。

〔一二〕初感景緯　「感」，原作「咸」，據册府卷四七一改。按此句册府作「精感景緯」。

〔一三〕莊及度支尚書顧覬之並補選職　「顧覬之」，原作「顧顗之」，據局本改。

〔一四〕既秣芑以均性　「芑」，原作「苞」，據類聚卷九三引宋謝莊乘輿舞馬賦應詔、初學記卷二九注引宋謝莊舞馬賦改。

〔一五〕寫秦坰之彌塵　「彌」，類聚卷九三引宋謝莊乘輿舞馬賦應詔作「弭」，初學記卷二九注引宋謝莊舞馬賦作「弭」。疑作「弭」是。

〔一六〕世祖大明末爲尚書右僕射　「右僕射」，原作「左僕射」，據南史卷二三王彧傳、建康實録卷一四改。按本書卷六孝武帝紀、卷七前廢帝紀、卷五一宗室營浦侯遵考傳、南史卷二宋本紀中、通鑑卷一二九宋紀大明六年，是時劉遵考爲左僕射，王僧朗爲右僕射。

〔一七〕以景文名與太宗同　南史卷二三王彧傳作「以景文之名名明帝」，御覽卷三六二引宋書作「以景文名名太宗」。按景文年長明帝劉彧二十六歲。景文少與謝莊齊名，文帝欽重之，故明帝生時乃以景文之名而爲明帝之名也。疑此乃「以太宗名與景文同」之例訛。

〔一八〕以景文及會稽孔覬俱南北之望　「孔覬」，原作「孔顗」，據局本、本書卷八四孔覬傳、南史卷二三王彧傳、册府卷四五七改。

〔一九〕景和元年遷右僕射　本書卷七前廢帝紀、南史卷二宋本紀中、通鑑卷一三〇宋紀皆云廢帝永光元年秋八月庚午，吏部尚書王景文爲尚書右僕射。按永光元年八月癸酉，改爲景和元年。

〔二〇〕景文與上幸臣王道隆書曰　「王道隆」，原作「王道龍」，據南史卷二三王彧傳、册府卷九二四改。殿本考證亦云：「『道龍』當作『道隆』。」按王道隆見本書卷九四恩倖傳。

〔二一〕固辭僉事領選徙爲中書令　「領選徙爲」，原作「徙領」，據南史卷二三王彧傳訂正。

〔二二〕此十七日晚　「此」，册府卷四六三作「比」。

〔二三〕人居貴要　「人」，原作「之」，據南史卷二三王彧傳、册府卷四六三、通鑑卷一三三宋紀泰始七年改。

〔二四〕巢徐二戴　「戴」，原作「載」，據南監本、局本、南史卷二三王彧傳、册府卷四六三、通鑑卷一三三宋紀泰始七年改。按二戴，指戴法興、戴明寶。

〔二五〕令袁粲作僕射領選　「令」，册府卷四六三、通鑑卷一三三宋紀泰始七年作「今」。

〔二六〕存亡之要　「亡」，原作「止」，據南史卷二三王彧傳、册府卷四六三、通鑑卷一三三宋紀泰始七年改。

〔二七〕晉卿畢萬七戰皆獲　「卿」字原闕，南史卷二三王彧傳作「將」，今據册府卷四六三補。

〔二八〕駱宰見幼主　「幼主」，南史卷二三王彧傳作「狂主」，疑是。按本書卷九四恩倖阮佃夫傳記明帝弑帝後，「宣令宿衛曰：『湘東王受太后令，除狂主。今已平定。』」見明帝稱子業爲「狂主」，由來已久。子業在位狂逆不道，爲明帝所弑，故明帝此詔，乃以「狂主」稱之。

〔二九〕草翁風必偃　「翁」，原作「蓊」，據局本、南史卷二三王彧傳附王絢傳改。按論語顏淵原文「草上之風必偃」，南史王絢傳作「草翁之風必舅」，既爲尚之諱，又爲尚之子偃諱。偃於絢爲母舅，故南史云然。然古人父前子名，故此云「草翁風必偃」。

〔三〇〕阿益者蘊小字也　「阿益」，南齊書卷一高帝紀上作「阿答」，南史卷二三王彧傳附王蘊傳作「阿荅」。

〔三一〕唯孚獨不同逆　「逆」，原作「道」，據南監本、北監本、汲本、殿本、局本、册府卷七五八改。

宋書卷八十六

列傳第四十六

殷孝祖　劉勔

殷孝祖，陳郡長平人也。曾祖羨，晉光祿勳。父祖並不達。孝祖少誕節，好酒色，有氣幹。太祖元嘉末，爲奉朝請，員外散騎侍郎。世祖以其有武用，除奮武將軍、濟北太守。入爲積射將軍。大明初，索虜寇青州，上遣孝祖北援，受刺史顏師伯節度，累與虜戰，頻大破之，事在師伯傳。還授太子旅賁中郎將，加龍驤將軍。竟陵王誕據廣陵爲逆，孝祖隸沈慶之攻誕，又有戰功，遷西陽王子尚撫軍、寧朔將軍、南濟陰太守〔一〕。出爲盱眙太守，將軍如故。還爲虎賁中郎將，仍除寧朔將軍、陽平東平二郡太守。又遷濟南、南郡，將軍如故。

前廢帝景和元年，以本號督兗州諸軍事、兗州刺史。太宗初即位，四方反叛，孝祖外甥司徒參軍潁川葛僧韶建議銜命徵孝祖入朝〔二〕，上遣之。時徐州刺史薛安都遣薛索兒等屯據津逕，僧韶間行得至，説孝祖曰：「景和凶狂，開闢未有，朝野危極，假命漏刻。主上聖德天挺，神武在躬，曾不浹辰，夷凶翦暴，更造天地，未足爲言。國亂朝危，宜立長主，公卿百辟，人無異議，泰平之隆，非旦則夕。而羣小相煽，構造無端，貪利幼弱，競懷希望。使天道助逆，羣凶事申，則主幼時艱，權柄不一，兵難互起，豈有自容之地。舅少有立功之志，長以氣節成名，若便能控濟、河義勇〔三〕，還奉朝廷，非唯匡主靜亂，乃可以垂名竹帛。」孝祖具問朝廷消息，僧韶隨方訓譬，并陳兵甲精彊，主上欲委以前驅之任。孝祖即日棄妻子，率文武二千人隨僧韶還都。

時普天同逆，朝廷唯保丹陽一郡，而永世縣尋又反叛，義興賊垂至延陵，内外憂危，咸欲奔散。孝祖忽至，衆力不少，並傖楚壯士，人情於是大安。進孝祖號冠軍，假節、督前鋒諸軍事〔四〕，遣向虎檻，拒對南賊。御仗先有諸葛亮筩袖鎧帽，二十五石弩射之不能入，上悉以賜孝祖。

孝祖負其誠節，凌轢諸將，臺軍有父子兄弟在南者，孝祖並欲推治，由是人情乖離，莫樂爲用。進使持節、都督兗州青冀幽四州諸軍事、撫軍將軍，刺史如故〔五〕。時賊據赭圻，孝祖將進攻之，與大統王玄謨別，悲不自勝，衆並駭怪。泰始二年三月三日，與賊合戰，常以鼓蓋自隨，軍中人相謂曰：「殷統軍可謂死將矣〔六〕。今與賊交鋒，而以羽儀自標顯，若善射者十士攢射〔七〕，欲不斃，得乎？」是日，於陣爲矢所中死，時年五十二。追贈散騎常侍、征北將軍，持節、都督如故。封秭歸縣侯，食邑千户。四年，追改封建安縣，謚曰忠侯。孝祖子悉爲薛安都所殺，以從兄子慧達繼封。齊受禪，國除。

劉勔字伯猷，彭城人也。祖懷義，始興太守。父潁之，汝南、新蔡二郡太守，征林邑，遇疾卒。

勔少有志節，兼好文義。家貧，爲廣州增城令，廣州刺史劉道錫引爲揚烈府主簿。元嘉二十七年，索虜南侵，道錫遣勔奉使詣京都，太祖引見之，酬對稱旨，除寧遠將軍、綏遠太守。元嘉末，蕭簡據廣州爲亂，勔起義討之，燒其南門。廣州刺史宗慤又命爲軍府主簿，以功封大亭侯。除員外散騎侍郎。孝建初，荊、江反叛，宗慤以勔行寧朔將軍、湘東内史，領軍出安陸。會事平，以本號爲晉康太守，又徙鬱林太守。大明初還都，徐州刺史劉道隆請爲寧朔司馬。竟陵王誕據廣陵爲逆，勔隨道隆受沈慶之節度，事平，封金城縣五等侯。除西陽王子尚撫軍參軍〔八〕，入直閤。先是，遣費沈伐陳檀，不克，乃除勔龍驤將軍、西江督護、鬱林太守。勔既至，率軍進討，隨宜翦定，大致名馬，并獻珊瑚連理樹，上甚悦。還除新安王子鸞撫軍中兵參軍，遭母憂，不拜。前廢帝即位，起爲振威將軍、屯騎校尉，入直閤。

太宗即位，加寧朔將軍，校尉如故。江州刺史晉安王子勛爲逆，四方響應，勔以本官領建平王景素輔國司馬，進據梁山。會豫州刺史殷琰反叛，徵勔還都，假輔國將軍，率衆討琰，甲仗三十人入六門，復兼山陽王休祐驃騎司馬，餘如故。破琰將劉順於宛唐〔九〕、杜叔寶於橫塘，事在琰傳。除輔國將軍、山陽王休祐驃騎諮議參軍、梁郡太守、假節，不拜。琰嬰城固守，自始春至于末冬，薛道標、龐孟虯並向壽陽，勔内攻外禦，戰無不捷。善撫將帥，以寬厚爲衆所依。將軍王廣之求勔所自乘馬，諸將帥並忿廣之叨冒，勸勔以法裁之，勔歡笑，即時解馬與廣之。復除使持節、督廣交二州諸軍事、平越中郎將〔一〇〕、廣州刺史，將軍如故，不拜。及琰開門請降，勔約令三軍，不得妄動，城内士民，秋毫無所失，百姓感悦，咸曰來蘇。百姓生爲立碑。改督益寧二州諸軍事、益州刺史，持節、將軍如故。又不拜。還京都，拜太子左衞率，封鄱陽縣侯，食邑千户。

琰初求救索虜，虜大衆屯據汝南。泰始三年，以勔爲征虜將軍、督西討前鋒諸軍事，假節、置佐、本官如故。先是，常珍奇據汝南，與琰爲逆，琰降，因據戍降虜，事在琰傳。至是引虜西河公、長社公攻圍輔國將軍、汝陰太守張景遠，景遠與軍主楊文萇拒擊，大破之。景遠尋病卒，太宗嘉其功〔一一〕，追贈冠軍將軍、豫州刺史，追封含洭縣男，食邑三百户，以文萇代爲汝陰太守。除勔右衞將軍，仍以爲使持節、都督豫司二州諸軍事、征虜將軍、豫州刺史〔一二〕，餘如故。四年，除侍中，領射聲校尉，又不受。進號右將軍。其年，虜遣汝陽司馬趙懷仁步騎五百〔一三〕，寇武津縣，勔遣龍驤將軍曲元德輕兵進討〔一四〕，虜衆驚散。虜子都公闕于拔又率三百人防運車缺千兩〔一五〕，於汝陽臺東水上結營。元德單騎直入，斬拔首，因進攻汝陽臺，即陷外壘，獲車一千三百乘，斬首一百五十級。勔又使司徒參軍孫曇瓘督弋陽以西〔一六〕，會虜寇義陽，曇瓘大破之。虜上其北豫州租，有車二千兩，勔招荒人，邀擊於許昌，虜衆奔散，焚燒米穀。

淮西人賈元友上書太宗，勸北攻懸瓠，可收陳郡、南頓、汝南、新蔡四郡之地。上以其所陳示勔，使具條答。勔對曰：

元友稱：「虜主幼弱，姦僞競起，内外規亂，天亡有期。」臣以爲獯醜侵縱，乘藉王境，盤據州郡，百姓殘亡。去冬衆軍失耕，今春連城圍逼，國家復境之略，實有不遑，滅虜未及。元友又云：「有七千餘家，穀米豐積，可供二萬人數年資儲。」臣又以爲二萬人歲食米四十八萬斛，五年合須米二百四十萬斛，既理不容有，恐事難稱言。元友又云：「虜於懸瓠開驛保，虜已先據，若不足恃，此不須缺。」俱是攻城，便應先圖懸瓠，何更越先取鄢，以受腹背之災。且七千餘家豐積，而虜猶當遠運爲糧，是威不制民，民非異計。元友又云：「虜欲水陸運糧，以救軍命，可襲之機，在於今日。」臣又以爲開立驛道，據守堅城，觀其形候，不似蹙弱。可乘之機，恐爲難驗。元友又云：「四郡民人，遭虜二十七年之毒，皆欲雪讎報恥，伏待朝威。」臣又以爲垣式寶等受國重恩，今猶驅略車營，翻還就賊，蓋是戀本之情深，非報怨之宜，何可輕試。元友又云：「請敕荆、雍兩州，遣二千精兵，從義陽依西山北下，直據鄢城。」臣又以爲鄢城是賊驛路要戍，且經孌接崘，數百里中，裹糧潛進，方出平地，攻賊堅城，自古名將，未有能以此濟者。假其剋捷，不知足南抗懸瓠，北捍長社與不？且賊擁據數城，水陸通便，而今使官以二千斷其資運，於事爲難。元友又云：「虜圍逼汝陰，遊魂二歲，爲張景遠所挫，不敢渡淮。」臣又以爲景遠兵力寡弱，不能自固，遠遣救援，方得少剋。今定是爲賊所畏不？景遠前所摧傷，裁至數百虜。步騎四萬，猶不敢前，而今必勸國家以輕兵遠討，指掌可克，言理相背，莫復過此。元友又云：「龍山雉水，魯奴、王景直等並受朝爵，馬步萬餘。進討之宜，唯須敕命。」臣以爲魯奴與虜交關，彌歷年世，去歲送誠朝廷，誓欲立功。自蒙榮爵，便即逃遁，殊類姦猾，豈易闇期。兼王景直是一亡命，部曲不過數十人，既不可言，又未足恃。萬餘之言，似不近實。元友又云：「四郡恨忿此非類，車營連結，廢田二載，生業已盡，賊無所資，糧儲已罄。斷其運道，最是要略。」臣又以斷運須兵，兵應資食，而當此過懸瓠二百里中，使兵食兼足，何處求辦。

臣竊尋元嘉以來，傖荒遠人，多干國議，負儋歸闕，皆勸討虜。魯爽誕說，實挫國威，徒失兵力，虛費金寶。凡此之徒，每規近說，從來信納，皆詒後悔。界上之人，唯視彊弱，王師至境，必壺漿候塗，裁見退軍，便抄截蜂起。首領回師，何嘗不爲河畔所弊。

太宗納之，元友議遂寢。

勔與常珍奇書，勸令反虜，珍奇乃與子超越、羽林監垣式寶，於譙殺虜子都公費拔等凡三千餘人。勔馳驛以聞，太宗大喜，以珍奇爲使持節、都督司北豫二州諸軍事、平北將軍、司州刺史，汝南新蔡縣侯〔一七〕，食邑千户，超越輔國將軍、北豫州刺史、潁川汝陽闕二字三郡太守，安陽縣男，式寶輔國將軍、陳南頓二郡太守，真陽縣男，食邑三百户。珍奇爲虜所攻，引軍南出，虜追擊破之，珍奇走依山，得至壽陽，超越、式寶爲人所殺。

五年，汝陰太守楊文萇又頻破虜於荆亭及戍西。詔進勔號平西將軍、豫州刺史，餘如故，不拜。其年，徵拜散騎常侍、中領軍。勔以世路糺紛，有懷止足，求東陽郡。上以勔啓偏示朝臣，自尚書僕射袁粲以下，莫不稱贊，咸謂宜許。上曰：「巴陵、建平二王，並有獨往之志。若世道寧晏，皆當申其所請。」勔經始鍾嶺之南，以爲棲息，聚石蓄水，彷彿丘中，朝士愛素者，多往游之。六年，改常侍爲侍中。其年，南兗州刺史齊王出鎮淮陰，以勔爲使持節、都督南徐兗青冀闕五州諸軍事、平北將軍〔一八〕，侍中、中領軍如故，出鎮廣陵。固辭侍中、軍號，許之，以爲假平北將軍。七年，解都督、假號、并節。太宗臨崩，顧命以爲守尚書右僕射〔一九〕，中領軍如故，給鼓吹一部。廢帝即位，加兵五百人。

元徽初，月犯右執法，太白犯上將，或勸勔解職。勔曰：「吾執心行己，無愧幽明。若才輕任重，災眚必及，天道密微，避豈得免。」桂陽王休範爲亂，奄至京邑，加勔使持節、領軍，置佐史，鎮扞石頭〔二〇〕。既而賊衆屯朱雀航南，右軍王道隆率宿衛向朱雀，聞賊已至，急信召勔。勔至，命閉航〔二一〕，道隆不聽，催勔渡航進戰。率所領於航南戰敗，臨陳死之，時年五十七。事平，詔曰：「夫義寔天經，忠惟人則，纂素流采，金石宣煇，自非識洞情靈，理感生極，豈有捐軀衛主〔二二〕，舍命匡朝者哉。故持節、鎮軍將軍、守尚書右僕射、中領軍鄱陽縣開國侯勔〔二三〕，思懷亮粹，體業淹明，弘勳樹績，譽洽華野。綢繆顧託，契闊屯夷，方倚謀猷，翌康帝道。逆蕃扇禍，逼擾京甸，援桴誓旅，奉律行師。身與事滅，名隨操遠。朕用傷悼，震慟于厥心。昔王允秉誠，卞壼峻節，均風往德，歸茂先軌。泉途就永，寃逝無追，思崇徽策，式光惇史。可贈散騎常侍、司空，本官、侯如故，謚曰忠昭公。」

子悛嗣，順帝昇明末，爲廣州刺史。齊受禪，國除。

勔弟敳，泰始中，爲寧朔將軍、交州刺史，於道遇病卒。先有都鄉侯爵，謚曰質侯。

史臣曰：吳漢平蜀，城内流血霑踝，而其後無聞於漢。陸抗定西陵，步氏禍及嬰孩，而機、雲爲戮上國。劉勔克壽春，士民無遺芻委粒之歎，莫不扶老攜幼，歌唱而出重圍，美矣。

校勘記

〔一〕遷西陽王子尚撫軍寧朔將軍南濟陰太守　錢大昕考異卷二四：「『撫軍』下當有脱文。是時子尚以撫軍將軍都督南徐、兗二州，南濟陰即南徐州屬郡。孝祖蓋爲撫軍府僚佐，而帶南濟陰太守也。」

〔二〕潁川葛僧韶　「葛僧韶」，南史卷三九殷孝祖傳作「荀僧韶」。按荀氏潁川大族，疑南史作「荀僧韶」是。荀僧韶，亦見本書卷八四鄧琬傳。

〔三〕若便能控濟河義勇　「河」字原闕，據南史卷三九殷孝祖傳補。濟，濟水；河，黃河。

〔四〕假節督前鋒諸軍事　「軍事」，原作「軍士」，據南監本、汲本、局本、南史卷三九殷孝祖傳改。

〔五〕都督兖州青冀幽四州諸軍事　按本書文例，疑「兖」下衍「州」字。

〔六〕殷統軍可謂死將矣　「將」字原闕，據南史卷三九殷孝祖傳、建康實録卷一四、御覽卷三二三引宋書、册府卷三九四、卷四五二、通鑑卷一三一宋紀泰始二年補。

〔七〕若善射者十士攢射　「十士」，南史卷三九殷孝祖傳、建康實録卷一四、御覽卷三二三引宋書作「十手」。

〔八〕除西陽王子尚撫軍參軍　「參軍」二字原闕，據南史卷三九劉勔傳補。

〔九〕破琰將劉順於宛唐　「宛唐」，南齊書卷二七劉懷珍傳、卷三七劉悛傳並作「死虎」。吴金華續議：「『宛唐』應是『死虎』的形訛。」按通鑑卷一四三齊紀永元二年：「懿遣裨將胡松、李居士帥衆萬餘，屯死虎。」胡注：「杜佑通典曰：『死虎，地名，在壽州壽春縣東四十餘里。』以此證之，足知宋明帝泰始三年劉勔破劉順於宛唐，『宛唐』即『死虎』字之誤也。」

〔一〇〕平越中郎將　「將」字原闕，按本書卷四〇百官志下，有「平越中郎將」，無「平越中郎」，今補「將」字。

〔一一〕太宗嘉其功　「功」，原作「効」，據北監本、殿本、局本改。

〔三〕仍以爲使持節都督豫司二州諸軍事征虜將軍豫州刺史　本書卷八明帝紀，泰始五年「八月己丑，以右將軍行豫州刺史劉勔爲平西將軍、豫州刺史」。本卷下文亦云泰始五年「詔進勔號平西將軍、豫州刺史」，南史卷三九劉勔傳亦云是時劉勔爲行豫州刺史。「豫州」上疑脱「行」字。

〔三〕虜遣汝陽司馬趙懷仁步騎五百　「虜」，原作小字注「缺」，據南監本、北監本、汲本、殿本、局本補。按册府卷三五一作「魏」。

〔四〕勔遣龍驤將軍曲元德輕兵進討　「曲元德」，通鑑卷一三二宋紀泰始四年作「申元德」。

〔五〕虜子都公闕于拔又率三百人防運車缺千兩　「子都公」，通鑑卷一三二宋紀泰始四年作「于都公」。

〔六〕勔又使司徒參軍孫曇瓘督弋陽以西　「孫曇瓘」，原作「孫臺瓘」。通鑑卷一三二宋紀泰始四年胡注云：「『臺瓘』當作『曇瓘』。」胡注是，今據改。按孫曇瓘傳附見本書卷八三黄回傳，下並改。

〔七〕汝南新蔡縣侯　據本書卷八七殷琰傳、通鑑卷一三一宋紀，泰始二年春，袁顗擁立晉安王子勛，常珍奇以汝南、新蔡二郡響應，顗即以珍奇爲汝南、新蔡二郡太守。子勛亂平，珍奇降於北魏，至是珍奇得劉勔書，乃復降於宋。本書殷琰傳載泰始二年十一月，「太宗即以珍奇爲司州刺史，領汝南、新蔡二郡太守」，是珍奇時乃以司州刺史而領汝南、新蔡二郡太守。疑「新蔡」後佚「太守」二字，而「縣侯」前又別有佚文。蓋珍奇時當被封爲縣侯，而所封何縣，則難以確知。孫虨考論卷四：「『汝南』下當有『太守』二字。」誤。

〔一八〕以勔爲使持節都督南徐兗青冀闕五州諸軍事平北將軍　五州數之祇四州，少一州。按本書卷八明帝紀、卷七二文九王晉平剌王休祐傳，晉平王休祐於泰始五年閏十一月至七年二月間爲都督南徐南兗徐兗青冀六州諸軍事、南徐州刺史，乃劉勔之大統。即劉勔所都督之五州在休祐所都督之六州內，而又不得都督休祐任刺史之南徐州，即劉勔時所都督者，乃南兗徐兗青冀五州，疑「南」後佚「兗」字。本書卷八明帝紀、南齊書卷一高帝紀上，蕭道成於泰始五年都督南兗徐兗青冀五州，至泰始六年九月，因出鎮淮陰，劉勔代鎮廣陵，故道成所都督之五州轉而改由劉勔都督。可爲是時劉勔都督南兗徐兗青冀五州之證。

〔一九〕顧命以爲守尚書右僕射　「爲」字原闕，據南史卷三九劉勔傳補。

〔二〇〕加勔使持節領軍置佐史鎮扞石頭　「領軍」，南史卷三九劉勔傳作「鎮軍將軍」。按劉勔此前爲中領軍，若此時所加者爲領軍將軍，則原任之中領軍自應解去。而本卷下文載劉勔於桂陽王亂役戰歿後之追贈詔有「故持節、鎮軍將軍、守尚書右僕射、中領軍鄱陽縣開國侯勔」之語，本書卷五一宗室長沙景王道憐傳附劉秉傳亦云：「桂陽王休範爲逆，中領軍劉勔出守石頭，秉權兼領軍將軍，所給加兵，自隨入殿。」則劉勔是時所加者當以鎮軍將軍爲是。本書卷九後廢帝紀云元徽二年五月，「加中領軍劉勔鎮軍將軍」，是其證。

〔三〕命閉航　「閉航」，南齊書卷一高帝紀上作「開桁」，疑是。按「航」即朱雀航，又作朱雀桁，即朱雀橋，乃建康朱雀門外之浮橋，以船舶連接而成，戰時有警，則撤航爲備，即所謂「開航」也，見讀史方輿紀要卷二〇南直二應天府江寧縣朱雀桁。南齊書云「欲開桁」者，蓋謂劉勔欲依常例撤航以斷叛軍之路耳。通鑑卷一三三宋紀元徽二年：「勔至，命撤桁以折南軍之勢，道隆怒曰：『賊至，但當急擊，寧可開桁自弱邪！』」是其證。

〔三〕豈有捐軀衞主　「軀」，原作「驅」。龔道耕蛛隱廬日箋（稿本）：「『驅』當作『軀』。」按龔說是，今據改。

〔三〕故持節鎮軍將軍守尚書右僕射中領軍鄱陽縣開國侯勔　按上文、南史卷三九劉勔傳皆云劉勔戰殁前爲使持節，疑「持節」前佚一「使」字。

宋書卷八十七

列傳第四十七

蕭惠開　殷琰

蕭惠開，南蘭陵人，征西將軍思話子也。初名慧開，後改慧爲惠。少有風氣，涉獵文史，家雖貴戚，而居服簡素。初爲祕書郎，著作並名家年少，惠開意趣與人多不同，比肩或三年不共語。外祖光祿大夫沛郡劉成戒之曰：「汝恩戚家子，當應將迎時俗，緝外內之歡。如汝自業，將無小傷多異，以取天下之疾患邪？」惠開曰：「人間宜相緝和，甚如慈旨。但不幸耿介，恥見作凡人，畫龍未成，故遂至於多忤耳。」轉太子舍人。與汝南周朗同官友善，以偏奇相尚。轉尚書水部郎，始興王濬征北府主簿，南徐州治中從事史，徙汝陰王友，又爲南徐州別駕，中書侍郎，江夏王義恭大將軍大司馬從事中郎。

孝建元年，自太子中庶子轉黄門侍郎，與侍中何偃爭積射將軍徐沖之事〔一〕。偃任遇甚隆，惠開不爲之屈，偃怒，使門下推彈之。惠開乃上表解職曰：「陛下未照臣愚，故引參近侍。臣以職事非長，故委能何偃，凡諸當不，不敢參議。竊見積射將軍徐沖之爲偃命所黜，臣愚懷謂有可申，故聊設微異。偃恃恩使貴，欲使人靡二情，便訶脅主者，手定文案，割落臣議，專載己辭。雖天照廣臨，竟未見察臣理，違顏咫尺，致茲壅濫，則臣之受劾，蓋何足悲。但不順侍中，臣有其咎，當而行之，不知何過。且議之不允，未有彈科，省心揆天，了知在宥。臣不能謝愆右職，改意重臣，刺骨鑠金，將在朝夕，乞解所忝，保拙私庭。」時偃寵方隆，由此忤旨，别敕有司以屬疾多，免惠開官。思話素恭謹，操行與惠開不同，常以其峻異，每加嫌責。及見惠開自解表，自歎曰：「兒子不幸與周朗周旋，理應如此。」杖之二百。尋重除中庶子。

丁父艱，居喪有孝性，家素事佛，凡爲父起四寺，南岸南岡下，名曰禪岡寺，曲阿舊鄉宅，名曰禪鄉寺，京口墓亭，名曰禪亭寺，所封封陽縣，名曰禪封寺。謂國僚曰：「封秩蓋鮮，而兄弟甚多，若使全關一人，則在我所讓。若使人人等分，又事可悲恥。寺衆既立，自宜悉供僧衆。」由此國秩不復下均。服除，除司徒左長史。大明二年，出爲海陵王休茂北中郎長史、寧朔將軍、襄陽太守，行雍州州府事。善於爲政，威行禁止。襲封封陽縣侯。還爲新安王子鸞冠軍長史，行吳郡事。惠開妹當適桂陽王休範，女又當適世祖子，發遣之資，應須二千萬。乃以爲豫章内史，聽其肆意聚納，由是在郡著貪暴之聲。入爲尚書吏部郎，不拜，徙御史中丞。世祖與劉秀之詔曰：「今以蕭惠開爲憲司，冀當稱職。但一往服領〔二〕，已自殊有所震。」及在任，百僚畏憚之。八年，入爲侍中。詔曰：「惠開前在憲司，奉法直繩，不阿權戚，朕甚嘉之。可更授御史中丞。」母憂去職。

起爲持節、督青冀二州諸軍事、輔國將軍、青冀二州刺史，不行。改督益寧二州、刺史，持節、將軍如故。惠開素有大意，至蜀，欲廣樹經略，善於述事，對賓僚及士人說收牂柯、越嶲以爲内地，綏討蠻、濮，闢地徵租，聞其言者，以爲大功可立。太宗即位，進號冠軍將軍，又進平西將軍，改督爲都督。晉安王子勛反，惠開乃集將佐謂之曰：「湘東太祖之昭，晉安世祖之穆，其於當璧，並無不可。但景和雖昏，本是世祖之嗣，不任社稷，其次猶多。吾奉武、文之靈，兼荷世祖之眷，今便當投袂萬里，推奉九江。」乃遣巴郡太守費欣壽領二千人東下〔三〕，爲巴東人任叔兒起義所邀，欣壽敗没，陝口道不復通。更遣州治中程法度領三千人步出梁州，又爲氐賊楊僧嗣所斷。

先是惠開爲治，多任刑誅，蜀土咸懷猜怨。及聞欣壽没，法度又不得前，晉原一郡遂反〔四〕，於是諸郡悉應之，並來圍城。城内東兵不過二千，凡蜀人惠開疑之，皆悉遣出。子勛尋平，蜀人並欲屠城，以望厚賞。惠開每遣軍出戰，未嘗不捷，前後所摧破殺傷不可勝計。外衆逾合，勝兵者十餘萬人。時天下已平，太宗以蜀土險遠，赦其誅責，遣惠開弟惠基步道使蜀，具宣朝旨。惠基既至涪，而蜀人志在屠城，不欲使王命遠達，遏留惠基不聽進。惠基率部曲破其渠帥馬興懷等，然後得前。惠開奉旨歸順，城圍得解。

時太宗遣惠開宗人寶首水路慰勞益州，寶首欲以平蜀爲功，更獎説蜀人，於是處處蜂起，凡諸離散者，一時還合。渠帥趙燕、句文章等，與寶首屯軍于上，去成都六十里，衆號二十萬人。惠開欲遣擊之，將佐咸曰：「攻破蜀賊，誠不爲難。但慰勞使至，未獲奉受，而遣兵相距，何以自明本心。」惠開曰：「今水陸四斷，表啓路絶，寶首或相誣陷，謂我不奉朝旨。我之欲戰，本在通使，使若得通，則誠心達矣。」乃作啓事，具陳事情，使腹心二人帶啓，戒之曰：「須賊破路開，便躍馬馳去。」遣宋寧太守蕭惠訓、别駕費欣業萬兵並進〔五〕，與戰，大破之，生禽寶首，囚於成都縣獄。所遣使至，上使執送寶首，除惠開晉平王休祐驃騎長史、南郡太守。不拜。泰始四年，還至京師。

初，惠開府録事參軍到希微負蜀人債將百萬〔六〕，爲責主所制，未得俱還。惠開與希微共事不厚，以爲隨其同上，不能攜接得還，意恥之，廄中凡有馬六十匹，悉以乞希微償責，其意趣不常皆如是。先劉瑀爲益州，張悦代之〔七〕，瑀去任，凡所攜將佐有不樂反者，必逼制將還，語人曰：「隨我上，豈可爲張悦作西門客邪。」惠開自蜀還，資財二千餘萬，悉散施道路〔八〕，一無所留。

五年，又除桂陽王休範征北長史、南東海太守。其年，會稽太守蔡興宗之郡，而惠開自京口請假還都，相逢於曲阿。惠開先與興宗名位略同，又經情欵，自以負釁摧屈，慮興宗不能詣己，戒勒部下：「蔡會稽部伍若借問，慎不得答。」惠開素嚴，自下莫敢違犯。興宗見惠開舟力甚盛，不知爲誰，遣人歷舫訊，惠開有舫十餘，事力二三百人，皆低頭直去，無一人答者。

復爲晉平王休祐驃騎長史，太守如故。六年，除少府，加給事中。惠開素剛，至是益不得志，寺内所住齋前，有嚮種花草甚美，惠開悉劚除，列種白楊樹。每謂人曰：「人生不得行胸懷，雖壽百歲，猶爲夭也。」發病歐血，吐如肝肺者甚多。除巴陵王休若征西長史、寧朔將軍、南郡太守，未拜，七年卒，時年四十九。子叡嗣，齊受禪，國除。

惠開與諸弟並不睦，惠基使益州，遂不相見。與同産弟惠明亦著嫌隙云。

殷琰，陳郡長平人也。父道鸞，衡陽王義季右軍長史。琰少爲太祖所知，見遇與琅邪王景文相埒。初爲江夏王義恭征北行參軍，始興王濬後軍主簿，出爲鄱陽、晉熙太守，豫州治中從事史，廬陵内史。臧質反，棄郡奔北皖。琰性有計數，欲進退保全，故不還都邑。事平，坐繫尚方，頃之被宥。除海陵王國郎中令，不拜。臨海王子頊爲冠軍將軍、吴興太守，以琰爲録事參軍，行郡事。復爲豫州别駕，太宰户曹屬，丹陽丞，尚書左丞，少府，尋陽王子房冠軍司馬，行南豫州，隨府轉右軍司馬，又從巴陵王休若左軍司馬。

前廢帝永光元年，除黄門侍郎，出爲山陽王休祐右軍長史、南梁郡太守。休祐入朝，琰仍行府州事。太宗泰始元年，以休祐爲荆州，欲以吏部郎張岱爲豫州刺史。會晉安王子勛反，即以琰督豫司二州南豫州之梁郡諸軍事、建武將軍、豫州刺史，以西汝陰太守龐道隆爲琰長史，殿中將軍劉順爲司馬。順勸琰同子勛。琰家累在京邑，意欲奉順，而土人前右軍參軍杜叔寶〔九〕、前陳南頓二郡太守皇甫道烈、道烈從弟前馬頭太守景度、前汝南潁川二郡太守龐天生、前睢陽令夏侯季子等，並勸琰同逆。琰素無部曲，門義不過數人，無以自立，受制於叔寶等。太宗遣冗從僕射柳倫領軍助〔一〇〕，驃騎大將軍山陽王休祐又遣中兵參軍鄭瑗説琰令還。二人至，即與叔寶合。叔寶者，杜坦之子，既土豪鄉望，内外諸軍事並專之。

弋陽太守卜天生據郡同逆，斷梁州獻馬得百餘匹。邊城令宿僧護起義斬天生，傳首京邑，太宗嘉之，以爲龍驤將軍，封建興縣侯，食邑三百户。時綏戎將軍、汝南新蔡二郡太守周矜起義於懸瓠，收兵得千餘人。袁顗遣信誘矜司馬汝南人常珍奇[二二]，以金鈴爲信，珍奇即日斬矜，送首詣顗，顗以珍奇爲汝南、新蔡二郡太守。太宗追贈矜本官，以義陽内史龐孟虯爲司州刺史，領隨郡太守，孟虯不受命，起兵同子勛。子勛召孟虯出尋陽，而以孟虯子定光行義陽郡事。

太宗知琰逼迫土人，事不獲已，猶欲羈縻之。以琰兄前中書郎瑗爲司徒右長史，子邈爲山陽王休祐驃騎參軍。子勛遣使以琰爲輔國將軍、梁郡太守，後又加豫州，假節督南豫數郡。杜叔寶求琰上佐，龐道隆慮其爲禍，乃請奉表使尋陽，琰即以叔寶爲長史、梁郡太守。休祐步入朝，家内猶分停壽陽，琰資給供贍，事盡豐厚。

二年正月，太宗遣輔國將軍劉勔率寧朔將軍呂安國西討，休祐出鎮歷陽，爲諸軍總統。時徐州刺史薛安都亦據彭城反，募能生禽琰、安都，封千户縣侯，賜布絹各二千匹。二月，勔進軍小峴。初，合肥戍主、南汝陰太守薛元寶委郡奔子勛，前太守朱輔之據城歸順，琰遣攻輔之，輔之敗走。琰以前右軍參軍裴季爲南汝陰太守[二三]，季又歸順，太宗即而授之。琰所用象縣令許道蓮亦率二百人歸降，太宗以爲馬頭太守。三月，上又遣寧朔將軍劉懷珍、段僧愛、龍驤將軍姜産之馬步三軍助劻討琰。義軍主黄回募江西楚人千餘，斬子勛所置馬頭太守王廣元，以回爲龍驤將軍。淮西人前奉朝請鄭墨率子弟部曲及淮右郡起義於陳郡城〔一三〕，有衆一萬，太宗以爲司州刺史，後虜寇淮西，戰敗見殺，追贈冠軍將軍。

是月，劉順、柳倫、皇甫道烈、龐天生等馬步八千人，東據宛唐，去壽陽三百里。劻率衆軍並進，去順數里立營。在道遇雨，旦始至，壘塹未立，順欲擊之。時琰所遣諸軍並受節度，而以皇甫道烈土豪，柳倫臺之所遣，順本卑微，不宜統督，唯二軍不受命，至是道烈、倫不同，順不能獨進，乃止。既而劻營壘漸立，不可復攻，因相持守。四月，劻録事參軍王起、前部賊曹參軍甄澹等五人委劻奔順，順因此出軍攻劻。順幢主樊僧整與臺馬軍主驃騎中兵參軍段僧愛交稍鬬，僧整刺僧愛，殺之，追贈屯騎校尉。僧愛勇冠三軍，軍中並懼。太宗又遣太尉司馬垣閎率軍來會〔一四〕，步兵校尉龐沈之助裴季戍合肥。初，淮南人周伯符説休祐求起義兵，休祐不許，固請，乃遣之。杖策單行，至安豐，收得八百餘人，於淮西爲遊兵。珍奇所置弋陽太守郭確遣將軍郭慈孫擊伯符於金丘，琰又遣中兵參軍趙叔寶助之。慈孫等爲伯符所敗，並投水死。太宗以伯符爲驃騎參軍。

叔寶本謂臺軍停住歷陽不辦進，順等至，無不瓦解，唯齎一月日糧。既與勔相持，軍食盡，報叔寶送食，叔寶乃發車千五百乘載米餉順，自以五千精兵防送之。勔聞之，軍副呂安國曰：「劉順精甲八千，而我衆不能居半，相持既久，强弱勢殊，苟復推遷，則無以自立，所賴在彼糧將竭，我食有餘耳。若使叔寶米至，非唯難可復圖，我亦不能持久。今唯有間道襲其米車〔五〕，出彼不意，若能制之，將不戰走矣。」勔以爲然，乃以疲弱守營，簡選千百精手，配安國及軍主黃回等，間路出順後，於橫塘抄之。安國始行，計叔寶尋至，止齎二日熟食，食盡，叔寶不至，將士並欲還。安國曰：「卿等旦已一食，今晚米車不容不至。若其不至，夜去不晚。」叔寶果至，以米車爲函箱陣，叔寶於外爲遊軍，幢主楊仲懷領五百人居前，與安國、回等相會。仲懷部曲並欲退就叔寶，并力擊安國。仲懷曰：「賊至不擊，復欲何待？且統軍在後，政三二里間，比吾交手，何憂不至。」即便前戰，回所領並淮南楚子，天下精兵，衆力既倍，合戰，便破之，於陣殺仲懷，仲懷所領五百人死盡。叔寶至，而仲懷及士卒伏尸蔽野，回等欲乘勝擊之，安國曰：「彼將自走，不假復擊。」退軍三十里止宿，夜遣騎參候，叔寶果棄米車奔走。安國即復夜往，燒米車，驅牛二千餘頭而還。劉順聞米車見燒，叔寶又走，五月一日夜，衆潰，奔還壽陽，仍走淮西就常珍奇。勔於是方軌而進。

叔寶斂居民及散卒，嬰城自守。勔與諸軍分營城外，黃回立航渡肥水，叔寶遣馬步三千，欲破航，并柵斷小峴埭，回擊大破之，焚其船柵。

休祐與琰書曰：「君本文弱，素無武榦，是遠近所悉，且名器清顯，不應復有分外希覬。近者之事，當是劫於凶豎，不能守節。今大軍長驅，已造城下，勢孤援絶，禍敗交至，顧昔情款，猶有惻然。聖上垂天地之仁，開不世之澤，好生惡殺，遐邇所聞。顧琛、王曇生等皆軍敗迸走，披草乞活，尚蒙恩恕，晏處私門。今神鋒所臨，前無横陳，況窮城弱衆，殘傷之餘，而欲自固乎。若開門歸順，自可不失富貴，將佐小大，並保榮爵。何故苟困士民，自求齏膾，身膏斧鑊，妻息并盡，老兄垂白，東市受刑邪。幸自思之。信言不爽，有如皎日。」

上又遣王道隆齎詔宥琰罪。勔又與琰書曰：「昔景和凶悖，行絶人倫，昏虐險穢，諫諍杜塞，遂殘毁陵廟，芟刈百僚，縱毒窮凶，靡有紀極。于時人神回遑，莫能自保，中外士庶〔一六〕，咸願一匡。予職在直衞，目所備覩。主上神機天發，指麾克定，横流塗炭，一朝太平，扶危拯急，實冠終古。而四方持疑，成此乖逆，資斧所臨，每從偃簡。足下以衣冠華胄，信概夙昭，附戾從違，猶見容養。賢兄長史，階升清列，賢子參軍，亦塞國網。間者進軍宛唐，計由劉順，退衆閉城，當時未了。過蒙朝恩，謬充將帥，叨承風素，情有依然。今皇威遠申，三方蹙弱，勝敗之勢，皎然可覽。王御史昨至，主上敕、驃騎教、賢兄賢子書，今悉遣送。百代以來，未有弘恩曲宥，乃至於此。且朝廷方宣示大義，惟新王道，何容摽虛辭於士女，失國信於一州。以足下明識淵見，想必不俟終日。如其孤背亭毒，弗忌屠陷者，便當窮兵肆武，究法極刑，將恐貴門無復祭祀之主，墳壟乏埽灑之望，進謝忠臣，退慚孝子，名實兩喪，没有餘責。扶力略白，幸加研覽。」

琰本無反心，事由力屈，叔寶等有降意，前後屢遣送誠欵，而衆心持疑，莫能相一，故歸順之計，每多愆塞，嬰城愈固。

弋陽西山蠻田益之起義，攻郭確於弋陽，以益之爲輔國將軍，督弋陽西山事。六月，勔築長圍始合。田益之率蠻衆萬餘人攻龐定光於義陽，定光遣從兄文生拒之，爲益之所破，見殺，遂圍其城。定光求救於子勛，子勛以定光父孟虯爲司州刺史，率精兵五千救義陽，并解壽陽之圍。常珍奇又自懸瓠遣三千人援定光，屯軍柳水。益之不戰，望風奔散。孟虯乘勝進軍向壽陽。初，常珍奇遣周當、垣式寶率數百人送仗與琰。式寶驍勇絕衆，因留守北門，乃率所領，開門掩襲勔，入其營，勔逃避得免，式寶得勔衣帽而去。

勔於是乃竪長圍，治攻道於東南角，并填壍。東南角有高樓，隊主趙法進計曰：「外若進攻，必先攻樓，樓頹落，既傷將士，又使人情沮壞，不如先自毀之。」從其言。勔用草茅苞土，擲以塞壍，擲者如雲，城内乃以火箭射之，草未及燃，後土續至，一二日，壍便欲滿。

趙法進復獻計，以鐵珠子灌之，珠子流滑，悉緣隙得入，草於是火燃，一日間草盡，壍中土不過二三寸。勔乃作大蝦蟆車載土，牛皮蒙之，三百人推以塞壍。琰户曹參軍虞挹之造碻車〔一七〕，擊之以石，車悉破壞。

初，廬江太守王子仲棄郡奔尋陽，廬江人起義，休祐遣員外散騎侍郎陸悠之助之〔一八〕。劉胡遣其輔國將軍薛道標渡江煽動羣蠻，規自廬江掩襲歷陽，悠之衆弱，退保譙城。司徒建安王休仁遣參軍沈靈寵馳據廬江，道標後一日方至，悠之自譙城來會，因與道標相持。七月，龐孟虯至弋陽，勔遣呂安國、垣閎、龍驤將軍陳顯達、驃騎參軍孟次陽拒之。孟虯軍副呂興壽與安國有舊，率所領降。安國進軍，破孟虯於蓼潭，義軍主陳肫又破之於汝水，孟虯走向義陽，義陽已爲王玄謨子曇善起義所據，乃逃於蠻中。淮西人鄭叔舉起義擊常珍奇，以爲北豫州刺史。

八月，皇甫道烈、柳倫等二十一人聞孟虯敗，並開門出降。勔因此又與琰書曰：「柳倫來奔，具相申述，方承足下迹纏穢亂，心秉忠誠，惘默窮愁，不親戎政。去冬開天之始，愚迷者多，如足下流比，進非社稷宗臣，退無顧命寄託，朝廷既不偏相嫌責，足下亦復無所獨愧。程天祚已舉城歸順，龐孟虯又繼迹奔亡，劉胡困於錢溪〔一九〕，袁顗欲戰不得，推理揆勢，亦安能久。且南方初起，連州十六，擁徒百萬，仲春以來，無戰不北，摧陷殄滅，十無一二。南憑袁顗弱卒，北恃足下孤城，以茲定業，恐萬無一理。方今國網疎略，示舉宏維，比日相白，想亦已具矣。且倫等皆是足下腹心牙爪，所以攜手相捨，非有怨恨也，了知事不可濟，禍害已及故耳。夫擁數千烏合，抗天下之兵，傾覆之狀，豈不易曉。假令六蔽之人，猶當不爲其事，況復足下少祖名教，疾没世無稱者邪。所以復有此白者，實惜華州重鎮，鞠爲茂草，兼傷貴門一日屠滅。足下若能封府庫，開四門，宣語文武，示以禍福，先遣咫尺之書，表達誠欵，然後素車白馬，來詣轅門，若令足下髮膚不全，兒姪彫耗者，皇天后土，實聞此言。至辭不華，寧復多白。」

薛道標猶在廬江，劉胡又分兵揚聲向壽陽及合肥。勔遣許道蓮馳赴合肥，助裴季文，又遣黃回、孟次陽及屯騎校尉段佛榮、武衞將軍王廣之繼之〔一〇〕。道標率其黨薛元寶等攻合肥，勔所遣諸軍未至，爲道標所陷，季文及武衞將軍葉慶祖力戰死之〔一一〕。勔馳遣垣閎總統諸軍攻合肥。是月，劉胡敗走，尋陽平定，太宗遣叔寶從父弟季文至琰城下，與叔寶語，說四方已定，勸令時降。叔寶曰：「我乃信汝，恐爲人所誑耳。」叔寶閉絶子勛敗問，有傳者即殺之。時琰子邈東在京邑，繫建康，太宗送邈與琰，令說南賊已平之問，自建康出，便防送就道。議者以爲宜聽邈與伯父瑗私相見，不爾無以解城内之惑，不從。邈至，叔寶等果疑，守備方固。十月，薛道標突圍，與十餘騎走奔淮西，投常珍奇，薛元寶歸降。

先是，晉熙太守閻湛之據郡同逆，至是沈靈寵自廬江攻之，湛之未知尋陽已敗，固守不降。靈寵乃取諸將破劉胡文書置車中，攻城僞敗，棄車而走，湛之得書大駭，其夜奔逃。十一月，常珍奇乞降，慮不見納，又求救於索虜，太宗即以珍奇爲司州刺史，領汝南、新蔡二郡太守。虜亦遣僞帥張窮奇騎萬匹救之。十二月，虜至汝南，珍奇開門納虜，淮西七縣民並連營南奔，劉順亦棄虜歸順〔二二〕。

南賊降者，太宗並送琰城下，令與城内交言，由是人情沮喪。琰將降，先送休祐内人出城，然後開門。時琰有疾，以板自輿，與諸將帥面縛請罪，劻並撫宥，無所誅戮，自將帥以下，財物資貨，皆以還之，纖毫無所失。虜騎救琰，至師水，聞城陷，乃破義陽，殺掠數千人而去。垣式寶尋復反叛，投常珍奇。以平琰功，劉懷珍封艾縣侯，食邑四百户，垣閎樂鄉縣侯〔二三〕，孟次陽攸縣子，王廣之蒲圻縣子，陳顯達彭澤縣子，吕安國鍾武縣男〔二四〕，食邑各三百户，黄回葛陽縣男，食邑二百户。送琰及僞節還京都。

久之，爲王景文鎮南諮議參軍，兼少府。泰豫元年，除少府，加給事中。後廢帝元徽元年，卒，時年五十九。琰性和雅靜素，寡嗜欲，諳前世舊事，事兄甚謹，少以名行見稱。在壽陽被攻圍積時，爲城内所懷附。揚州刺史王景文、征西將軍蔡興宗、司空褚淵，並與之友善云。

史臣曰：夫求忠臣必於孝子之門，蓋以類得之也。昔啓方說主，迹表遺親，鄧攸淳行，愛兼猶子，雖稟分參差，情紀難一，而均薄等厚，未之或偏。惠開親禮雖篤，弟隙尤著，方寸之內，孝友異情，險於山川，有驗於此也。

校勘記

〔一〕與侍中何偃爭積射將軍徐沖之事　「爭」下，南史卷一八蕭思話傳附蕭惠開傳有「推」字。謂與何偃因推問積射將軍徐沖之而爭。

〔二〕但一往服領　「服領」，南史卷一八蕭思話傳附蕭惠開傳、册府卷五一二作「眼額」，御覽卷二二六引晉中興書作「服額」。

〔三〕乃遣巴郡太守費欣壽領二千人東下　「二千」，通鑑卷一三一宋紀泰始二年作「五千」。按本書卷八四鄧琬傳亦云：「蕭惠開遣費欣壽等五千人攻叔兒，叔兒與戰，大破之。」

〔四〕晉原一郡遂反　「郡」，原作「部」，據南史卷一八蕭思話傳附蕭惠開傳、册府卷二一五、通鑑卷一三一宋紀泰始二年改。按晉原郡屬益州，見本書卷三八州郡志四。

〔五〕遣宋寧太守蕭惠訓別駕費欣業萬兵並進　「宋寧」，原作「永寧」，據南史卷一八蕭思話傳附蕭惠開傳、通鑑卷一三一宋紀泰始二年改。按本書卷三八州郡志四，益州屬郡有「宋寧」，無「永寧」。

〔六〕惠開府録事參軍到希微負蜀人債將百萬　「到希微」，南史卷一八蕭思話傳附蕭惠開傳、御覽卷四七七引宋書作「劉希微」。

〔七〕張悦代之　「張悦」，原作「張説」，據本書卷六孝武帝紀、册府卷四五四改。下並改。

〔八〕悉散施道路　「道路」，南史卷一八蕭思話傳附蕭惠開傳作「道俗」。

〔九〕而土人前右軍參軍杜叔寶　「土人」，原作「士人」，據南史卷三九殷孝祖傳附殷琰傳、建康實録卷一四改。

〔一〇〕太宗遣冗從僕射柳倫領軍助　按「助」下疑有脱文。孫虨考論卷四：「『助』下疑脱『琰』字。」

〔一一〕袁顗遣信誘矜司馬汝南人常珍奇　「遣信」，原作「遺信」。張森楷校勘記：「『遺信』當作『遣信』，遣信猶言遣使也。」按張校是，今據改。

〔一二〕琰以前右軍參軍裴季爲南汝陰太守　「裴季」，下文又作「裴季文」，通鑑卷一三一宋紀泰始二年作「裴季之」。

〔一三〕淮西人前奉朝請鄭墨率子弟部曲及淮右郡起義於陳郡城　「鄭墨」，本書卷八明帝紀、通鑑卷一三一宋紀泰始二年作「鄭黑」，考異云：「宋殷琰傳作鄭墨，今從宋本紀、宋略。」

〔一四〕太宗又遣太尉司馬垣閎率軍來會　「垣閎」，原作「垣閬」，據本卷下文、本書卷五〇垣護之傳、通鑑卷一三一宋紀泰始二年改。

〔一五〕今唯有間道襲其米車　「米」，原作一字空格，據南監本、北監本、汲本、殿本、局本、册府卷三六三、通鑑卷一三一宋紀泰始二年補。

〔一六〕中外士庶　「外」，原作「内」，據册府卷四一六改。

〔一七〕琰户曹參軍虞挹之造碻車　「碻車」，御覽卷三三六引沈休文宋書作「抛車」，册府卷三六八作「礮車」。

〔一八〕休祐遣員外散騎侍郎陸悠之助之　「陸悠之」，本書卷八明帝紀、卷五七蔡廓傳附蔡興宗傳、卷八四孔覬傳有「陸攸之」，疑即一人。

〔一九〕劉胡困於錢溪　「劉」，原作一字空格，據南監本、北監本、汲本、殿本、局本、册府卷四一六補。

〔二〇〕武衛將軍王廣之繼之　「繼」，原作「縱」，據南監本、殿本、局本改。

〔二一〕季文及武衛將軍葉慶祖力戰死之　「葉慶祖」，原作「棄慶祖」，據殿本、局本改。

〔二二〕劉順亦棄虜歸順　「劉順」下原有「之」字。孫虨考論卷四：「劉順，無『之』字。」按孫説是，今删「之」字。

〔二三〕垣閎樂鄉縣侯　「垣閎」，原作「坦閎」，據南監本、汲本、殿本、局本改。

〔二四〕吕安國鍾武縣男　「鍾武縣男」，原作「鍾武縣子」，按南齊書卷二九吕安國傳云：「封彭澤縣男，未拜。明年，改封鍾武縣。（中略）四年，又改封湘南縣男。」安國先封彭澤縣男，後又改本書卷七四沈攸之傳載宋順帝昇明初沈攸之反時尚書符云湘南縣開國男呂安國。今改正。

宋書卷八十八

列傳第四十八

薛安都　沈文秀　崔道固

薛安都，河東汾陰人也。世爲强族，同姓有三千家。父廣爲宗豪，高祖定關、河，以爲上黨太守。

安都少以勇聞，身長七尺八寸，便弓馬。索虜使助秦州刺史北賀汨擊反胡白龍子，滅之[一]，由是爲僞雍、秦二州都統，州各有刺史，都總統其事。元嘉二十一年，索虜主拓跋燾擊芮芮大敗，安都與宗人薛永宗起義，永宗營汾曲，安都襲得弘農。會北地人蓋吳起兵，遂連衡相應。燾自率衆擊永宗，滅其族，進擊蓋吳。安都料衆寡不敵，率壯士辛靈度等，棄弘農歸國。太祖延見之，求北還構扇河、陜，招聚義衆。上許之，給錦百疋，雜繒三百疋。復襲弘農，虜已增戍，城不可克，蓋吴又死，乃退還上洛。世祖鎮襄陽，板爲揚武將軍、北弘農太守。虜漸强盛，安都乃歸襄陽。從叔沈亦同歸國，官至綏遠將軍、新野太守。

二十七年，隨王誕版安都爲建武將軍，隨柳元景向關、陝，率步騎居前，所向克捷，事在元景傳。軍還，誕版爲後軍行參軍。二十九年，除始興王濬征北行參軍，加建武將軍。魯爽向虎牢，安都復隨元景北出，即據關城，期俱濟河取蒲坂。會爽退，安都復率所領隨元景引還。仍伐西陽五水蠻。世祖伐逆，轉參軍事，加寧朔將軍，領馬軍，與柳元景俱發。四月十四日，至朱雀航，橫矛瞋目，叱賊將皇甫安民等曰：「賊弒君父，何心事之！」世祖踐阼，除右軍將軍。五月四日，率所領騎爲前鋒，直入殿庭，賊尚有數百人，一時奔散。以功封南鄉縣男，食邑五百户。安都初征關、陝〔二〕，至臼口，夢仰頭視天，正見天門開，謂左右曰：「汝見天門開不〔三〕？」至是歎曰：「夢天開，乃中興之象邪。」

從弟道生，亦以軍功爲大司馬參軍，犯辠，爲秣陵令庾淑之所鞭。安都大怒，乃乘馬從數十人，令左右執矟，欲往殺淑之〔四〕，行至朱雀航，逢柳元景。元景遥問：「薛公何處去？」安都躍馬至車後曰：「小子庾淑之鞭我從弟，今指往刺殺之。」元景慮其不可駐，乃紿之曰：「小子無宜適，卿往與手，甚快。」安都既回馬，復追呼之：「別宜與卿有所論。」令下馬入車。既入車，因責讓之曰：「卿從弟服章言論，與寒細不異，雖復人士，庾淑之亦何由得知？且人身犯罪，理應加罰，卿爲朝庭勳臣，宜崇奉法憲，云何放恣，輒欲於都邑殺人。非唯科律所不容，主上亦無辭以相宥。」因載之俱歸，安都乃止。其年，以憚直免官。

孝建元年，復除左軍將軍。二月，魯爽反叛，遣安都及冗從僕射胡子反、龍驤將軍宗越率步騎據歷陽。爽遣將鄭德玄戍大峴，德玄使前鋒楊胡與輕兵向歷陽〔五〕。安都遣宗越及歷陽太守程天祚逆擊破之，斬胡與及其軍副。德玄復使其司馬梁嚴屯峴東，安都幢主周文恭晨往偵候，因而襲之，悉禽。賊未敢進。世祖詔安都留三百人守歷陽，渡還採石，遷輔國將軍、竟陵內史。

四月，魯爽使弟瑜率三千人出小峴，爽尋以大衆阻大峴。又遣安都步騎八千度江，與歷陽太守張幼緒等討爽。安都軍副建武將軍譚金率數十騎挑戰，斬其偏帥。幼緒恇怯，輒引軍退還，安都復還歷陽。臧質久不至，世祖復遣沈慶之濟江督統諸軍。爽軍食少，引退，慶之使安都率輕騎追之，四月丙戌，及爽於小峴，爽自與腹心壯騎斷後。譚金先薄之，不能入，安都望見爽，便躍馬大呼，直往刺之，應手而倒，左右范雙斬爽首。爽累世梟猛，生習戰陳，咸云萬人敵，安都單騎直入，斬之而反，時人皆云關羽之斬顔良，不是過也。進爵爲侯，增邑五百户，并前千户。

時王玄謨距南郡王義宣、臧質於梁山，安都復領騎爲支軍。賊有水步營在蕪湖，安都遣將吕興壽率數十騎襲之，賊衆驚亂，斬首及赴水死者甚衆。義宣遣將劉諶之及質攻玄謨〔六〕，玄謨命衆軍擊之，使安都引騎出賊陣右。其副建武將軍譚金三歷賊陳〔七〕，乘其隙縱騎突之，諸將係進。是朝，賊馬軍發蕪湖，欲來會戰，望安都騎甚盛，隱山不敢出。賊陣東南猶堅，安都横擊陷之，賊遂大潰。安都隊主劉元儒於艦中斬諶之首。轉太子左衛率。

大明元年，虜向無鹽，東平太守劉胡出戰失利。二月，遣安都領馬軍北討，東陽太守沈法系水軍向彭城，並受徐州刺史申坦節度〔八〕。上戒之曰：「賊若可及，便盡力殄之。若度已回，可過河耀威而反。」時虜已去，坦求回軍討任榛，見許。安都當向左城，左城去滑臺二百餘里，安都以去虜鎮近，軍少不宜分行。至東坊城，遇任榛三騎，討擒其一，餘兩騎得走。任榛聞知，皆得逃散。時天旱，水泉多竭，人馬疲困，不能遠追，安都、法系並白衣領職，坦繫尚方。任榛大抵在任城界，積世逋叛所聚，所在皆棘榛深密，難爲用師，故能久自保藏，屢爲民患。安都明年復職，改封武昌縣侯，加散騎常侍。七年，又加征虜將軍，爲太子左衛率十年，終世祖世不轉。

前廢帝即位，遷右衛將軍，加給事中。永光元年，出爲使持節、督兗州諸軍事、前將軍、兗州刺史。景和元年，代義陽王昶督徐州豫州之梁郡諸軍事、平北將軍、徐州刺史。太宗即位，進號安北將軍，給鼓吹一部。安都不受命，舉兵同晉安王子勛。初，安都從子索兒，前廢帝景和中，爲前軍將軍，直閤，從誅諸公，封武安縣男，食邑三百户。太宗即位，以爲左將軍〔九〕，直閤如故。安都將爲逆，遣密信報之，又遣數百人至瓜步迎接。時右衞將軍柳光世亦與安都通謀。泰始二年正月，索兒、光世並在省，安都信催令速去，二人俱自省逃出，携安都諸子及家累，席卷北奔。青州刺史沈文秀、冀州刺史崔道固並皆同反。文秀遣劉彌之、張靈慶、崔僧琁三軍，道固遣子景徽、傅靈越領衆，並應安都。彌之等南出下邳，靈越自泰山道向彭城。時濟陰太守申闡據睢陵城起義，索兒率靈越等攻之。安都使同黨裴祖隆守下邳城，彌之等至下邳，改計歸順，因進軍攻祖隆，僧琁不同，率所領歸安都。索兒聞彌之有異志，舍睢陵馳赴下邳，彌之等未戰潰散，並爲索兒所執，見殺。

時太宗以申令孫爲徐州，代安都。令孫進據淮陽，密有反志，遣人告索兒曰：「欲相從順，而百口在都。可進軍見攻，若戰敗被執，家人可得免禍。」索兒乃遣靈越向淮陽，令孫出城，爲相距之形，既而奔散，北投索兒。索兒使令孫説闡令降，闡既降，索兒執闡及令孫，並殺之。索兒因引軍渡淮，軍糧不給，掠奪百姓穀食。太宗遣齊王率前將軍張永、寧朔將軍垣山寶、王寬、員外散騎侍郎張寘震、蕭順之、龍驤將軍張季和、黄文玉等諸軍北討。其年五月，軍次平原，索兒等率馬步五千，列陳距戰，擊大破之。索兒又虜掠民穀，固守石梁，齊王又率鎮北參軍趙曇之、吕湛之擊之。索兒軍無資實，所資野掠，既見攻逼，無以自守，於是奔散，又追破之於葛家白鵠。索兒走向樂平縣界，爲申令孫子孝叔所斬。安都子道智、大將范雙走向合肥，詣南汝陰太守裴季降。

時武衞將軍王廣之領軍隸劉勔，攻殷琰於壽陽，傅靈越奔逃，爲廣之軍人所生禽，厲聲曰：「我傅靈越也。汝得賊何不即殺。」生送詣勔，勔躬自慰勞，詰其叛逆，對曰：「九州唱義，豈獨在我。」勔又問：「四方阻逆，無戰不禽，主上皆加以曠蕩，即其才用。卿何不早歸天闕，乃逃命草間乎？」靈越答曰：「薛公舉兵淮北，威震天下，不能專任智勇，委付子姪，致敗之由，實在於此。然事之始末，備皆參豫，人生歸於一死，實無面求活。」勔壯其意，送還京師。太宗欲加原宥，靈越辭對如一，終不回改，乃殺之。靈越，清河人也。時輔國將軍、山陽内史程天祚據郡同安都，攻圍彌時，然後歸順。

子勛平定，安都遣别駕從事史畢衆愛、下邳太守王焕等奉啓書詣太宗歸欵，曰：「臣庸隸荒萌，偷生上國，過蒙世祖孝武皇帝過常之恩，犬馬有心，實感恩遇。是以晉安始唱，投誠孤往，不期生榮，實存死報。今天命大歸，羣迷改屬，輒率領所部，束骸待誅，違拒之罪，伏聽湯鑊。」索兒之死也，安都使柳光世守下邳，至是亦率所領歸降。太宗以四方已平，欲示威於淮外，遣張永、沈攸之以重軍迎之。安都謂既已歸順，不應遣重兵，懼不免罪，乃遣信要引索虜。三年正月，索虜遣博陵公尉遲苟人、城陽公孔伯恭二萬騎救之。永等引退，安都開門納虜，虜即授安都徐州刺史、河東公。四年三月，召還桑乾。五年，死於虜中，時年六十。

初，安都起兵，長史蘭陵繖密欲圖之，見殺。安都未向桑乾，前軍將軍裴祖隆謀殺苟人，舉彭城歸順，事洩，見誅。員外散騎侍郎孫耿之擊索兒戰死，及劉彌之、張靈慶皆戰敗見殺，並爲太宗所哀，追贈繖光祿勳，祖隆寧朔將軍、兗州刺史，耿之羽林監，彌之輔國將軍、青州刺史，靈慶寧朔將軍、冀州刺史。

安都子伯令、環龍，亡命梁、雍二州之間。三年，率亡命數千人襲廣平，執太守劉冥虬〔一〇〕，攻順陽，克之，略有義成、扶風，置立守宰。雍州刺史巴陵王休若遣南陽太守張敬兒、新野太守劉攘兵擊破之，並禽。

先是，東安、東莞二郡太守張讜守團城，在彭城東北。始同安都，末亦歸順，太宗以爲東徐州刺史，復爲虜所沒。

沈文秀字仲遠，吴興武康人，司空慶之弟子也。父劭之，南中郎行參軍。

文秀初爲郡主簿，功曹史，慶之貴後，文秀起家爲東海王禕撫軍行參軍，又度義陽王昶東中郎府，東遷、錢唐令，西陽王子尚撫軍參軍，武康令，尚書庫部郎，本邑中正，建康令。坐爲尋陽王鞭殺私奴，免官，加杖一百。尋復官。前廢帝即位，爲建安王休仁安南録事參軍，射聲校尉。

景和元年，遷督青州徐州之東莞東安二郡諸軍事、建威將軍、青州刺史〔一〕。時帝狂悖無道，内外憂危，文秀將之鎮，部曲出屯白下，説慶之曰：「主上狂暴如此，土崩將至，而一門受其寵任，萬物皆謂與之同心。且此人性情無常，猜忌特甚，將來之禍，事又難測。今因此衆力，圖之易於反掌，千載一時，萬不可失。」慶之不從。文秀固請非一，言輒流涕，終不回。文秀既行，慶之果爲帝所殺。慶之死後，帝遣直閤江方興領兵誅文秀，方興未至，太宗已定亂，馳驛駐之。方興既至，爲文秀所執，尋見釋，遣還京師。

時晉安王子勛據尋陽反叛，六師外討，徵兵於文秀，文秀遣劉彌之、張靈慶、崔僧琁三軍赴朝廷。時徐州刺史薛安都已同子勛，遣使報文秀，以四方齊舉，勸令同逆，文秀即令彌之等回應安都。彌之等尋歸順，事在安都傳。彌之青州强姓，門族甚多，諸宗從相合率奔北海，據城以拒文秀。平原、樂安二郡太守王玄默據琅邪，清河、廣川二郡太守王玄邈據盤陽城，高陽、勃海二郡太守劉乘民據臨濟城，並起義。文秀司馬房文慶謀應之〔一二〕，爲文秀所殺。文秀遣軍主解彦士攻北海陷之，乘民從弟伯宗合率鄉兵，復克北海，因率所領向青州所治東陽城。文秀拒之，伯宗戰敗被創，弟天愛扶持將去，伯宗曰：「丈夫當死戰場，以身殉國，安能歸死兒女手中乎。弟可速去，無爲兩亡。」乃見殺，追贈龍驤將軍、長廣太守。

太宗遣青州刺史明僧暠、東莞東安二郡太守李靈謙率軍伐文秀。玄邈、乘民、僧暠等並進軍攻城，每戰輒爲文秀所破，離而復合，如此者十餘。泰始二年八月，尋陽平定，太宗遣尚書度支郎崔元孫慰勞諸義軍，隨僧暠戰敗見殺，追贈寧朔將軍、冀州刺史。上遣文秀弟文炳詔文秀曰：「皇帝問前督青州徐州之東莞東安二郡諸軍事、建威將軍、青州刺史〔一三〕，朕去歲撥亂，功振普天，於卿一門，特有殊澤，卿得延命至今，誰之力邪？何故背國負恩，遠同逆豎。今天下已定，四方寧壹，卿獨守窮城，何所歸奉？且卿百口在都，兼有墳墓，想情非木石，猶或顧懷。故指遣文炳具相宣示。凡諸逆節〔一四〕，親爲戎首，一不加辠，文炳所具。卿獨何人，而能自立。便可速率部曲，同到軍門，別詔有司，一無所問。如其不爾，國有常刑，非惟戮及弟息，亦當夷卿墳壟，既以謝齊士百姓，亦以勞將士之心。故有今詔。」三年二月，文秀歸命請辠，即安本任。

先是，冀州刺史崔道固亦據歷城同逆，爲土人起義所攻，與文秀俱遣信引虜，虜遣將慕輿白曜率大衆援之〔一五〕，文秀已受朝命，乃乘虜無備，縱兵掩擊，殺傷甚多。虜乃進軍圍城，文秀善於撫御，將士咸爲盡力，每與虜戰，輒摧破之，掩擊營砦，往無不捷。太宗進文秀號輔國將軍。其年八月，虜蜀郡公拔式等馬步數萬人入西郭，直至城下。文秀使輔國將軍垣諶擊破之。九月，又逼城東。十月，進攻南郭。文秀使員外散騎侍郎黄彌之等邀擊，斬獲數千。四年，又進文秀號右將軍，封新城縣侯，食邑五百户。虜青州刺史王隆顯於安丘縣又爲軍主高崇仁所破，死者數百人。虜圍青州積久，太宗所遣救兵並不敢進，乃以文秀弟征北中兵參軍文静爲輔國將軍〔一六〕，統高密、北海、平昌、長廣、東萊五郡軍事，海道救青州。文静至東萊之不其城，爲虜所斷遏，不得進，因保城自守，又爲虜所攻，屢戰輒剋，太宗加其東青州刺史。四年，不其城爲虜所陷，文静見殺。

文秀被圍三載，外無援軍，士卒爲之用命，無離叛者，日夜戰鬬，甲胄生蟣虱。五年正月二十四日，遂爲虜所陷。城敗之日，解釋戎衣，緩服静坐，命左右取所持節。虜既入，兵刃交至，問曰：「青州刺史沈文秀何在？」文秀厲聲曰：「身是。」因執之，牽出聽事前，剥取衣服。時白曜在城西南角樓，裸縛文秀至曜前，執之者令拜，文秀曰：「各二國大臣，無相拜之禮。」曜命還其衣，爲設酒食，鏁送桑乾。其餘爲亂兵所殺，死者甚衆。太宗先遣尚書功論郎何如真選青州文武，亦爲虜所殺。文秀在桑乾凡十九年，齊之永明四年，病死〔一七〕，時年六十一。

崔道固，清河人也。世祖世，以幹用見知，歷太子屯騎校尉，左軍將軍。大明三年，出爲齊、北海二郡太守。民焦恭破古冢，得玉鎧，道固檢得，獻之，執繫恭。入爲新安王子鸞北中郎諮議參軍，永嘉王子仁左軍司馬。

景和元年，出爲寧朔將軍、冀州刺史，鎮歷城。泰始二年，進號輔國將軍，又進號征虜將軍。時徐州刺史薛安都同逆，上即還道固本號爲徐州代之。道固不受命，遣子景徽、軍主傅靈越率衆赴安都〔一八〕。既而爲土人起義所攻，屢戰失利，閉門自守。會四方平定，上遣使宣慰，道固奉詔歸順。先是與沈文秀共引虜，虜既至，固守距之，因被圍逼。虜每進，輒爲道固所摧。三年，以爲都督冀青兗幽并五州諸軍事、前將軍、冀州刺史，加節，又進號平北將軍。其年，爲虜所陷〔一九〕，被送桑乾，死於虜中。

史臣曰：春秋列國大夫得罪，皆先致其邑而後去，唯邾、莒三臣，書以叛人之目，蓋重地也。安都勤王之略，義闕於藩屏，以地外奔，罪同於三叛。詩云：「誰生厲階，至今爲梗。」其此之謂乎。

校勘記

〔一〕索虜使助秦州刺史北賀汨擊反胡白龍子滅之　「北賀汨」，北監本、殿本作「北賀泊」。按北賀汨，即魏書卷三〇娥清傳之并州刺史娥清。「白龍子」，原作「曰龍子」，據殿本、局本改。

〔二〕安都初征關陜　「初」，原作「後」，據南史卷四〇薛安都傳、建康實録卷一四改。張森楷校勘記：「『後』當作『從』。」

〔三〕汝見天門開不　「汝」，南史卷四〇薛安都傳作「汝等」。

〔四〕欲往殺淑之　「欲」，原作一字空格，據三朝本、南監本、北監本、汲本、殿本、局本、南史卷四〇薛安都傳、册府卷八三二補。

〔五〕德玄使前鋒楊胡與輕兵向歷陽　「楊胡與」，本書卷八三宗越傳作「楊胡興」。

〔六〕義宣遣將劉諶之及質攻玄謨　「劉諶之」，原作「劉湛」，據本書卷七六王玄謨傳、魏書卷九七島夷劉裕傳改。下並改。「質」，原作「譚」，據南監本、汲本、局本、册府卷三五一改。

〔七〕其副建武將軍譚金三歷賊陳　「其副建武將軍」六字原闕，據册府卷三五一補。

〔八〕並受徐州刺史申坦節度　「申坦」，原作「申垣」，據南監本、殿本、局本、南史卷四〇薛安都傳改。

〔九〕以爲左將軍　「左將軍」，南史卷四〇薛安都傳作「左軍將軍」。按安都時爲直閤，疑作「左軍將軍」是。

〔一〇〕執太守劉冥虬　孫虨考論卷四：「按此疑即柳元景傳之劉寬虯。」

〔一一〕遷督青州徐州之東莞東安二郡諸軍事建威將軍青州刺史　「徐州」二字原闕，錢大昕考異卷二四：「當云督『青州徐州之東莞東安二郡』，史脱『徐州』二字，下文詔書可證。」按錢説是，今據補。

〔一二〕文秀司馬房文慶謀應之　「房文慶」，魏書卷四三房法壽傳、卷五五劉芳傳作「房元慶」。吴金華宋書點校本志疑以爲作「房元慶」是。

〔一三〕皇帝問前督青州徐州之東莞東安二郡諸軍事建威將軍青州刺史　「問前」，原作「前問」，據册府卷二一五乙正。

〔一四〕凡諸逆節　「節」，原作「郎」，據册府卷二一五改。

〔一五〕虜遣將慕輿白曜率大衆援之　「慕輿白曜」，魏書卷五〇慕容白曜傳、南史卷三七沈慶之傳附沈文秀傳、通鑑卷一三二宋紀泰始三年並作「慕容白曜」。

〔一六〕乃以文秀弟征北中兵參軍文靜爲輔國將軍　「文靜」，本書卷八明帝紀作「文靖」。

〔一七〕文秀在桑乾凡十九年齊之永明四年病死　按上文、通鑑卷一三二宋紀泰始五年，沈文秀於泰始五年正月二十四日爲北魏所俘，鎖送桑乾。至永明四年卒，在桑乾前後凡十八年。是「十九年」與「永明四年」之間，當有一誤。

〔一八〕遣子景微軍主傅靈越率衆赴安都　「景微」，本卷上文作「景徽」，魏書卷二四崔玄伯傳附崔道固傳作「景徽」。

〔一九〕其年爲虜所陷　按魏書卷六顯祖紀、卷五〇慕容白曜傳、通鑑卷一三二宋紀記崔道固没於北魏在獻文帝皇興二年，即宋泰始四年。魏書卷二四崔玄伯傳附崔道固傳載崔道固降表云：「僕臣白曜，振曜威靈，漸經二載，（中略）臣勢窮力屈，以十七日面縛請罪。」白曜攻圍歷城自泰始二年始，漸經二載而城破，不得在泰始三年。疑作「其年」誤。

宋書卷八十九

列傳第四十九

袁粲

袁粲字景倩，陳郡陽夏人，太尉淑兄子也。父濯，揚州秀才，蚤卒。祖母哀其幼孤〔一〕，名之曰愍孫。伯叔並當世榮顯，而愍孫饑寒不足，母琅邪王氏，太尉長史誕之女也，躬事績紡，以供朝夕。愍孫少好學，有清才，有欲與從兄顗婚者，伯父洵即顗父，曰：「顗不堪，政可與愍孫婚耳。」時愍孫在坐，流涕起出。

蚤以操立志行見知。初爲揚州從事，世祖安北、鎮軍、北中郎行參軍，南中郎主簿〔二〕。世祖伐逆，轉記室參軍。及即位，除尚書吏部郎，太子右衛率，侍中。孝建元年，世祖率羣臣並於中興寺八關齋，中食竟，愍孫別與黃門郎張淹更進魚肉食，尚書令何尚之奉法素謹，密以白世祖，世祖使御史中丞王謙之糾奏，並免官。二年，起爲廷尉，太子中庶子，領右軍將軍。出爲輔國將軍、西陽王子尚北中郎長史、廣陵太守，行南兖州事〔三〕。仍爲永嘉王子仁冠軍長史，將軍、太守如故〔四〕。大明元年，復爲侍中，領射聲校尉，封興平縣子，食邑五百户，事在顏師伯傳。三年，坐納山陰民丁彖文貨〔五〕，舉爲會稽郡孝廉，免官。尋爲西陽王子尚撫軍長史，又爲中庶子，領左軍將軍。四年，出補豫章太守，加秩中二千石。五年，復還爲侍中，領長水校尉，遷左衛將軍，加給事中。七年，轉吏部尚書，左衛如故。其年，皇太子冠，上臨宴東宮，愍孫勸顏師伯酒，師伯不飲，愍孫因相裁辱，師伯見寵於上，上常嫌愍孫以寒素凌之，因此發怒，出爲海陵太守。前廢帝即位，除御史中丞，不拜。復爲吏部尚書。永光元年，徙右衛將軍，加給事中。景和元年，復入爲侍中，領驍騎將軍。太宗泰始元年，轉司徒左長史、冠軍將軍、南東海太守。

愍孫清整有風操，自遇甚厚，常著妙德先生傳以續嵇康高士傳以自況，曰：

有妙德先生，陳國人也。氣志淵虛，姿神清映，性孝履順，栖沖業簡，有舜之遺風。先生幼夙多疾，性疎嬾，無所營尚，然九流百氏之言，雕龍談天之藝，皆泛識其大歸，而不以成名。

家貧嘗仕，非其好也，混其聲迹，晦其心用，故深交或迕，俗察罔識。所處席門常掩，三逕裁通，雖揚子寂漠，嚴叟沈冥，不是過也。修道遂志，終無得而稱焉。

又嘗謂周旋人曰：「昔有一國，國中一水，號曰狂泉。國人飲此水，無不狂，唯國君穿井而汲，獨得無恙。國人既並狂，反謂國主之不狂爲狂，於是聚謀，共執國主，療其狂疾，火艾針藥，莫不必具。國主不任其苦，於是到泉所酌水飲之，飲畢便狂。君臣大小，其狂若一，衆乃歡然。我既不狂，難以獨立，比亦欲試飲此水。」

愍孫幼慕荀奉倩之爲人，白世祖，求改名爲粲，不許。至是言於太宗，乃改爲粲，字景倩焉。

二年，遷領軍將軍，仗士三十人入六門〔六〕。其年，徙中書令，領太子詹事，增封三百户，固辭不受。三年，轉尚書僕射，尋領吏部。五年，加中書令，又領丹陽尹。六年，上於華林園茅堂講周易，粲爲執經。又知東宫事，徙爲右僕射。七年，領太子詹事，僕射如故。未拜，遷尚書令，丹陽尹如故。坐前選武衛將軍江柳爲江州刺史，柳有罪，降爲守尚書令。太宗臨崩，粲與褚淵、劉勔並受顧命，加班劍二十人，給鼓吹一部。後廢帝即位，加兵五百人。帝未親朝政，下詔曰：「比亢序愆度〔七〕，留熏燿晷，有傷秋稼，方貽民瘼。朕以眇疚，未弘政道，囹圄尚繁，枉滯猶積，晨兢夕厲，每惻于懷。尚書令可與執法以下，就訊衆獄，使冤訟洗遂，困弊昭蘇〔八〕。頒下州郡，咸令無壅。」元徽元年，丁母憂，葬竟，攝令親職，加衛將軍，不受，敦逼備至，中使相望，粲終不受。性至孝，居喪毀甚，祖日及祥變，常發詔衛軍斷客。

二年，桂陽王休範爲逆，粲扶曳入殿，詔加兵自隨，府置佐史。時兵難危急，賊已至南掖門，諸將意沮，咸莫能奮。粲慷慨謂諸將帥曰：「寇賊已逼，而衆情離沮。孤子受先帝顧託，本以死報，今日當與褚護軍同死社稷！」因命左右被馬，辭色哀壯。於是陳顯達等感激出戰，賊即平殄。事寧，授中書監，即本號開府儀同三司，領司徒，以揚州解爲府，固不肯移。三年，徙尚書令，衛軍、開府如故，並固辭，服終乃受。加侍中，進爵爲侯，又不受。時粲與齊王、褚淵、劉秉入直，平決萬機，時謂之「四貴」。粲閑默寡言，不肯當事，主書每往諮決，或高詠對之，時立一意，則衆莫能改。宅宇平素，器物取給。好飲酒，善吟諷，獨酌園庭，以此自適。居負南郭，時杖策獨遊，素寡往來，門無雜客。及受遺當權，四方輻湊，閑居高卧，一無所接，談客文士，所見不過一兩人。

順帝即位，遷中書監，司徒、侍中如故。時齊王居東府，故使粲鎮石頭。粲素靜退，每有朝命，多不即從，逼切不得已，然後方就。及詔移石頭，即便順旨。有周旋人解望氣，謂粲曰：「石頭氣甚乖，往必有禍。」粲不答。又給油絡通幰車，仗士五十人入殿。時齊王功高德重，天命有歸，粲自以身受顧託，不欲事二姓，密有異圖。丹陽尹劉秉，宋代宗室，前湘州刺史王蘊，太后兄子，素好武事，並慮不見容於齊王，皆與粲相結。將帥黄回、任候伯、孫曇瓘、王宜興、彭文之、卜伯興等，並與粲合。

昇明元年，荆州刺史沈攸之舉兵，齊王自詣粲，粲稱疾不見。粲宗人通直郎袁達以爲不宜示異同，粲曰：「彼若以主幼時艱，與桂陽時不異，劫我入臺，便無辭以拒。一如此，不復得出矣。」時齊王入屯朝堂，秉從父弟中領軍韞入直門下省〔九〕，伯興爲直閤，黄回諸將皆率軍出新亭。粲謀克日矯太后令，使韞、伯興率宿衛兵攻齊王於朝堂，回率軍來應。秉、候伯等並赴石頭，本期夜發，其日秉恇擾不知所爲，晡後便束裝，未暗，載婦女席卷就粲，由此事洩。先是，齊王遣將薛淵、蘇烈、王天生等領兵戍石頭〔一〇〕，云以助粲，實禦之也。又令腹心王敬則爲直閤，與伯興共總禁兵。王蘊聞秉已奔，歎曰：「今年事敗矣。」時齊王使蘊募人，已得數百，乃狼狽率部曲向石頭。本期開南門，時已暗夜，薛淵等據門射之，蘊謂粲已敗，即便散走。齊王以報敬則，率所領收蘊殺之，并誅伯興。又遣軍主戴僧静向石頭助薛淵，自倉門得入。時粲與秉等列兵登東門，僧静分兵攻府西門，粲與秉欲還赴府，既下城，列燭自照，僧静挺身暗往，粲子最覺有異人，以身衛粲，僧静直前斬之，父子俱殞，左右各分散。粲死時，年五十八。任候伯等其夜並乘輕舸，自新亭赴石頭，聞粲敗，乃馳還。其後並誅。秉事在宗室傳。

齊永明元年，詔曰：「昔魏矜袁紹，恩給丘墳；晉亮兩王，榮覃餘裔。斯蓋懷舊流仁，原心興宥，二代弘義，前載美談。袁粲、劉秉，並與先朝同奬宋室〔二〕，沈攸之於景和之世〔三〕，特有乃心，雖末節不終，而始誠可録。歲月彌往，宜沾優隆，粲、秉前年改葬，塋兆未脩，材官可爲經略，粗合周禮。攸之及其諸子喪柩在西，可符荆州以時致送，還反舊墓，在所營葬事。」

史臣曰：闢運創基，非機變無以通其務，世及繼體，非忠貞無以守其業。闢運之君，千載一有，世及之主，無乏於時，闕二字須機變之用短，資忠貞之路長也。故漢室闕二字，文舉不屈曹氏，魏鼎將移，夏侯義不北面。若悉以二子爲心，則兩代宜不亡矣。袁粲清標簡貴，任屬負圖，朝野之望雖隆，然未以大節許也。及其赴危亡，審存滅，豈所謂義重於生乎。雖不達天命，而其道有足懷者。昔王經被旌於晉世，粲等亦改葬於聖朝，盛代同符，美矣。

校勘記

〔一〕祖母哀其幼孤　「祖母」，南史卷二六袁湛傳附袁粲傳、建康實録卷一四、御覽卷六五四引宋書作「祖」。

〔二〕南中郎主簿　「南中郎」，原作「侍中郎」。孫虨考論卷四：「『侍』字當作『南』，南中郎亦世祖府也。」按孫說是，今據改。

〔三〕出爲輔國將軍西陽王子尚北中郎長史廣陵太守行南兗州事　「南」字原闕。按袁粲既爲廣陵太守，所行當爲南兗州事。據本書卷六孝武帝紀、卷八〇孝武十四王豫章王子尚傳，子尚孝建三年三月爲北中郎將、南兗州刺史，時年六歲，未能親政。袁粲爲子尚軍府元佐，故帶廣陵太守而行州事。今補「南」字。

〔四〕仍爲永嘉王子仁冠軍長史將軍太守如故　「永嘉王子仁」，疑爲「建安王休仁」之訛。按本書卷六孝武帝紀、卷七二文九王始安王休仁傳、卷八〇孝武十四王豫章王子尚傳，西陽王子尚孝建三年三月爲南兗州刺史，七月改任揚州刺史；建安王休仁孝建三年七月由祕書監出爲冠軍將軍、南兗州刺史，鎭廣陵，乃繼子尚而任。是袁粲於子尚離任後乃爲休仁冠軍長史，並領廣陵太守。而孝建三年永嘉王子仁尚未生，其於孝武世亦未嘗有刺南兗州事。

〔五〕坐納山陰民丁象文貨　「丁象文」，南史卷二六袁湛傳附袁粲傳作「丁承文」。

〔六〕仗士三十人入六門　「三十」，原作「二十」，據三朝本、南監本、汲本、局本、南史卷二六袁湛傳附袁粲傳改。

〔七〕比亢序愆度　「亢序」，原作「元序」，據本書卷九後廢帝紀改。

〔八〕困弊昭蘇　「困弊」，原作「痶弊」，據本書卷九後廢帝紀改。按若上是「痶」字，則下當作「斃」字。

〔九〕秉從父弟中領軍韞入直門下省　「中領軍」，原作「領軍將軍」，據本書卷一〇順帝紀、册府卷二八九改。按本書卷五一宗室長沙景王道憐傳附劉韞傳亦云是時劉秉「從弟中領軍韞，直在省内」。

〔一〇〕齊王遣將薛淵蘇烈王天生等領兵戍石頭　「薛淵」，本書卷一〇順帝紀、卷七四沈攸之傳作「薛道淵」。按南齊書卷三〇薛淵傳云：「本名道淵，避太祖偏諱改。」

〔一一〕袁粲劉秉並與先朝同奬宋室　「宋室」，原作「宗室」，據南齊書卷三武帝紀改。按上句「先朝」謂齊高帝蕭道成，則下句當是宋室。

〔一二〕沈攸之於景和之世　「景和」，原作「京和」，據南監本、北監本、汲本、殿本、局本、南齊書卷三武帝紀改。

宋書卷九十

列傳第五十

明四王

邵陵殤王友　隨陽王翽　新興王嵩　始建王禧

明帝十二子：陳貴妃生後廢帝。謝脩儀生皇子法良。陳昭華生順帝。徐婕好生第四皇子。鄭脩容生皇子智井。次晉熙王燮，與皇子法良同生。泉美人生邵陵殤王友。次江夏王躋，與第四皇子同生。徐良人生武陵王贊。杜脩華生隨陽王翽。次新興王嵩，與武陵王贊同生。又泉美人生始建王禧。智井、燮、躋、贊並出繼〔一〕。法良未封，第四皇子未有名，早夭。

邵陵殤王友字仲賢，明帝第七子也。

後廢帝元徽二年，太尉、江州刺史桂陽王休範反誅，皇室寡弱，友年五歲，出爲使持節、督江州豫州之西陽新蔡晉熙三郡諸軍事、南中郎將、江州刺史，封邵陵王，食邑二千户。府州文案及臣吏不諱有無之有。順帝即位，進號左將軍，改督爲都督。昇明二年，徙都督南豫豫司三州諸軍事、安南將軍、南豫州刺史、歷陽太守。三年，薨，無子，國除。

隨陽王翽字仲儀，明帝第十子也。

元徽四年，年六歲，封南陽王，食邑二千户。昇明元年，爲使持節、督郢州司州之義陽諸軍事、西中郎將、郢州刺史。未拜，徙督湘州諸軍事、南中郎將、湘州刺史，持節如故。未之鎮，進號前將軍。二年，以南陽荒遠，改封隨陽王，以本號停京師。齊受禪，降封舞陰縣公，食邑千五百户。謀反，賜死。

新興王嵩字仲岳，明帝第十一子。

元徽四年，年六歲，封新興王，食邑二千户。齊受禪，降封定襄縣公，食邑千五百户。謀反，賜死。

始建王禧字仲安，明帝第十二子也。

元徽四年，年六歲，封始建王，食邑二千户。齊受禪，降封荔浦縣公〔二〕，食邑千五百户。謀反，賜死。

史臣曰：太宗負螟之慶，事非己出，枝葉不茂，豈能庇其本根。侯服于周，斯爲幸矣。

校勘記

〔一〕智井燮躋贊並出繼　「躋」字原闕，據南史卷一四宋宗室及諸王下孝明諸子傳補。按此謂江夏王躋，躋事迹附見本書卷六一武三王江夏文獻王義恭傳。

〔二〕降封荔浦縣公　「荔浦」，原作「荔封」，據南監本、局本、南齊書卷二高帝紀下、南史卷一四宋宗室及諸王下孝明諸子始建王禧傳改。按本書州郡志無「荔封」，有荔浦，湘州始建郡屬縣。

宋書卷九十一

列傳第五十一

孝義

龔穎　劉瑜　賈恩　郭世道　嚴世期　吴逵　潘綜　張進之

王彭　蔣恭　徐耕　孫法宗　范叔孫　卜天與　許昭先

余齊民　孫棘　何子平

易曰：「立人之道，曰仁與義。」夫仁義者，合君親之至理，實忠孝之所資，雖義發因心，情非外感，然企及之旨，聖哲詒言。至於風漓化薄，禮違道喪，忠不樹國，孝亦愆家，而一世之民，權利相引，仕以勢招，榮非行立，乏翺翔之感，棄舍生之分，霜露未改，大痛已忘於心，名節不變，戎車遽爲其首，斯並軌訓之理未弘，汲引之塗多闕。若夫情發於天，行成乎己，捐軀舍命，濟主安親，雖乘理闇至〔一〕，匪由勸賞，而宰世之人，曾微誘激。乃至事隱閭閻，無聞視聽，故可以昭被圖篆，百不一焉。今采綴湮落，以備闕文云爾。

龔穎，遂寧人也。少好學，益州刺史毛璩辟爲勸學從事。璩爲譙縱所殺，故佐吏並逃亡，穎號哭奔赴，殯送以禮。縱後設宴延穎，不獲已而至，樂奏，穎流涕起曰：「北面事人，亡不能死，何忍聞舉樂〔二〕，蹈跡逆亂乎。」縱大將譙道福引出，將斬之。道福母即穎姑，跣出救之，故得免。縱既僭號，備禮徵，又不至，乃收穎付獄，脅以兵刃，執志彌堅，終無回改，至于蜀平，遂不屈節。

其後刺史至，輒加辟引，歷府參軍，州別駕從事史。太祖元嘉二十四年，刺史陸徽上表曰〔三〕：「臣聞運纏明夷，則艱貞之節顯；時屬棟撓，則獨立之操彰。昔之元興，皇綱弛紊，譙縱乘釁，肆虐巴、庸，害殺前益州刺史毛璩，竊據蜀土，涪、岷士庶，怵迫受職。璩故吏龔穎，獨秉身貞白，抗志不撓，殯送舊君，哀敬盡禮，全操九載，不染僞朝。縱雖殘凶，猶重義概，遂延以旌命，劫以兵威，穎忠誠奮發，辭色方壯，雖桎梏在身，踐危愈信其節，白刃臨頸，見死不更其守。若王蠋之抗辭燕軍，同周苛之肆詈楚王，方之於穎，蔑以加焉。誠當今之忠壯，振古之遺烈。而名未登於王府，爵猶齒於鄉曹〔四〕，斯實邊氓遠土，所爲於邑。臣過叨恩私，宣風萬里，志存砥竭，有懷必聞，故率愚慤，舉其所知。追懼紕妄，伏增悚慄。」穎遂不被朝命，終於家。

劉瑜，歷陽人也。七歲喪父，事母至孝。年五十二，又喪母，三年不進鹽酪，號泣晝夜不絶聲。勤身運力，以營葬事。服除後，二十餘年布衣蔬食，言輒流涕。常居墓側，未嘗暫違。太祖元嘉初卒。

賈恩，會稽諸暨人也。少有志行，爲鄉曲所推重。元嘉三年，母亡，居喪過禮。未葬，爲鄰火所逼，恩及妻柏氏號哭奔救，鄰近赴助，棺櫬得免。恩及柏俱見燒死。有司奏改其里爲孝義里，蠲租布三世。追贈天水郡顯親縣左尉〔五〕。

郭世道〔六〕，會稽永興人也。生而失母，父更娶，世道事父及後母，孝道淳備。年十四，又喪父，居喪過禮，殆不勝喪。家貧無產業，傭力以養繼母。婦生一男，夫妻共議曰：「勤身供養，力猶不足，若養此兒，則所費者大。」乃垂泣瘞之。母亡，負土成墳，親戚或共賻助〔七〕，微有所受，葬畢，傭賃倍還先直。服除後，哀戚思慕，終身如喪者，以爲追遠之思，無時去心，故未嘗釋衣帢。仁厚之風，行於鄉黨，隣村小大，莫有呼其名者。嘗與人共於山陰市貨物，誤得一千錢，當時不覺，分背方悟。請其伴求以此錢追還本主，伴大笑不答，世道以己錢充數送還之，錢主驚嘆，以半直與世道，世道委之而去。

元嘉四年，遣大使巡行天下，散騎常侍袁愉表其淳行〔八〕，太祖嘉之，敕郡牓表閭門，蠲其税調，改所居獨楓里爲孝行焉。太守孟顗察孝廉，不就。

子原平字長泰，又稟至行，養親必己力。性閑木功，傭賃以給供養。性謙虛，每爲人作匠，取散夫價。主人設食，原平自以家貧，父母不辦有肴味，唯飡鹽飯而已。若家或無食，則虛中竟日，義不獨飽，要須日暮作畢，受直歸家，於里中買糴，然後舉爨。父抱篤疾彌年，原平衣不解帶，口不嘗鹽菜者，跨積寒暑。又未嘗睡卧。父亡，哭踊慟絕，數日方蘇。以爲奉終之義，情禮所畢，營壙凶功，不欲假人。本雖智巧，而不解作墓，乃訪邑中有營墓者，助人運力，經時展勤，久乃閑練。又自賣十夫，以供衆費。窀穸之事，儉而當禮，性無術學，因心自然。葬畢，詣所買主，執役無懈，與諸奴分務，每讓逸取勞，主人不忍使，每遣之，原平服勤，未曾暫替。所餘私夫，傭賃養母，有餘聚以自贖。本性智巧，既學構冢，尤善其事，每至吉歲，求者盈門。原平所赴，必自貧始，既取賤價，又以夫日助之。父喪既終，自起兩間小屋，以爲祠堂。每至節歲烝嘗，於此數日中，哀思，絶飲粥。父服除後，不復食魚肉，於母前，示有所噉，在私室，未曾妄嘗，自此迄終，三十餘載。高陽許瑤之居在永興，罷建安郡丞還家，以緜一斤遺原平，原平不受，送而復反者前後數十，瑤之乃自往曰：「今歲過寒，而建安緜好，以此奉尊上下耳。」原平乃拜而受之。及母終，毁瘠彌甚，僅乃免喪。墓前有數十畝田，不屬原平，每至農月，耕者恒裸袒，原平不欲使人慢其墳墓，乃販質家貲，貴買此田。三農之月，輒束帶垂泣，躬自耕墾。

每出市賣物，人問幾錢，裁言其半，如此積時，邑人皆共識悉，輒加本價與之，彼此相讓，欲買者稍稍減價，要使微賤，然後取直。居宅下濕，遶宅爲溝，以通淤水。宅上種少竹，春月夜有盜其筍者，原平偶起見之，盜者奔走墜溝。原平自以不能廣施，至使此人顛沛，乃於所植竹處溝上立小橋，令足通行，又采筍置籬外。鄰曲慙愧，無復取者。

太祖崩，原平號哭致慟，日食麥𪎊一枚，如此五日。人或問之曰：「誰非王民，何獨如此？」原平泣而答曰：「吾家見異先朝，蒙褒贊之賞，不能報恩，私心感慟耳。」

又以種瓜爲業。世祖大明七年大旱，瓜瀆不復通船，縣官劉僧秀愍其窮老，下瀆水與之。原平曰：「普天大旱，百姓俱困，豈可減溉田之水，以通運瓜之船。」乃步從他道往錢唐貨賣。每行來，見人牽埭未過，輒迅檝助之，已自引船，不假旁力。若自船已渡，後人未及，常停住須待，以此爲常。嘗於縣南郭鳳埭助人引船，遇有相鬭者，爲吏所録，聞者逃散，唯原平獨住〔九〕。吏執以送縣，縣令新到，未相諳悉，將加嚴罰，原平解衣就罪，義無一言。左右小大咸稽顙請救，然後得免。由來不謁官長，自此以後，乃脩民敬。

太守王僧朗察孝廉，不就。太守蔡興宗臨郡，深加貴異，以私米饋原平及山陰朱百年妻，教曰：「秩年之貺，著自國書，餼貧之典，有聞甲令。況高柴窮老，萊婦屯暮者哉。永興郭原平世禀孝德，洞業儲靈，深仁絶操，追風曠古，棲貞處約，華耈方嚴。山陰朱百年道終物表，妻孔耋齒孀居，窶迫殘日，欽風撫事，嗟慨滿懷。可以帳下米，各餉百斛。」原平固讓頻煩，誓死不受。人或問曰：「府君嘉君淳行，愍君貧老，故加此贍，豈宜必辭。」原平曰：「府君若以吾義行邪，則無一介之善，不可濫荷此賜。若以其貧老邪，耋齒甚多，屢空比室，非吾一人而已。」終不肯納。百年妻亦辭不受。

會稽貴重望計及望孝，盛族出身，不減袐、著。太宗泰始七年，興宗欲舉山陰孔仲智長子爲望計，原平次息爲望孝。仲智會土高門，原平一邦至行，欲以相敵。會太宗別敕用人，故二選並寢。泰豫元年，興宗徵還京師，表其殊行，宜舉拔顯選，以勸風俗。舉爲太學博士；會興宗薨，事不行。明年，元徽元年，卒於家〔一〇〕。原平少長交物，無忤辭於人，與其居處者數十年，未嘗見喜慍之色。三子一弟，並有門行。長子伯林，舉孝廉，次子靈馥，儒林祭酒，皆不就。

嚴世期，會稽山陰人也。好施慕善，出自天然。同里張邁三人，妻各産子，時歲飢儉，慮不相存，欲棄而不舉，世期聞之，馳往拯救，分食解衣，以贍其乏，三子並得成長。同縣俞陽妻莊年九十，莊女蘭七十，並各老病，單孤無所依，世期衣飴之二十餘年，死並殯葬。山陰宗親嚴弘、鄉人潘伯等十五人，荒年並餓死，露骸不收，世期買棺器殯埋，存育孩幼。山陰令何曼之表言之。元嘉四年，有司奏牓門曰「義行嚴氏之閭」，復其身徭役，蠲租稅十年。

吴逵，吴興烏程人也。經荒飢饉，係以疾疫，父母兄弟嫂及羣從小功之親，男女死者十三人。逵時病困，鄰里以葦席裹之，埋於村側，既而逵疾得瘳，親屬皆盡，唯逵夫妻獲全。家徒壁立，冬無被袴，晝則庸賃，夜則伐木燒塼，此誠無有懈倦。逵夜行遇虎，虎輒下道避之。朞年中，成七墓，葬十三棺。鄰里嘉其志義，葬日悉出赴助，送終之事，亦儉而周禮。逵時逆取鄰人夫直，葬畢，衆悉以施之，逵一無所受，皆傭力報答焉。太守張崇之三加禮命，太守王韶之擢補功曹史，逵以門寒，固辭不就，舉爲孝廉。

潘綜，吴興烏程人也。孫恩之亂，妖黨攻破村邑，綜與父驃共走避賊。驃年老行遲，賊轉逼，驃語綜：「我不能去，汝走可脱，幸勿俱死。」驃困乏坐地，綜迎賊叩頭曰：「父年老，乞賜生命。」賊至，驃亦請賊曰：「兒年少，自能走，今爲老子不走去。老子不惜死，乞活此兒。」賊因斫驃，綜抱父於腹下，賊斫綜頭面，凡四創，綜當時悶絶。有一賊從傍來，相謂曰：「卿欲舉大事，此兒以死救父，云何可殺。殺孝子不祥。」賊良久乃止，父子並得免。

綜鄉人祕書監丘繼祖〔一一〕、廷尉沈赤黔以綜異行，廉補左民令史，除遂昌長，歲滿還家。太守王韶之臨郡，發教曰〔一二〕：「前被符，孝廉之選，必審其人，雖四科難該，文質寡備，必能孝義邁俗，拔萃著聞者，便足以顯應明敭，允將符旨。烏程潘綜守死孝道，全親濟難。烏程吳逵義行純至，列墳成行。咸精誠內淳，休聲外著，可並察孝廉，并列上州臺，陳其行跡。」及將行，設祖道，贈以四言詩曰：

東寶惟金，南木有喬。發輝曾崖，竦幹重霄。美哉茲土，世載英髦。育翮幽林，養音九皋。其一

唐后明敭，漢宗蒲輪。我皇降鑑，思樂懷人。羣臣競薦，舊章惟新。余亦奚貢，曰義與仁。其二

仁義伊在，惟吳惟潘。心積純孝，事著艱難。投死如歸，淑問若蘭。吳實履仁，心力偕單。固此苦節，易彼歲寒。霜雪雖厚，松柏丸丸。其三

人亦有言，無善不彰。二子徽猷，彌久彌芳。拔叢出類，景行朝陽。誰謂道遐，弘之則光。咨爾庶士，無然怠荒。其四

江革奉摯，慶祿是荷。姜詩入貢，漢朝咨嗟。勗哉行人，敬爾休嘉。俾是下國，照煇京華。其五

伊余朽駘，竊服懼盜。無能禮樂，豈暇聲教。順彼康夷，懿德是好。聊綴所懷，以贈二孝。其六

元嘉四年，有司奏改其里爲純孝里，蠲租布三世。

張進之，永嘉安固人也。爲郡大族。少有志行，歷郡五官主簿，永寧、安固二縣領校尉。家世富足，經荒年散其財，救贍鄉里，遂以貧罄，全濟者甚多。進之爲太守王味之吏，味之有罪當見收，逃避投進之家，供奉經時，盡其誠力。以本村淺近，移入池溪，味之墮水沈没，進之投水拯救，相與沈淪，危而得免。時劫掠充斥，每入村抄暴，至進之門，輒相約勒，不得侵犯，其信義所感如此。元嘉初，詔在所蠲其繇役。

孫恩之亂，永嘉太守司馬逸之被害，妻子並死，兵寇之際，莫敢收藏。郡吏俞僉以家財買棺斂逸之等六喪，送致還都，葬畢乃歸鄉里。元嘉中，老病卒。

王彭，盱眙直瀆人也。少喪母。元嘉初，父又喪亡，家貧力弱，無以營葬，兄弟二人，晝則傭力，夜則號感。鄉里並哀之，乃各出夫力助作塼。塼須水而天旱，穿井數十丈，泉不出，墓處去淮五里，荷檐遠汲，困而不周。彭號天自訴，如此積日，一旦大霧，霧歇，塼竈前忽生泉水，鄉隣助之者，並嗟歎神異，縣邑近遠，悉往觀之。葬事既竟，水便自竭。元嘉九年，太守劉伯龍依事表言，改其里爲通靈里，蠲租布三世。

蔣恭，義興臨津人也。元嘉中，晉陵蔣崇平爲劫見禽，云與恭妻弟吴晞張爲侣。晞張先行不在，本村遇水，妻息五口避水移寄恭家，討録晞張不獲，收恭及兄協付獄治罪。恭、協並款舍住晞張家口，而不知劫情。恭列晞張妻息是婦之親，親今有罪，恭身甘分，求遣兄協。協列協是户主，延制所由，有罪之日，關協而已，求遣弟恭。兄弟二人，爭求受罪，郡縣不能判，依事上詳。州議之曰：「禮讓者以義爲先，自厚者以利爲上，末世俗薄，靡不自私。伏膺聖教，猶或不逮，況在野夫，未達誥訓，而能互發天倫之憂，甘受莫測之罪，若斯情義，實爲殊特。蔑爾恭、協，而能行之，茲乃終古之所希，盛世之嘉事。二子乘舟，無以過此。豈宜拘執憲文〔一三〕，加以罪戮。且晞張封筒遠行，他界爲劫，造釁自外，贓不還家，所寓村伍，容有不知，不合加罪。」勒縣遣之，還復民伍。乃除恭義成令，協義招令〔一四〕。

徐耕，晉陵延陵人也。自令史除平原令。元嘉二十一年，大旱民飢，耕詣縣陳辭曰：「今年亢旱，禾稼不登。氓黎飢餒，採掇存命，聖上哀矜，已垂存拯。但饉罄來久，困殆者衆，米穀轉貴，糴索無所。方涉春夏，日月悠長，不有微救，永無濟理。不惟凡瑣，敢憂身外，鹿鳴之求，思同野草，氣類之感，能不傷心。民糴得少米，資供朝夕，志欲自竭，義存分飡，今以千斛，助官賑貸。此境連年不熟，今歲尤甚，晉陵境特爲偏枯。此郡雖弊，猶有富室，承陂之家，處處而是，並皆保熟，所失蓋微。陳積之穀，皆有巨萬，旱之所弊，寔鍾貧民，温富之家，各有財寶。謂此等並宜助官，得過儉月，所損至輕，所濟甚重。今敢自勵，爲勸造之端。實願掘水揚塵，崇益山海。」縣爲言上。當時議者以耕比漢卜式，詔書褒美，酬以縣令。

大明八年，東土飢旱，東海嚴成、東莞王道蓋各以穀五百斛助官賑卹。

孫法宗，吳興人也。父遇亂被害，尸骸不收，母兄並餓死，法宗年小流迸，至年十六，方得還。單身勤苦，霜行草宿，營辦棺椁，造立冢墓，葬送母兄，儉而有禮。以父喪不測，於部境之內，尋求枯骨，刺血以灌之，如此者十餘年不獲，乃縗絰，終身不娶，饋遺無所受。

世祖初，揚州辟爲文學從事，不就。

范叔孫，吴郡錢唐人也。少而仁厚，周窮濟急〔一五〕。同里范法先父母兄弟七人，同時疫死，唯餘法先，病又危篤，喪尸經月不收。叔孫悉備棺器，親爲殯埋。又同里施淵夫疾病，父母死不殯，又同里范苗父子並亡，又同里危敬宗家口六人俱得病〔一六〕，二人喪没，親隣畏遠，莫敢營視。叔孫並殯葬，躬卹病者，並皆得全。鄉曲貴其義行，莫有呼其名者。世祖孝建初，除竟陵王國中軍將軍，不就。

義興吴國夫，亦有義讓之美。人有竊其稻者，乃引還，爲設酒食，以米送之。

卜天與，吴興餘杭人也。父名祖，有勇幹，徐赤特爲餘杭令，祖依隨之。赤特死〔一七〕，高祖聞其有幹力，召補隊主，從征伐，封關中侯，歷二縣令。

天與善射，弓力兼倍，容貌嚴正，笑不解顏。太祖以其舊將子，使教皇子射。居累年，以白衣領東掖防閤隊〔一八〕。元嘉二十七年，臧質救懸瓠，劉興祖守白石，並率所領隨之，虜退罷。遷領輦後第一隊，撫卹士卒，甚得衆心。二十九年，以爲廣威將軍，領左細仗，兼帶營禄。

元凶入弒，事變倉卒，舊將羅訓、徐罕皆望風屈附，天與不暇被甲，執刀持弓，疾呼左右出戰。徐罕曰：「殿下入，汝欲何爲？」天與罵曰：「殿下常來，云何即時方作此語。只汝是賊。」手射賊劭於東堂，幾中。逆徒擊之，臂斷倒地，乃見殺。其隊將張泓之、朱道欽、陳滿與天與同出拒戰，並死。世祖即位，詔曰：「日者逆豎犯蹕，釁變卒起，廣威將軍關中侯卜天與提戈赴難，挺身奮節，斬殪凶黨，而旋受虐刃。勇冠當時，義侔古烈，興言追悼，傷痛于心。宜加甄贈，以旌忠節。可贈龍驤將軍、益州刺史，謚曰壯侯。」車駕臨哭。泓之等各贈郡守，給天與家長稟。

子伯宗，殿中將軍。太宗泰始初，領幢，擊南賊於赭圻〔一九〕，戰没。伯宗弟伯興，官至前將軍、南平昌太守，直閤，領細仗主。順帝昇明元年，與袁粲同謀，伏誅。

天與弟天生，少爲隊將，十人同火。屋後有一大阬，廣二丈餘，十人共跳之皆渡，唯天生墜阬。天生乃取實中苦竹，剡其端使利，交横布阬内，更呼等類共跳，並畏懼不敢。天生曰：「我向已不渡，今者必墜此阬中。丈夫跳此不渡，亦何須活。」乃復跳之，往反十餘，曾無留礙，衆並歎服。以兄死節，爲世祖所留心，稍至西陽王子尚撫軍參軍，加龍驤將軍。隸沈慶之攻廣陵城，天生推車塞塹，率數百人先登西北角，徑至城上。賊爲重柵斷攻道，苦戰移日不拔，乃還。詔曰：「天生始受戎任，甫造寇壘，而投輪越塹，率果先騰，驍壯之氣，嘉歎無已。可且賜布千匹，以厲衆校。」大明末，爲弋陽太守。太宗泰始初，與殷琰同逆，邊城令宿僧護起義討斬之。

許昭先，義興人也。叔父肇之，坐事繫獄，七年不判。子姪二十許人，昭先家最貧薄，專獨料訴，無日在家。餉饋肇之，莫非珍新，家產既盡，賣宅以充之。肇之諸子倦怠，昭先無有懈息，如是七載。尚書沈演之嘉其操行，肇之事由此得釋。昭先舅夫妻並疫病死亡，家貧無以殯送〔二〇〕，昭先賣衣物以營殯葬。舅子三人並幼，贍護皆得成長。昭先父母皆老病，家無僮役，竭力致養，甘旨必從，宗黨嘉其孝行。雍州刺史劉真道板爲征虜參軍，昭先以親老不就。本邑補主簿，昭先以叔未仕，又固辭。

元嘉初，西陽董陽五世同財，爲鄉邑所美。

會稽姚吟事親至孝，孝建初，揚州辟文學從事，不就。

余齊民，晉陵晉陵人也。少有孝行，爲邑書吏。父殖，大明二年，在家病亡，家人以父病報之，信未至，齊民謂人曰：「比者肉痛心煩，有若割截，居常遑駭，必有異故。」信尋至，便歸，四百餘里，一日而至。至門，方詳父死，號踊慟絕，良久乃蘇。問母：「父所遺言。」母曰：「汝父臨終，恨不見汝。」曰：「相見何難。」於是號叫殯所，須臾便絕。州郡上言，有司奏曰：「收賢旌善，萬代無殊，心至自天，古今豈異。齊民至性由中，情非外感，淳情凝至，深心天徹，跪訊遺旨，一慟殞亡。雖迹異參、柴，而誠均丘、趙。方今聖務虔被，移革華夏，實乃風淳以禮，治本惟孝，靈祥歸應，其道先彰。齊民越自氓隸，行貫生品，旌閭表墓，允出在茲。」改其里爲孝義里，蠲租布，賜其母穀百斛。

孫棘，彭城彭城人也。世祖大明五年，發三五丁，弟薩應充行，坐違期不至，依制，軍法，人身付獄。未及結竟，棘詣郡辭：「不忍令當一門之苦，乞以身代薩。」薩又辭列：「門户不建，罪應至此，狂愚犯法，實是薩身，自應依法受戮。兄弟少孤，薩三歲失父，一生恃賴，唯在長兄，兄雖可垂愍，有何心處世。」太守張岱疑其不實，以棘、薩各置一處，語棘云：「已爲諮詳，聽其相代。」棘顔色甚悦，答云：「得爾，旦則爲不死。」又語薩，亦欣然曰：「死自分甘，但令兄免，薩有何恨。」棘妻許又寄語屬棘：「君當門户，豈可委罪小郎。且大家臨亡，以小郎屬君，竟未妻娶，家道不立，君已有二兒，死復何恨。」岱依事表上，世祖詔曰：「棘、薩甿隸，節行可甄，特原罪。」州加辟命，并賜許帛二十匹。

先是，新蔡徐元妻許，年二十一，喪夫，子甄年三歲。父攬愍其年少，以更適同縣張買。許自誓不行，父逼載送買，許自經氣絶，家人奔赴，良久乃蘇。買知不可奪，夜送還攬。許歸徐氏，養元父季。元嘉中，年八十餘，卒。

太宗泰始二年，長城奚慶思殺同縣錢仲期〔二二〕，仲期子延慶屬役在都，聞父死，馳還，於庚浦埭逢慶思〔二三〕，手刃殺之，自繫烏程縣獄。吴興太守郗顒表不加罪，許之。

何子平，廬江灊人也〔二三〕。曾祖楷〔二四〕，晉侍中。祖友，會稽王道子驃騎諮議參軍。父子先，建安太守。

子平世居會稽，少有志行，見稱於鄉曲。事母至孝。揚州辟從事史，月俸得白米，輒貨市粟麥。人或問曰：「所利無幾，何足爲煩？」子平曰：「尊老在東，不辦常得生米，何心獨饗白粲。」每有贈鮮肴者，若不可寄致其家，則不肯受。

母本側庶，籍注失實，年未及養，而籍年已滿，便去職歸家。時鎮軍將軍顧覬之爲州上綱，謂曰：「尊上年實未八十，親故所知。州中差有微禄，當啓相留。」子平曰：「公家正取信黃籍，籍年既至，便應扶侍私庭，何容以實年未滿，苟冒榮利。且歸養之願，又切微情。」覬之又勸令以母老求縣，子平曰：「實未及養，何假以希禄。」覬之益重之。既歸家，竭身運力，以給供養。

元嘉三十年，元凶弒逆，安東將軍隨王誕入討，以爲行參軍。子平以凶逆滅理，普天同奮，故廢己受職，事寧，自解。又除奉朝請，不就。末除吴郡海虞令，縣禄唯以養母一身，而妻子不犯一毫。人或疑其儉薄，子平曰：「希禄本在養親，不在爲己。」問者慙而退。母喪去官，哀毁踰禮，每至哭踊，頓絶方蘇。值大明末，東土飢荒，繼以師旅，八年不得營葬，晝夜號絶擗踊，不闋俄頃，叫慕之音，常如袒括之日。冬不衣絮，暑避清涼，日以數合米爲粥，不進鹽菜。所居屋敗，不蔽雨日，兄子伯與採伐茅竹〔二五〕，欲爲葺治，子平不肯，曰：「我情事未申，天地一罪人耳，屋何宜覆。」蔡興宗爲會稽太守，甚加旌賞。泰始六年，爲營冢槨。子平居喪毀甚，困瘠踰久，及至免喪，支體殆不相屬。幼持操檢，敦厲名行，雖處闇室，如接大賓。學義堅明，處之以默，安貧守善，不求榮進，好退之士，彌以貴之。順帝昇明元年，卒，時年六十。

史臣曰：漢世士務治身，故忠孝成俗，至乎乘軒服冕，非此莫由。晉、宋以來，風衰義缺，刻身厲行，事薄膏腴。若夫孝立閨庭，忠被史策，多發溝畎之中，非出衣簪之下。以此而言聲教，不亦卿大夫之恥乎。

校勘記

〔一〕雖乘理闇至　「至」，原作「主」，據南監本、局本、南史卷七三孝義傳上改。

〔二〕何忍聞舉樂　南史卷七三孝義上龔穎傳、御覽卷四二一引宋書作「何忍舉觴聞樂」。

〔三〕刺史陸徽上表曰　「陸徽」，原作「陸徵」，據南史卷七三孝義上龔穎傳、册府卷六八八改。按陸徽見本書卷九二良吏陸徽傳，元嘉二十三年爲益州刺史，二十九年卒官。

〔四〕爵猶齒於鄉曹　「鄉曹」，原作「卿曹」，據册府卷六八八改。按龔穎歷府參軍，州別駕從事史，故稱鄉曹。穎官不至九卿，不得稱卿曹。

〔一五〕追贈天水郡顯親縣左尉　「郡」，原作「部」，據南史卷七三孝義上賈恩傳、册府卷一一〇改。孫彪考論卷四：「『部』當作『郡』。」

〔一六〕郭世道　南史卷七三孝義上郭世通傳、御覽卷八三五引宋書作「郭世通」。

〔一七〕親戚或共賻助　「或」，通志卷一六七作「咸」。

〔一八〕元嘉四年遣大使巡行天下散騎常侍袁愉表其淳行　按本書卷五文帝紀，遣大使巡行四方在元嘉三年五月。卷六四裴松之傳、卷九二良吏徐豁傳亦云元嘉三年遣大使巡行四方。頗疑遣大使巡行在元嘉三年而表郭世道淳行則在四年，傳文此處表述有誤。「袁愉」，本書裴松之傳作「袁渝」，建康實録卷一二、御覽卷一五七引宋略作「袁瑜」。

〔一九〕聞者逃散唯原平獨住　「聞者」，南史卷七三孝義上郭世通傳附郭原平傳、册府卷七九三作「鬬者」，謂相鬬者因吏録而逃，而原平不走，故下文有爲吏執以送縣事。

〔二〇〕明年元徽元年卒於家　按上文有「泰豫元年」，此「明年」即元徽元年。二者重出，疑有誤。

〔二一〕綜鄉人祕書監丘繼祖　「丘繼祖」，南史卷七三孝義上潘綜傳作「丘系祖」。南齊書卷五二文學丘靈鞠傳云靈鞠「祖系，祕書監」，即此人也。「繼祖」、「系祖」、「系」，未知孰是。

〔二二〕發教曰　「教」字原闕，據南監本、局本、南史卷七三孝義上潘綜傳補。

〔二三〕豈宜拘執憲文　「拘」，原作「惣」，據册府卷八五一改。

〔二四〕協義招令　「義招」，原作「義怡」，據南史卷七三孝義上蔣恭傳改。按本書卷三八州郡志四，無「義怡縣」，有義招縣，屬廣州義安郡。

〔一五〕周窮濟急　「周」，原作「固」，據南史卷七三孝義上范叔孫傳、御覽卷四七七引宋書改。册府卷八〇三作「拯」，亦通。

〔一六〕又同里危敬宗家口六人俱得病　「危敬宗」，南史卷七三孝義上范叔孫傳、册府卷八〇三作「范敬宗」。

〔一七〕徐赤特爲餘杭令祖依隨之赤特死　「赤特」，原作「赤將」，據本書卷一武帝紀上、通鑑卷一一五晉紀義熙六年改。

〔一八〕以白衣領東掖防闕隊　「防闕」，疑爲「防閤」之訛。按「防閤」，謂防衞齋閤，時有防閤將軍。「東掖」，即東掖門。

〔一九〕擊南賊於赭圻　「赭圻」，原作「赭所」，據南監本、北監本、汲本、殿本、局本、南史卷七三孝義上卜天與傳改。

〔二〇〕家貧無以殯送　「殯」字原闕，據南史卷七三孝義上許昭先傳補。

〔二一〕長城奚慶思殺同縣錢仲期　「奚慶思」，南史卷七三孝義上孫棘傳作「吴慶恩」。下同。

〔二二〕於庚浦埭逢慶思　「庚浦埭」，南史卷七三孝義上孫棘傳、册府卷八九六作「庾浦埭」。

〔二三〕廬江灊人也　「廬江灊」，册府卷七五二作「陳郡陽夏」。

〔二四〕曾祖楷　「楷」，原作「揩」，據殿本、南史卷七三孝義上何子平傳改。

〔三五〕兄子伯與採伐茅竹 「伯與」，北監本、汲本、殿本、局本、南史卷七三孝義上何子平傳、册府卷七五二作「伯興」。

宋書卷九十二

列傳第五十二

良吏

王鎮之　杜慧度　徐豁　陸徽　阮長之　江秉之

高祖起自匹庶，知民事艱難〔一〕，及登庸作宰，留心吏職，而王略外舉，未遑內務。奉師之費，日耗千金，播茲寬簡，雖所未暇，而絀華屛欲，以儉抑身，左右無幸謁之私，閨房無文綺之飾，故能戎車歲駕，邦甸不擾。太祖幼而寬仁，入纂大業，及難興陝方，六戎薄伐，命將動師，經略司、兗，費由府實，役不及民。自此區寓宴安，方內無事，三十年間，氓庶蕃息，奉上供徭，止於歲賦，晨出莫歸，自事而已。守宰之職，以六朞爲斷，雖沒世不徙，未及曩時，而民有所係，吏無苟得。家給人足，即事雖難，轉死溝渠，於時可免。凡百户之鄉，有市之邑，謌謡舞蹈，觸處成羣，蓋宋世之極盛也。暨元嘉二十七年，北狄南侵，戎役大起，傾資掃蓄，猶有未供，於是深賦厚斂，天下騷動。自茲至于孝建，兵連不息，以區區之江東，地方不至數千里，户不盈百萬，荐之以師旅，因之以凶荒，宋氏之盛，自此衰矣。晉世諸帝，多處内房，朝宴所臨，東西二堂而已。孝武末年，清暑方構，高祖受命，無所改作，所居唯稱西殿，不制嘉名，太祖因之，亦有合殿之稱。及世祖承統，制度奢廣，犬馬餘菽粟，土木衣綈繡，追陋前規，更造正光、玉燭、紫極諸殿，雕欒綺節，珠窗網户，嬖女幸臣，賜傾府藏，竭四海不供其欲，單民命未快其心。太宗繼阼，彌篤浮侈，恩不卹下，以至横流。莅民之官，遷變歲屬，竈不得黔，席未暇煖，蒲、密之化，事未易階。豈徒吏不及古，民僞於昔，蓋由爲上所擾，致治莫從。今採其風迹粗著者，以爲良吏篇云。

王鎮之字伯重，琅邪臨沂人，徵士弘之兄也。曾祖廙，晉驃騎將軍。祖耆之，中書郎。父隨之，上虞令。

鎮之初爲琅邪王衛軍行參軍，出補剡、上虞令，並有能名。内史謝輶請爲山陰令，復有殊績。遷衛軍參軍，本國郎中令，加寧朔將軍。桓玄輔晉，以爲大將軍録事參軍。時三吳飢荒，遣鎮之銜命賑卹，而會稽内史王愉不奉符旨，鎮之依事糾奏。愉子綏，玄之外甥，當時貴盛，鎮之爲所排抑，以母老求補安成太守。及玄敗，玄將苻宏寇亂郡境，鎮之拒戰彌年，子弟五人，並臨陣見殺。母憂去職，在官清潔，妻子無以自給，乃棄家致喪還上虞舊墓〔二〕，畢，爲子標之求安復令〔三〕，隨子之官。服闋，爲征西道規司馬、南平太守。徐道覆逼江陵，加鎮之建威將軍，統檀道濟、到彥之等討道覆，以不經將帥，固辭，不見聽。既而前軍失利，白衣領職，尋復本官。以討道覆功，封華容縣五等男，徵廷尉。晉穆帝何皇后山陵，領將作大匠。遷御史中丞，秉正不撓，百寮憚之。

出爲使持節、都督交廣二州諸軍事、建威將軍、平越中郎將、廣州刺史。高祖謂人曰：「王鎮之少著清績，必將繼美吳隱之。嶺南之弊，非此不康也。」在鎮不受俸禄，蕭然無所營，去官之日，不異始至。高祖初建相國府，以爲諮議參軍，領録事。善於吏職，嚴而不殘。遷宋臺祠部尚書。高祖踐阼，鎮之以脚患自陳，出爲輔國將軍、琅邪太守，遷宣訓衞尉，領本州大中正。永初三年，卒官，時年六十六。弟弘之，在隱逸傳。

杜慧度，交阯朱䳒人也。本屬京兆。曾祖元，爲寧浦太守，遂居交阯。父瑗字道言，仕州府爲日南、九德、交阯太守。初，九真太守李遜父子勇壯有權力，威制交土，聞刺史滕遯之當至〔四〕，分遣二子斷遏水陸津要，瑗收衆斬遜，州境獲寧。除龍驤將軍。遯之在州十餘年，與林邑累相攻伐。遯之將北還，林邑王范胡達攻破日南、九德、九真三郡，遂圍州城。時遯之去已遠，瑗與第三子玄之悉力固守，多設權策，累戰，大破之。追討於九真、日南，連捷，故胡達走還林邑。乃以瑗爲龍驤將軍、交州刺史。義旗進號冠軍將軍。盧循竊據廣州，遣使通好，瑗斬之。義熙六年，年八十四，卒，追贈右將軍，本官如故。

慧度，瑗第五子也。初爲州主簿，流民督護，遷九真太守。瑗卒，府州綱佐以交土接寇，不宜曠職，共推慧度行州府事，辭不就。七年，除使持節、督交州諸軍事、廣武將軍、交州刺史。詔書未至，其年春，盧循襲破合浦，徑向交州。慧度乃率文武六千人距循於石碕，交戰，禽循長史孫建之。循雖敗，餘黨猶有三千人，皆習練兵事，李遜子李弈、李脱等奔竄石碕〔五〕，盤結俚、獠，各有部曲。循知弈等與杜氏有怨，遣使招之，弈等引諸俚帥衆五六千人，受循節度。六月庚子〔六〕，循晨造南津，命三軍入城乃食。慧度悉出宗族私財，以充勸賞。弟交阯太守慧期、九真太守章民並督率水步軍，慧度自登高艦，合戰，放火箭雉尾炬，步軍夾兩岸射之，循衆艦俱然，一時散潰，循中箭赴水死。斬循及父嘏，并循二子，親屬録事參軍阮靜、中兵參軍羅農夫、李脱等，傳首京邑。封慧度龍編縣侯，食邑千戶。

高祖踐阼，進號輔國將軍。其年，率文武萬人南討林邑，所殺過半，前後被抄略，悉得還本。林邑乞降，輸生口、大象、金銀、古貝等，乃釋之。遣長史江悠奉表獻捷。慧度布衣蔬食，儉約質素，能彈琴，頗好莊、老。禁斷淫祀，崇脩學校，歲荒民饑，則以私祿賑給。爲政纖密，有如治家，由是威惠沾洽，姦盜不起，乃至城門不夜閉，道不拾遺。少帝景平元年，卒，時年五十，追贈左將軍。

以慧度長子員外散騎侍郎弘文爲振威將軍、刺史。初，高祖北征關、洛，慧度板弘文爲鷹揚將軍，流民督護，配兵三千，北係大軍。行至廣州，關、洛已平，乃歸。統府板弘文行九真太守。及繼父爲刺史，亦以寬和得衆，襲爵龍編侯。太祖元嘉四年，以廷尉王徽爲交州刺史，弘文就徵。會得重疾，牽以就路，親舊見其患篤，勸表待病痛，弘文曰：「吾世荷皇恩，杖節三世，常欲投軀帝庭，以報所荷。況親被徵命，而可宴然者乎，如其顛沛，此乃命也。」弘文母既年老，見弘文輿疾就路，不忍分別，相與俱行。到廣州，遂卒。臨死，遣弟弘猷詣京，朝廷甚哀之。

徐豁字萬同，東莞姑幕人也，中散大夫廣兄子。父邈，晉太子左衞率〔七〕。豁晉安帝隆安末，爲太學博士。桓玄輔政，爲中外都督，豁議〔八〕：「致敬唯内外武官，太宰、司徒，並非軍職，則琅邪王不應加敬。」玄諷中丞免豁官。玄敗，以爲祕書郎，尚書倉部郎，右軍何無忌功曹，仍爲鎮南參軍，又祠部，永世令〔九〕，建武司馬，中軍參軍，尚書左丞。永初初，爲徐羡之鎮軍司馬，尚書左丞，山陰令。歷二丞三邑，精練明理，爲一世所推。

元嘉初，爲始興太守。三年，遣大使巡行四方，并使郡縣各言損益，豁因此表陳三事，其一曰：「郡大田，武吏年滿十六，便課米六十斛，十五以下至十三，皆課米三十斛，一户内隨丁多少，悉皆輸米。且十三歲兒，未堪田作，或是單迥，無相兼通，年及應輸，便自逃逸，既遏接蠻、俚，去就益易。或乃斷截支體，産子不養，户口歲減，寔此之由。謂宜更量課限，使得存立。今若減其米課，雖有交損，考之將來，理有深益。」其二曰：「郡領銀民三百餘户，鑿坑採砂，皆二三丈，功役既苦，不顧崩壓，一歲之中，每有死者。官司檢切，猶致逋違，老少相隨，永絶農業，千有餘口，皆資他食，豈唯一夫不耕，或受其饑而已。所以歲有不稔，便致甚困。尋臺邸用米，不異於銀，謂宜准銀課米，即事爲便。」其三曰：「中宿縣俚民課銀，一子丁輸南稱半兩。尋此縣自不出銀，又俚民皆巢居鳥語，不閑貨易之宜，每至買銀，爲損已甚。又稱兩受入，易生姦巧，山俚愚怯，不辨自申，官所課甚輕，民以所輸爲劇。今若聽計丁課米，公私兼利。」

在郡著績，太祖嘉之，下詔曰：「始興太守豁，潔己退食，恪居在官，政事脩理，惠澤沾被。近嶺南荒弊，郡境尤甚，拯卹有方，濟厥饑饉，雖古之良守，蔑以尚焉。宜蒙褒賁，以旌清績，可賜絹二百匹，穀千斛。」五年，以爲持節、督廣交二州諸軍事、寧遠將軍、平越中郎將、廣州刺史。未拜，卒，時年五十一。太祖又下詔曰：「豁廉清勤恪，著稱所司，故擢授南服，申其才志。不幸喪殞，朕甚悼之。可賜錢十萬，布百匹，以營葬事。」

陸徽字休猷，吳郡吳人也。郡辟命主簿，仍除衞軍、車騎二府參軍，揚州主簿，王弘衞將軍主簿〔一〇〕，除尚書都官郎，出補建康令，清平無私，爲太祖所善，遷司徒左西掾。元嘉十四年，爲始興太守。明年，仍除使持節、交廣二州諸軍事、綏遠將軍、平越中郎將、廣州刺史〔一一〕。清名亞王鎮之，爲士民所愛詠。上表薦士曰：「臣聞陵雪褒穎，貞柯必振；尊風賞流，清原斯挹。是以衣囊揮譽於西京，折轅延高於東帝〔一二〕。伏見廣州別駕從事史朱萬嗣，年五十三，字少豫，理業沖夷，秉操純白，行稱私庭，能著官政。雖氏非世祿，宦無通資，而隨牒南服，位極僚首，九綜州綱，三端府職，頻掌蕃機，屢績符守。年暨知命，廉尚愈高，冰心與貪流爭激，霜情與晚節彌茂。歷宰金山，家無寶鏤之飾；連組珠海，室靡瑙珥之珍。确然守志，不求聞達，實足以澄革汙吏，洗鏡貪氓。臣謬忝司牧，任專萬里，雖情祇慎擢，才闕豪露，敢罄愚陋，舉其所知。如得提名禮闈，抗迹朝省，搏嶺表之清風，負冰宇之潔望，則恩融一臣，而施光萬物。敢緣天澤雲行，時德雨施，每甄外州，榮加遠國。是以獻其瞽言，希垂聽覽。」

二十一年，徽以爲南平王鑠冠軍司馬、長沙內史，行湘州府事。母憂去職。張尋、趙廣爲亂於益州，兵寇之餘，政荒民擾。二十三年，乃追徽爲持節、督益寧二州諸軍事、寧朔將軍、益州刺史〔一三〕，隱卹有方，威惠兼著，寇盜靜息，民物殷阜，蜀土安說，至今稱之。二十九年，卒，時年六十二。身亡之日，家無餘財，太祖甚痛惜之。詔曰：「徽厲志廉潔，歷任恪勤，奉公盡誠，克己無倦。褒榮未申，不幸夙殞，言念在懷，以爲傷恨。可贈輔國將軍，本官如故。」賜錢十萬，米二百斛。謚曰簡子。

子叡，正員外郎。弟展，臧質車騎長史、尋陽太守，質敗，從誅。

阮長之字茂景，陳留尉氏人也。祖思曠，金紫光祿大夫。父普，驃騎諮議參軍。長之年十五喪父，有孝性，哀感傍人。服除，蔬食者猶積載。閑居篤學，未嘗有惰容。初爲諸府參軍，除員外散騎侍郎。母老，求補襄垣令，督郵無禮，鞭之，去職。尋補廬陵王義真車騎行正參軍，平越長史，東莞太守。入爲尚書殿中郎，出爲武昌太守。時王弘爲江州，雅相知重，引爲車騎從事中郎。入爲太子中舍人，中書侍郎，以母老固辭朝直，補彭城王義康平北諮議參軍。元嘉九年，遷臨川內史，以南土卑濕，母年老，非所宜，辭不就。十一年，復除臨海太守。至郡少時而母亡，葬畢，不勝憂，十四年，卒，時年五十九。

時郡縣田祿，以芒種爲斷〔一四〕，此前去官者，則一年秩祿皆入後人〔一五〕，此後去官者，則一年秩祿皆入前人〔一六〕。始以元嘉末改此科，計月分祿。長之去武昌郡，代人未至，以芒種前一日解印綬〔一七〕。初發京師，親故或以器物贈別，得便緘録，後歸，悉以還之。在中書省直，夜往鄰省，誤著履出閤，依事自列門下，門下以闇夜人不知，不受列，長之固遣送之，曰：「一生不侮闇室。」前後所莅官，皆有風政，爲後人所思，宋世言善治者，咸稱之。

子師門，原鄉令。

江秉之字玄叔，濟陽考城人也。祖逌，晉太常。父纂，給事中。秉之少孤，弟妹七人，並皆幼稚，撫育姻娶，罄其心力。初爲劉穆之丹陽前軍府參軍。高祖督徐州，轉主簿，仍爲世子中軍參軍。宋受禪，隨例爲員外散騎侍郎，補太子詹事丞。少帝即位，入爲尚書都官郎，出爲永世、烏程令，以善政著名東土。徵建康令，爲治嚴察，京邑肅然。殷景仁爲領軍，請爲司馬。復出爲山陰令，民户三萬，政事煩擾，訟訴殷積，階庭常數百人，秉之御繁以簡，常得無事。宋世唯顧覬之亦以省務著績，其餘雖復刑政循理，而未能簡事。以在縣有能，遷補新安太守。元嘉十二年，轉在臨海，並以簡約見稱。所得禄秩，悉散之親故，妻子常飢寒。人有勸其營田者，秉之正色曰：「食禄之家，豈可與農人競利。」在郡作書案一枚，及去官，留以付庫。十七年，卒，時年六十。

子徽，尚書都官郎，吴令。元凶殺徐湛之，徽以黨與見誅。子謐，昇明末爲尚書吏部郎。

元嘉初，太祖遣大使巡行四方，兼散騎常侍孔默之、王歆之等上言：「宣威將軍、陳南頓二郡太守李元德，清勤均平，姦盜止息。彭城内史魏恭子，廉恪脩慎，在公忘私，安約守儉，久而彌固。前宋縣令成浦，治政寬濟，遺詠在民。前鮦陽令李熙國，在事有方，民思其政。山桑令何道，自少清廉，白首彌厲。應加褒賚，以勸于後。」乃進元德號寧朔將軍，恭子賜絹五十匹，穀五百斛，浦、熙國、道各賜絹三十匹，穀二百斛。

王歆之字叔道，河東人也。曾祖愆期，有名晉世，官至南蠻校尉。祖尋之，光祿大夫。父肇之，豫章公相。

歆之被遇於太祖，歷顯官，左民尚書，光祿大夫，卒官。

元嘉九年，豫州刺史長沙王義欣上言：「所統威遠將軍、北譙梁二郡太守關中侯申季歷，自奉職邦畿，于茲五年，信惠並宣，威化兼著，外清姦暴，內輯民黎，役賦均平，閭井齊肅，綏穆初附，招攜荒遠，郊境之外，仰澤懷風，爵賞之授，績能是顯，宜升階秩，以崇獎勸。」進號寧朔將軍。

其後晉壽太守郭啓玄亦有清節，卒官。元嘉二十八年，詔曰：「故綏遠將軍、晉壽太守郭啓玄往銜命虜庭，秉意不屈，受任白水，盡勤靡懈，公奉私餼，纖毫弗納〔一八〕，布衣蔬食，飭躬惟儉，故超授顯邦，以甄廉績。而介誠苦節，終始匪貳，身死之日，妻子凍餒，志操殊俗，良可哀悼。可賜其家穀五百斛。」

時有北地傅僧祐、潁川陳珉、高平張祐，並以吏才見知。僧祐事在臧燾傳。珉爲吳令，善發姦伏，境內以爲神明。祐祖父湛，晉孝武世，以才學爲中書侍郎，光祿勳。祐歷臨安、武康、錢塘令，並著能名，宋世言長吏者，以三人爲首。

元嘉中，高平太守潘詞，有清節。子亮爲昌慮令，亦著廉名，大明中，爲徐州刺史劉道隆所表。

世祖世，吴郡陸法真歷官有清節，嘗爲劉秀之安北録事參軍。泰山羊希與安北諮議參軍孫詵書曰：「足下同僚似有陸録事者，此生東南名地，又張玄外孫，持身至清，雅有志節。年高官下，秉操不衰，計當日夕相與申意。」太宗初，爲南海太守，卒官。

太宗世，琅邪王悦，亦莅官清正見知。悦字少明，晉右將軍羲之曾孫也。父靖之，官至司徒左長史。靖之爲劉穆之所厚，就穆之求侍中，如此非一。穆之曰：「卿若不求，久自得也。」遂不果。悦泰始中，爲黄門郎，御史中丞。上以其廉介，賜良田五頃。遷尚書吏部郎，侍中，在門下，盡其心力。五年，卒官，追贈太常。初，悦爲侍中，檢校御府、太官、太醫諸署，得姦巧甚多。及悦死，衆咸謂諸署詋詛之〔一九〕，上乃收典掌者十餘人，桎梏云送淮陰，密令渡瓜步江，投之中流。

史臣曰：夫善政之於民，猶良工之於埴也，用功寡而成器多。漢世户口殷盛，刑務簡闊，郡縣治民，無所横擾，勸賞威刑，事多專斷，尺一詔書，希經邦邑，龔、黄之化，易以有成。降及晚代，情僞繁起，民減昔時，務多前世，立績垂風，艱易百倍。若以上古之化，治此世之民，今吏之良，撫前代之俗，則武城弦歌，將有未暇，淮陽卧治，如或可勉。未必今才陋古，蓋化有淳薄也。

校勘記

〔一〕知民事艱難　「艱」，原作一字空格，據南監本、北監本、汲本、殿本、局本、南史卷七〇循吏傳補。

〔二〕乃棄家致喪還上虞舊墓　「墓」，原作「基」，據南史卷二四王鎮之傳、册府卷六七九改。

〔三〕爲子標之求安復令　「標之」，原作「摽之」，據南史卷二四王鎮之傳、明本册府卷六七九改。

〔四〕聞刺史騰遜之當至　「騰遜之」，南史卷七〇循吏杜慧度傳作「滕遜之」。

〔五〕李遜子李弈李脱等奔竄石碕　「李遜子」，原作「李子遜」，據南史卷七〇循吏杜慧度傳改正。按南史杜慧度傳作「李遜子孫李弈李移李脱等」。上文云遜「分遣二子斷遏水陸津要」，下文云「循知弈等與杜氏有怨」，則當是前杜瑗所誅爲李遜子也。

〔六〕六月庚子　按晉書卷一〇安帝紀、建康實録卷一〇記盧循爲杜慧度所斬在義熙七年四月，通鑑卷一一六晉紀繫於其年四月庚子。

〔七〕父邈晉太子左衞率　「左衞率」，本書卷五五徐廣傳、晉書卷九一徐邈傳作「前衞率」。

〔八〕豁議　「豁」，原作「諮」，據局本、御覽卷二〇六引齊職儀、册府卷六一三改。殿本考證：「『諮』當作『豁』，以字形相近而訛也。」

〔九〕又祠部永世令　孫虨考論卷四：「『祠部』下當有『郎』字。」

〔一〇〕王弘衞將軍主簿　「王弘」，原作「主弘」，據南監本、北監本、汲本、殿本、局本改。

〔一一〕仍除使持節交廣二州諸軍事綏遠將軍平越中郎將廣州刺史　按南史卷四八陸杲傳附陸徽傳云陸徽其時「除平越中郎將、廣州刺史、加督」，則陸徽乃以督諸軍刺廣州。「使持節」下，疑脱「督」字。

〔一二〕是以衣囊揮譽於西京折轅延高於東帝　建康實録卷一四作「是以袁盎揮譽於西京，韓延播德於東夏」。

〔一三〕乃追徽爲持節督益寧二州諸軍事寧朔將軍益州刺史　「徽」，原作「徵」，據册府卷六九二改。按南史卷四八陸杲傳附陸徽傳亦云陸徽二十三年爲益州刺史。

〔一四〕以芒種爲斷　「以」字原闕，據南史卷七〇循吏阮長之傳、通典卷一九職官一、卷三五職官一七、建康實録卷一四、册府卷六七九補。

〔一五〕此前去官者則一年秩禄皆入後人　「後人」，原作「前人」，據南史卷七〇循吏阮長之傳、建康實録卷一四改。

〔一六〕此後去官者則一年秩禄皆入前人　「前人」，原作「後人」，據建康實録卷一四改。

〔一七〕以芒種前一日解印綬　「前一日」，原作「後一日」，據南史卷七〇循吏阮長之傳、建康實録卷一四改。牛運震讀史糾謬卷六宋書：「良吏傳阮長之傳：『代人未至，以芒種後一日解印綬。』按此正言長之解綬之早，俾秩禄歸於後人，以見長之之廉也。當依南史作『前一日解印綬』。」

〔一八〕纖毫弗納　「毫弗」，原作二字空格，據南監本、北監本、汲本、殿本、局本、册府卷二一〇補。

〔一九〕衆咸謂諸署誽詛之　「誽詛」，原作「祝阻」，南監本作「祝詛」，南史卷二四王悦之傳、御覽卷七三六引宋書作「呪詛」，今據北監本、汲本、殿本、局本改。

宋書卷九十三

列傳第五十三

隱逸

戴顒　宗炳　周續之　王弘之　阮萬齡　孔淳之　劉凝之
龔祈　翟法賜　陶潛　宗彧之　沈道虔　郭希林　雷次宗
朱百年　王素　關康之

易曰：「天地閉，賢人隱。」又曰：「遯世無悶。」又曰：「高尚其事。」又曰：「幽人貞吉。」論語「作者七人」，表以逸民之稱。又曰：「子路遇荷蓧丈人，孔子曰：隱者也。」又曰：「賢者避地，其次避言。」又曰：「虞仲、夷逸，隱居放言。」品目參差，稱謂非一，請試言之。夫隱之爲言，迹不外見，道不可知之謂也。若夫千載寂寥，聖人不出，則大賢自晦，降夷凡品，止於全身遠害，非必穴處巖栖，雖藏往得二，鄰亞宗極，而舉世莫窺，萬物不覩。若此人者，豈肯洗耳潁濱，皦皦然顯出俗之志乎。遯世避世，即賢人也。夫何適非世，而有避世之因，固知義惟晦道，非曰藏身。至於巢父之名，即是見稱之號，號曰裘公，由有可傳之迹，此蓋荷蓧之隱，而非賢人之隱也。賢人之隱，義深於自晦，荷蓧之隱，事止於違人。論迹既殊，原心亦異也。身與運閉，無可知之情，雞黍宿賓，示高世之美。運閉故隱，爲隱之跡不見，違人故隱，用致隱者之目。身隱故稱隱者，道隱故曰賢人。或曰：「隱者之異乎隱，既聞其說，賢者之同於賢，未知所異？」應之曰：「隱身之於晦道，名同而義殊，賢人之於賢者，事窮於亞聖，以此爲言，如或可辨。若乃高尚之與作者，三避之與幽人，及逸民隱居，皆獨往之稱，雖復漢陰之氏不傳，河上之名不顯，莫不激貪厲俗，秉自異之姿，猶負揭日月，鳴建鼓而趨也。」陳郡袁淑集古來無名高士，以爲真隱傳，格以斯談，去真遠矣。賢人在世，事不可誣，今爲隱逸篇，虛置賢隱之位，其餘夷心俗表者，蓋逸而非隱云。

戴顒字仲若，譙郡銍人也。父逵，兄勃，並隱遯有高名。

顒年十六，遭父憂，幾於毁滅，因此長抱羸患。以父不仕，復修其業。父善琴書，顒並傳之，凡諸音律，皆能揮手。會稽剡縣多名山，故世居剡下。顒及兄勃，並受琴於父，父沒，所傳之聲，不忍復奏，各造新弄，勃五部，顒十五部。顒又制長弄一部，並傳於世。中書令王綏常攜賓客造之，勃等方進豆粥，綏曰：「聞卿善琴，試欲一聽。」不答，綏恨而去。桐廬縣又多名山，兄弟復共游之，因留居止。勃疾患，醫藥不給，顒謂勃曰：「顒隨兄得閑，非有心於默語。兄今疾篤，無可營療，顒當干祿以自濟耳。」乃告時求海虞令，事垂行而勃卒，乃止。桐廬僻遠，難以養疾，乃出居吳下。吳下士人共爲築室，聚石引水，植林開澗，少時繁密，有若自然。乃述莊周大旨，著消搖論，注禮記中庸篇。三吳將守及郡內衣冠要其同游野澤，堪行便往，不爲矯介，衆論以此多之。

高祖命爲太尉行參軍，琅邪王司馬屬，並不就。宋國初建，令曰：「前太尉參軍戴顒、辟士韋玄，秉操幽遁，守志不渝，宜加旌引，以弘止退。並可散騎侍郎，在通直。」不起。太祖元嘉二年，詔曰：「新除通直散騎侍郎戴顒、太子舍人宗炳，並志託丘園，自求衡蓽，恬靜之操，久而不渝。顒可國子博士，炳可通直散騎侍郎。」東宮初建，又徵太子中庶子。十五年，徵散騎常侍，並不就。

衡陽王義季鎮京口，長史張邵與顒姻通，迎來止黃鵠山。山北有竹林精舍，林澗甚美，顒憩于此澗，義季亟從之遊，顒服其野服，不改常度。爲義季鼓琴，並新聲變曲，其三調遊絃、廣陵、止息之流，皆與世異。太祖每欲見之，嘗謂黃門侍郎張敷曰：「吾東巡之日，當讌戴公山也。」以其好音，長給正聲伎一部。顒合何嘗、白鵠二聲，以爲一調，號爲清曠。

自漢世始有佛像，形制未工，逵特善其事，顒亦參焉。宋世子鑄丈六銅像於瓦官寺，既成，面恨瘦，工人不能治，乃迎顒看之。顒曰：「非面瘦，乃臂胛肥耳。」既錯減臂胛，瘦患即除，無不歎服焉。

十八年，卒，時年六十四。無子。景陽山成，顒已亡矣，上歎曰：「恨不得使戴顒觀之。」

宗炳字少文，南陽涅陽人也。祖承，宜都太守。父繇之，湘鄉令。母同郡師氏，聰辯有學義，教授諸子。

炳居喪過禮，爲鄉閭所稱。刺史殷仲堪、桓玄並辟主簿，舉秀才，不就。高祖誅劉毅，領荊州，問毅府諮議參軍申永曰：「今日何施而可？」永曰：「除其宿釁，倍其惠澤，貫敘門次，顯擢才能，如此而已。」高祖納之，辟炳爲主簿，不起。問其故，答曰：「棲丘飲谷，三十餘年。」高祖善其對。妙善琴書，精於言理，每游山水，往輒忘歸。征西長史王敬弘每從之，未嘗不彌日也。乃下入廬山，就釋慧遠考尋文義。兄臧爲南平太守，逼與俱還，乃於江陵三湖立宅，閑居無事。高祖召爲太尉參軍，不就。二兄蚤卒，孤累甚多，家貧無以相贍，頗營稼穡。高祖數致餼賚，其後子弟從禄，乃悉不復受。

高祖開府辟召，下書曰：「吾忝大寵，思延賢彥，而兔罝潛處，考槃未臻，側席丘園，良增虛佇。南陽宗炳、雁門周續之，並植操幽棲，無悶巾褐，可下辟召，以禮屈之。」於是並辟太尉掾，皆不起。宋受禪，徵爲太子舍人；元嘉初，又徵通直郎；東宮建，徵爲太子中舍人，庶子，並不應。妻羅氏，亦有高情，與炳協趣。羅氏没，炳哀之過甚，既而輟哭尋理，悲情頓釋。謂沙門釋慧堅曰：「死生之分，未易可達，三復至教，方能遣哀。」衡陽王義季在荆州，親至炳室，與之歡讌，命爲諮議參軍，不起。

好山水，愛遠遊，西陟荆、巫，南登衡岳，因而結宇衡山，欲懷尚平之志〔一〕。有疾還江陵，嘆曰：「老疾俱至，名山恐難徧覩，唯當澄懷觀道，臥以游之。」凡所游履，皆圖之於室，謂人曰：「撫琴動操，欲令衆山皆響。」古有金石弄，爲諸桓所重，桓氏亡，其聲遂絕，唯炳傳焉。太祖遺樂師楊觀就炳受之。

炳外弟師覺授亦有素業，以琴書自娛。臨川王義慶辟爲祭酒，主簿，並不就，乃表薦之，會病卒。

元嘉二十年，炳卒，時年六十九。衡陽王義季與司徒江夏王義恭書曰：「宗居士不救所病，其清履肥素，終始可嘉，爲之惻愴，不能已已。」

子朔，南譙王義宣車騎參軍。次綺，江夏王義恭司空主簿。次昭，郢州治中。次說，正員郎。

周續之字道祖，雁門廣武人也。其先過江居豫章建昌縣。續之年八歲喪母，哀戚過於成人，奉兄如事父。豫章太守范甯於郡立學，招集生徒，遠方至者甚衆，續之年十二，詣甯受業。居學數年，通五經并緯候，名冠同門，號曰「顏子」。既而閑居讀老、易，入廬山事沙門釋慧遠。時彭城劉遺民遁迹廬山，陶淵明亦不應徵命，謂之「尋陽三隱」。以爲身不可遺，餘累宜絕，遂終身不娶妻，布衣蔬食。

劉毅鎮姑孰，命爲撫軍參軍〔二〕，徵太學博士，並不就。江州刺史每相招請，續之不尚節峻，頗從之游。常以嵇康高士傳得出處之美，因爲之注。高祖之北討，世子居守，迎續之館于安樂寺，延入講禮，月餘，復還山。江州刺史劉柳薦之高祖曰：

臣聞恢耀和肆，必在兼城之寶；翼亮崇本，宜紆高世之逸。是以渭濱佐周，聖德廣運；商洛匡漢，英業乃昌。伏惟明公道邁振古，應天繼期，游外暢於冥內，體遠形于應近，雖汾陽之舉，輟駕於時艱；明揚之旨，潛感於穹谷矣。

竊見處士雁門周續之，清真貞素，思學鉤深，弱冠獨往，心無近事，性之所遣，榮華與饑寒俱落，情之所慕，巖澤與琴書共遠。加以仁心內發，義懷外亮，留愛昆卉〔三〕，誠著桃李。若升之宰府，必鼎味斯和；濯纓儒官，亦王猷遐緝。臧文不知，失在降賢；言偃得人，功由升士。願照其丹款，不以人廢言。

俄而辟爲太尉掾，不就。高祖北伐，還鎮彭城，遣使迎之，禮賜甚厚。每稱之曰：「心無偏吝，真高士也。」尋復南還。高祖踐阼，復召之，乃盡室俱下。上爲開館東郭外，招集生徒。乘輿降幸，并見諸生，問續之禮記「傲不可長」、「與我九齡」、「射於矍圃」三義，辨析精奧，稱爲該通。續之素患風痹，不復堪講，乃移病鍾山。景平元年卒，時年四十七。通毛詩六義及禮論、公羊傳〔四〕，皆傳於世。無子。兄子景遠有續之風，太宗泰始中，爲晉安內史，未之郡，卒。

王弘之字方平，琅邪臨沂人，宣訓衞尉鎮之弟也。

少孤貧，爲外祖徵士何准所撫育。從叔獻之及太原王恭，並貴重之。晉安帝隆安中，爲琅邪王中軍參軍，遷司徒主簿。家貧，而性好山水，求爲烏程令〔五〕，尋以病歸。桓玄輔晉，桓謙以爲衞軍參軍。時琅邪殷仲文還姑孰，祖送傾朝，謙要弘之同行，答曰：「凡祖離送別，必在有情，下官與殷風馬不接，無緣扈從。」謙貴其言。母隨兄鎮之之安成郡〔六〕，弘之解職同行，荆州刺史桓偉請爲南蠻長史。義熙初，何無忌又請爲右軍司馬。高祖命爲徐州治中從事史，除員外散騎常侍，並不就。家在會稽上虞。從兄敬弘爲吏部尚書，奏曰：「聖明司契，載德惟新，垂鑑仄微，表揚隱介，默語仰風，荒遐傾首。前員外散騎常侍琅邪王弘之，恬漠丘園，放心居逸。前衞將軍參軍武昌郭希林，素履純潔，嗣徽前武。並擊壤聖朝，未蒙表飾，宜加旌聘，賁于丘園，以彰止遜之美，以祛動求之累。臣愚謂弘之可太子庶子，希林可著作郎。」即徵弘之爲庶子，不就。太祖即位，敬弘爲左僕射，又陳：「弘之高行表於初筮，苦節彰於莫年，今內外晏然，當脩太平之化，宜招空谷，以敦沖退之美。」元嘉四年，徵爲通直散騎常侍，又不就。敬弘嘗解貂裘與之，即着以采藥。

性好釣，上虞江有一處名三石頭，弘之常垂綸於此。經過者不識之，或問：「漁師得魚賣不？」弘之曰：「亦自不得，得亦不賣。」日夕載魚入上虞郭，經親故門，各以一兩頭置門内而去。始寧沃川有佳山水〔七〕，弘之又依巖築室。謝靈運、顏延之並相欽重，靈運與廬陵王義真牋曰：「會境既豐山水，是以江左嘉遁，並多居之。但季世慕榮，幽棲者寡，或復才爲時求，弗獲從志。至若王弘之拂衣歸耕，踰歷三紀；孔淳之隱約窮岫，自始迄今；阮萬齡辭事就閑，纂成先業〔八〕；浙河之外，棲遲山澤，如斯而已。既遠同羲、唐，亦激貪厲競。殿下愛素好古，常若布衣，每意昔聞，虛想巖穴，若遺一介，有以相存，真可謂千載盛美也。」

弘之四年卒，時年六十三。顏延之欲爲作誄，書與弘之子曇生曰：「君家高世之節，有識歸重，豫染豪翰，所應載述。況僕託慕末風，竊以敍德爲事，但恨短筆不足書美。」誄竟不就。

曇生好文義，以謙和見稱。歷顯位，吏部尚書，太常卿。大明末，爲吴興太守。太宗初，四方同逆，戰敗奔會稽，歸降被宥，終於中散大夫。

阮萬齡，陳留尉氏人也。祖思曠，左光禄大夫。父寧，黄門侍郎。

萬齡少知名，自通直郎爲孟昶建威長史。時袁豹、江夷相係爲昶司馬，時人謂昶府有三素望。萬齡家在會稽剡縣，頗有素情，永初末，自侍中解職東歸，徵爲祕書監，加給事中，不就。尋除左民尚書，復起應命，遷太常，出爲湘州刺史，在州無政績。還爲東陽太守，又被免。復爲散騎常侍、金紫光禄大夫。元嘉二十五年卒，時年七十二。

孔淳之字彦深，魯郡魯人也。祖惔，尚書祠部郎。父粲，祕書監徵，不就。淳之少有高尚，愛好墳籍，爲太原王恭所稱。居會稽剡縣，性好山水，每有所游，必窮其幽峻，或旬日忘歸。嘗游山，遇沙門釋法崇，因留共止，遂停三載。法崇嘆曰：「緬想人外，三十年矣，今乃傾蓋于茲，不覺老之將至也。」及淳之還反，不告以姓。除著作佐郎，太尉參軍，並不就。

居喪至孝，廬于墓側。服闋，與徵士戴顒、王弘之及王敬弘等共爲人外之游〔九〕。敬弘以女適淳之子尚。會稽太守謝方明苦要入郡，終不肯往。茅室蓬户，庭草蕪逕，唯牀上有數卷書。元嘉初，復徵爲散騎侍郎，乃逃于上虞縣界，家人莫知所之。弟默之爲廣州刺史，出都與别。司徒王弘要淳之集冶城，即日命駕東歸，遂不顧也。元嘉七年，卒，時年五十九。默之儒學，注穀梁春秋。

默之子熙先，事在范曄傳。

劉凝之字志安，小名長年〔一〇〕，南郡枝江人也。父期公，衡陽太守，兄盛公，高尚不仕。凝之慕老萊、嚴子陵爲人，推家財與弟及兄子，立屋於野外，非其力不食，州里重其德行。州三禮辟西曹主簿，舉秀才，不就。妻梁州刺史郭銓女也，遣送豐麗，凝之悉散之親屬。妻亦能不慕榮華，與凝之共安儉苦。夫妻共乘薄笨車，出市買易，周用之外，輒以施人。爲村里所誣，一年三輸公調，求輒與之。有人嘗認其所著屐，笑曰：「僕著之已敗，令家中覓新者備君也〔一一〕。」此人後田中得所失屐，送還之，不肯復取。

元嘉初，徵爲祕書郎，不就。臨川王義慶、衡陽王義季鎮江陵，並遣使存問，凝之答書頓首稱僕，不脩民禮，人或譏焉。凝之曰：「昔老萊向楚王稱僕，嚴陵亦抗禮光武，未聞巢、許稱臣堯、舜。」時戴顒與衡陽王義季書，亦稱僕。

荆州年饑，義季慮凝之餧斃，餉錢十萬。凝之大喜，將錢至市門，觀有饑色者，悉分與之，俄頃立盡。性好山水，一旦攜妻子泛江湖，隱居衡山之陽。登高嶺，絶人迹，爲小屋居之，采藥服食，妻子皆從其志。元嘉二十五年，卒，時年五十九。

龔祈字孟道，武陵漢壽人也。從祖玄之，父黎民，並不應徵辟。祈年十四，鄉黨舉爲州迎西曹，不行。謝晦臨州，命爲主簿，彭城王義康舉秀才，除奉朝請，臨川王義慶平西參軍，皆不就。風姿端雅，容止可觀，中書郎范述見而嘆曰：「此荆楚仙人也。」衡陽王義季臨荆州，發教以祈及劉凝之、師覺授不應徵召，辟其三子。祈又徵太子舍人，不起。時或賦詩，言不及世事。元嘉十七年，卒，時年四十二。

翟法賜，尋陽柴桑人也。曾祖湯，湯子莊，莊子矯，並高尚不仕，逃避徵辟。矯生法賜。

少守家業，立屋於廬山頂，喪親後，便不復還家。不食五穀，以獸皮結草爲衣，雖鄉親中表，莫得見也。州辟主簿，舉秀才，右參軍〔一三〕，著作佐郎，員外散騎侍郎，並不就。後家人至石室尋求，因復遠徙，違避徵聘，遁跡幽深。尋陽太守鄧文子表曰：「奉詔書徵郡民新除著作佐郎南陽翟法賜，補員外散騎侍郎。法賜隱跡廬山，于今四世，栖身幽巖，人罕見者。如當逼以王憲，束以嚴科，馳山獵草，以期禽獲，慮致顛殞，有傷盛化。」乃止。後卒於巖石之間，不知年月。

陶潛字淵明，或云淵明字元亮，尋陽柴桑人也。曾祖侃，晉大司馬。

潛少有高趣，嘗著五柳先生傳以自況，曰：

先生不知何許人，不詳姓字，宅邊有五柳樹，因以爲號焉。閑靜少言，不慕榮利。好讀書，不求甚解，每有會意，欣然忘食。性嗜酒，而家貧不能恒得。親舊知其如此，或置酒招之，造飲輒盡，期在必醉，既醉而退，曾不吝情去留。環堵蕭然，不蔽風日，裋褐穿結〔一三〕，簞瓢屢空，晏如也。嘗著文章自娛，頗示己志，忘懷得失，以此自終。

其自序如此，時人謂之實録。

親老家貧，起爲州祭酒，不堪吏職，少日，自解歸。州召主簿，不就。躬耕自資，遂抱羸疾，復爲鎮軍、建威參軍，謂親朋曰：「聊欲弦歌，以爲三逕之資，可乎？」執事者聞之，以爲彭澤令。公田悉令吏種秫稻，妻子固請種秔，乃使二頃五十畝種秫，五十畝種秔。郡遣督郵至，縣吏白應束帶見之，潛嘆曰：「我不能爲五斗米折腰向鄉里小人。」即日解印綬去職。賦歸去來，其詞曰：

歸去來兮，園田荒蕪〔一四〕，胡不歸。既自以心爲形役，奚惆悵而獨悲。悟已往之不諫，知來者之可追。寔迷塗其未遠，覺今是而昨非。舟超遥以輕颺〔一五〕，風飄飄而吹衣。問征夫以前路，恨晨光之希微〔一六〕。

乃瞻衡宇，載欣載奔。僮僕歡迎，稺子候門。三徑就荒，松菊猶存。攜幼入室，有酒停尊〔一七〕。引壺觴而自酌，眄庭柯以怡顔。倚南窗而寄傲，審容膝之易安。園日涉而成趣，門雖設而常關。策扶老以流憩〔一八〕，時矯首而遐觀。雲無心以出岫，鳥勌飛而知還。景翳翳其將入，撫孤松以盤桓。

歸去來兮，請息交而絶遊。世與我以相遺，復駕言兮焉求。説親戚之情話，樂琴書以消憂。農人告余以上春〔一九〕，將有事于西疇。或命巾車，或棹扁舟〔二〇〕。既窈窕以窮壑，亦崎嶇而經丘。木欣欣以向榮，泉涓涓而始流。善萬物之得時，感吾生之行休。

已矣乎，寓形宇内復幾時。奚不委心任去留，胡爲遑遑欲何之〔二一〕。富貴非吾願，帝鄉不可期。懷良辰以孤往，或植杖而耘耔。登東皋以舒嘯，臨清流而賦詩。聊乘化以歸盡，樂夫天命復奚疑。

義熙末，徵著作佐郎，不就。江州刺史王弘欲識之，不能致也。潛嘗往廬山，弘令潛故人龐通之齎酒具於半道栗里要之，潛有脚疾，使一門生二兒轝籃輿，既至，欣然便共飲酌，俄頃弘至，亦無忤也。先是，顏延之爲劉柳後軍功曹，在尋陽，與潛情款。後爲始安郡，經過，日日造潛，每往必酣飲致醉。臨去，留二萬錢與潛，潛悉送酒家，稍就取酒。嘗九月九日無酒，出宅邊菊叢中坐久，值弘送酒至，即便就酌，醉而後歸。潛不解音聲，而畜素琴一張，無絃，每有酒適，輒撫弄以寄其意。貴賤造之者，有酒輒設，潛若先醉，便語客：「我醉欲眠，卿可去。」其真率如此。郡將候潛，值其酒熟，取頭上葛巾漉酒，畢，還復著之。

潛弱年薄宦，不潔去就之迹，自以曾祖晉世宰輔，恥復屈身後代，自高祖王業漸隆，不復肯仕。所著文章，皆題其年月，義熙以前，則書晉氏年號，自永初以來唯云甲子而已。與子書以言其志，并爲訓戒曰：

天地賦命，有往必終〔二三〕，自古賢聖，誰能獨免。子夏言曰：「死生有命，富貴在天。」四友之人，親受音旨，發斯談者，豈非窮達不可妄求，壽夭永無外請故邪。吾年過五十，而窮苦荼毒，以家貧弊〔二三〕，東西遊走。性剛才拙，與物多忤，自量爲己，必貽俗患，僶俛辭世，使汝幼而飢寒耳。常感孺仲賢妻之言，敗絮自擁，何慚兒子。此既一事矣。但恨隣靡二仲，室無萊婦，抱茲苦心，良獨罔罔。

少年來好書，偶愛閑靜，開卷有得，便欣然忘食。見樹木交蔭，時鳥變聲，亦復歡爾有喜。嘗言五六月北窗下卧，遇涼風暫至，自謂是羲皇上人。意淺識陋，日月遂往，緬求在昔，眇然如何。

疾患以來，漸就衰損，親舊不遺，每以藥石見救，自恐大分將有限也。恨汝輩稚小，家貧無役，柴水之勞，何時可免，念之在心，若何可言。然雖不同生，當思四海皆弟兄之義。鮑叔、敬仲，分財無猜，歸生、伍舉，班荆道舊，遂能以敗爲成，因喪立功，他人尚爾，況共父之人哉。潁川韓元長，漢末名士，身處卿佐，八十而終，兄弟同居，至于没齒。濟北氾稚春，晉時操行人也，七世同財，家人無怨色。詩云：「高山仰止，景行行止。」汝其慎哉！吾復何言。

又爲命子詩以貽之曰：

悠悠我祖，爰自陶唐。邈爲虞賓，歷世垂光。御龍勤夏，豕韋翼商。穆穆司徒，厥族以昌。紛紜戰國，漠漠衰周。鳳隱于林，幽人在丘。逸虬撓雲，奔鯨駭流。天集有漢，眷予愍侯。於赫愍侯，運當攀龍。撫劍夙邁，顯茲武功。參誓山河，啓土開封。亹亹丞相，允迪前蹤。渾渾長源，蔚蔚洪柯〔二四〕。羣川載導，衆條載羅。時有默語，運固隆汙。在我中晉，業融長沙。桓桓長沙，伊勳伊德。天子疇我，專征南國。功遂辭歸，臨寵不惑。孰謂斯心，而可近得。肅矣我祖，慎終如始。直方二臺，惠和千里。於皇仁考，淡焉虛止。寄迹夙運，冥茲慍喜。嗟余寡陋，瞻望靡及。顧慙華鬢〔二五〕，負景隻立。三千之罪，無後其急。我誠念哉，呱聞爾泣。卜云嘉日，占爾良時。名爾曰儼，字爾求思。溫恭朝夕，念茲在茲。尚想孔伋，庶其企而。厲夜生子，遽而求火。凡百有心，奚待于我〔二六〕。既見其生，實欲其可。人亦有言，斯情無假。日居月諸，漸免于孩。福不虛至，禍亦易來。夙興夜寐，願爾斯才。爾之不才，亦已焉哉。

潛元嘉四年卒，時年六十三。

宗彧之字叔粲，南陽涅陽人，炳從父弟也。蚤孤，事兄恭謹，家貧好學，雖文義不逮炳，而真澹過之。州辟主簿，舉秀才，不就。公私餽遺，一無所受。高祖受禪，徵著作佐郎，不至。元嘉初，大使陸子真觀采風俗，三詣彧之，每辭疾不見也。告人曰：「我布衣草萊之人，少長壟畝，何枉軒冕之客。」子真還，表薦之，徵員外散騎侍郎，又不就。元嘉八年，卒，時年五十。

沈道虔，吳興武康人也。少仁愛，好老、易，居縣北石山下。孫恩亂後飢荒，縣令庾肅之迎出縣南廢頭里，爲立小宅，臨溪，有山水之玩。時復還石山精廬，與諸孤兄子共釜庾之資，困不改節。受琴於戴逵，王敬弘深敬之。郡州府凡十二命，皆不就。

有人竊其園菜者，還見之，乃自逃隱，待竊者取足去後乃出。人拔其屋後筍，令人止之，曰：「惜此筍欲令成林，更有佳者相與。」乃令人買大筍送與之，盜者慚不取，道虔使置其門內而還。常以捃拾自資，同捃者爭穟，道虔諫之不止，悉以其所得與之，爭者愧恧，後每爭，輒云：「勿令居士知。」冬月無複衣，戴顒聞而迎之〔二七〕，爲作衣服，并與錢一萬。既還，分身上衣及錢，悉供諸兄弟子無衣者。鄉里年少，相率受學。道虔常無食，無以立學徒。武康令孔欣之厚相資給，受業者咸得有成。太祖聞之，遣使存問，賜錢三萬，米二百斛，悉以嫁娶孤兄子。徵員外散騎侍郎，不就。累世事佛，推父祖舊宅爲寺。至四月八日，每請像。請像之日，輒舉家感慟焉。道虔年老，菜食，恒無經日之資，而琴書爲樂，孜孜不倦。太祖敕郡縣令隨時資給。元嘉二十六年，卒，時年八十二。

子慧鋒，脩父業，辟從事，皆不就。

郭希林，武昌武昌人也。曾祖翻，晉世高尚不仕。希林少守家業，徵州主簿，秀才，衞參軍〔二八〕，並不就。元嘉初，吏部尚書王敬弘舉王弘之爲太子庶子，希林爲著作佐郎。後又徵員外散騎侍郎，並不就。十年，卒，時年四十七。

子蒙，亦隱居不仕。泰始中，郢州刺史蔡興宗辟爲主簿，不就。

雷次宗字仲倫，豫章南昌人也。少入廬山，事沙門釋慧遠，篤志好學，尤明三禮、毛詩，隱退不交世務。本州辟從事，員外散騎侍郎徵，並不就。與子姪書以言所守，曰：

夫生之脩短，咸有定分，定分之外，不可以智力求，但當於所稟之中，順而勿率耳。吾少嬰羸患，事鍾養疾，爲性好閑，志棲物表，故雖在童稺之年，已懷遠迹之意。暨于弱冠，遂託業廬山，逮事釋和尚。于時師友淵源，務訓弘道，外慕等夷，内懷悱發，於是洗氣神明，玩心墳典，勉志勤躬，夜以繼日。爰有山水之好，悟言之歡，實足以通理輔性，成夫亹亹之業，樂以忘憂，不知朝日之晏矣。自游道餐風，二十餘載，淵匠既傾，良朋凋索，續以釁逆違天，備嘗荼蓼，疇昔誠願，頓盡一朝，心慮荒散，情意衰損，故遂與汝曹歸耕壟畔，山居谷飲，人理久絕。

日月不處，忽復十年〔二九〕，犬馬之齒，已踰知命。崦嵫將迫，前塗幾何，實遠想尚子五岳之舉，近謝居室瑣瑣之勤。及今耄未至惛，衰不及頓，尚可厲志於所期，縱心於所託，棲誠來生之津梁，專氣莫年之攝養，玩歲日於良辰，偷餘樂於將除，在心所期，盡於此矣。汝等年各成長，冠娶已畢，脩惜衡泌〔三〇〕，吾復何憂。但願守全所志，以保令終耳。自今以往，家事大小，一勿見關，子平之言，可以爲法。

元嘉十五年，徵次宗至京師，開館於鷄籠山，聚徒教授，置生百餘人。會稽朱膺之、潁川庾蔚之並以儒學，監總諸生。時國子學未立，上留心藝術，使丹陽尹何尚之立玄學，太子率更令何承天立史學，司徒參軍謝元立文學，凡四學並建。車駕數幸次宗學館，資給甚厚。又除給事中，不就。久之，還廬山，公卿以下，並設祖道。二十五年，詔曰：「前新除給事中雷次宗，篤尚希古，經行明脩，自絕招命，守志隱約。宜加升引，以旌退素。可散騎侍郎。」後又徵詣京邑，爲築室於鍾山西巖下，謂之招隱館，使爲皇太子諸王講喪服經。次宗不入公門，乃使自華林東門入延賢堂就業。二十五年，卒於鍾山，時年六十三。太祖與江夏王義恭書道次宗亡，義恭答曰：「雷次宗不救所疾，甚可痛念。其幽棲窮藪，自賓聖朝，克己復禮，始終若一。伏惟天慈弘被，亦垂矜愍。」

子肅之，頗傳其業，官至豫章郡丞。

朱百年，會稽山陰人也。祖愷之，晉右衛將軍。父濤，揚州主簿。

百年少有高情，親亡服闋，携妻孔氏入會稽南山，以伐樵採箬爲業。每以樵箬置道頭〔三一〕，輒爲行人所取，明旦亦復如此〔三二〕，人稍怪之，積久方知是朱隱士所賣，須者隨其所堪多少，留錢取樵箬而去。或遇寒雪，樵箬不售，無以自資，輒自搒船送妻還孔氏，天晴復迎之。有時出山陰爲妻買繒綵三五尺〔三三〕，好飲酒，遇醉或失之。頗能言理，時爲詩詠，往往有高勝之言。郡命功曹，州辟從事，舉秀才，並不就。隱迹避人，唯與同縣孔凱友善〔三四〕。凱亦嗜酒，相得輒酣，對飲盡懽。百年家素貧，母以冬月亡，衣並無絮，自此不衣綿帛。嘗寒時就凱宿，衣悉裌布，飲酒醉眠，凱以卧具覆之，百年不覺也。既覺，引卧具去體，謂凱曰：「綿定奇温。」因流涕悲慟，凱亦爲之傷感。

除太子舍人，不就。顏竣爲東揚州〔三五〕，發教餉百年穀五百斛，不受。時山陰又有寒人姚吟，亦有高趣，爲衣冠所重。義陽王昶臨州，辟爲文學從事，不起。竣餉吟米二百斛，吟亦辭之。

百年孝建元年卒山中〔三六〕，時年八十七。蔡興宗爲會稽太守，餉百年妻米百斛，百年妻遣婢詣郡門奉辭固讓，時人美之，以比梁鴻妻。

王素字休業，琅邪臨沂人也。高祖翹之，晉光禄大夫。

素少有志行，家貧母老。初爲廬陵國侍郎，母憂去職。服闋，廬陵王紹爲江州，親舊勸素脩完舊居，素不答，乃輕身往東陽，隱居不仕，頗營田園之資，得以自立。愛好文義，不以人俗累懷。世祖即位，欲搜揚隱退，下詔曰：「濟世成務，咸達隱微，軌俗興讓，必表清節。朕昧旦求善，思惇薄風，琅邪王素、會稽朱百年，並廉約貞遠，與物無競，自足皐畝，志在不移。宜加褒引，以光難進。並可太子舍人。」大明中，太宰江夏王義恭開府辟召，辟素爲倉曹屬，太宗泰始六年，又召爲太子中舍人，並不就。素既屢被徵辟，聲譽甚高。山中有蚿蟲，聲清長，聽之使人不厭，而其形甚醜，素乃爲蚿賦以自況。七年，卒，時年五十四。

時又有宋平劉睦之、汝南州韶、吴郡褚伯玉，亦隱身求志。睦之居交州，除武平太守，不拜。韶字伯和，黄門侍郎文孫也。築室湖孰之方山，徵員外散騎侍郎，征北行參軍，不起。伯玉居剡縣瀑布山三十餘載，揚州辟議曹從事，不就。

關康之字伯愉，河東楊人。世居京口，寓屬南平昌。少而篤學，姿狀豐偉。下邳趙繹以文義見稱，康之與之友善。特進顔延之見而知之。晉陵顧悦之難王弼易義四十餘條，康之申王難顧，遠有情理。又爲毛詩義，經籍疑滯，多所論釋。嘗就沙門支僧納學算〔三七〕，妙盡其能。竟陵王義宣自京口遷鎮江陵，要康之同行，距不應命。元嘉中，太祖聞康之有學義，除武昌國中軍將軍，蠲除租稅。江夏王義恭、廣陵王誕臨南徐州，辟爲從事、西曹，並不就。棄絶人事，守志閑居。弟雙之爲臧質車騎參軍，與質俱下，至赭圻病卒，瘞於水濱。康之其春得疾困篤，小差，牽以迎喪，因得虚勞病，寢頓二十餘年。時有閒日，輒卧論文義。世祖即位，遣大使陸子真巡行天下，使反，薦康之「業履恒貞，操勗清固，行信閭黨，譽延邦邑，棲志希古，操不可渝，宜加徵聘，以潔風軌」。不見省。太宗泰始初，與平原明僧紹俱徵爲通直郎，又辭以疾。順帝昇明元年，卒，時年六十三。

史臣曰：夫獨往之人，皆稟偏介之性，不能摧志屈道，借譽期通。若使值見信之主，逢時來之運，豈其放情江海，取逸丘樊，蓋不得已而然故也。且巖壑閑遠，水石清華，雖復崇門八襲，高城萬雉，莫不蓄壤開泉，髣髴林澤。故知松山桂渚，非止素玩，碧澗清潭，翻成麗矚。挂冠東都，夫何難之有哉。

校勘記

〔一〕欲懷尚平之志　「尚平」，即後漢書卷八三逸民傳之向子平。本書卷六七謝靈運傳山居賦：「慙尚子之晚研。」自注云：「尚平未能去累，故曰晚研。」文選卷二六謝靈運初去郡詩：「畢娶類尚子，薄游似邴生。」李善注引嵇康高士傳：「尚長字子平，河内人。隱避不仕，爲子嫁娶畢，敕家事斷之，勿復相關，當如我死矣。」文選卷四三嵇叔夜與山巨源絶交書：「吾每讀尚子平、臺孝威傳，慨然慕之，想其爲人。」李善注引英雄記：「尚子平有道術，爲縣功曹，休歸，自入山擔薪，賣以供食飲。」皆作「尚」，不作「向」。

〔二〕命爲撫軍參軍　「參軍」二字原闕，據南史卷七五隱逸上周續之傳補。

〔三〕留愛崑卉　殿本考證：「『崑』當作『昆』，謂昆蟲也。」

〔四〕通毛詩六義及禮論公羊傳　「公羊傳」，南史卷七五隱逸上周續之傳、建康實録卷一四作「注公羊傳」。

〔五〕求爲烏程令　「烏程」，南史卷二四王鎮之傳附王弘之傳、御覽卷四八九引沈約宋書作「烏傷」。

〔六〕母隨兄鎮之之安成郡　「母」，原作「每」，據南史卷二四王鎮之傳附王弘之傳改。孫彪考論卷四：「『每』當作『母』。」

〔七〕始寧沃川有佳山水　「沃川」，原作「汰川」，據南史卷二四王鎮之傳附王弘之傳、建康實録卷一四改。按沃川即沃洲，在始寧縣境。

〔八〕纂成先業　「纂成」，三朝本、南監本、南史卷二四王鎮之傳附王弘之傳作「纂戎」。

〔九〕與徵士戴顒王弘之及王敬弘等共爲人外之游　「戴顒」，原作「載顒」，據南監本、北監本、汲本、殿本、局本、南史卷七五隱逸上孔淳之傳改。戴顒傳見本卷上文。

〔一〇〕劉凝之字志安小名長年　「志安」，南史卷七五隱逸上劉凝之傳作「隱安」，册府卷七九三作「安隱」。「長年」，南史卷七五隱逸上劉凝之傳作「長生」。

〔一一〕令家中覓新者備君也　「令」，原作「今」，據通志卷一七八隱逸傳二、册府卷七九三改。「備」，汲本、局本、御覽卷六九八引宋書作「償」，錢大昕恒言録卷二：「賠，古人多用備字。」

李慈銘札記："備即俗賠字。"

〔三〕右參軍　此處當有脱文。

〔三〕裋褐穿結　"裋褐"，三朝本、汲本、局本、晉書卷九四隱逸陶潛傳、南史卷七五隱逸上陶潛傳、册府卷七七〇、卷七七九、御覽卷四八五引宋書作"短褐"。按史記卷六秦始皇本紀："夫寒者利裋褐。"漢書卷七二貢禹傳："裋褐不完。"顔師古注云："裋者，謂僮豎所著布長襦也。褐，毛布之衣也。"

〔四〕園田荒蕪　文選卷四五陶淵明歸去來、類聚卷三六引陶潛歸去來、晉書卷九四隱逸陶潛傳、南史卷七五隱逸上陶潛傳作"田園將蕪"。

〔五〕舟超遥以輕颺　"超遥"，南監本、局本、文選卷四五陶淵明歸去來、類聚卷三六引陶潛歸去來、晉書卷九四隱逸陶潛傳、南史卷七五隱逸上陶潛傳作"遥遥"。

〔六〕恨晨光之希微　"希微"，文選卷四五陶淵明歸去來、南史卷七五隱逸上陶潛傳作"熹微"，文選李善注："聲類曰，熹亦熙字也。熙，光明也。"

〔七〕有酒停尊　"停尊"，文選卷四五陶淵明歸去來、南史卷七五隱逸上陶潛傳作"盈罇"，類聚卷三六引陶潛歸去來、晉書卷九四隱逸陶潛傳作"盈樽"。按尊、罇，古今字，通樽。

〔八〕策扶老以流憩　"流憩"，文選卷四五陶淵明歸去來、類聚卷三六引陶潛歸去來、晉書卷九四隱逸陶潛傳、南史卷七五隱逸上陶潛傳作"流憇"。"流憩"、"流憇"義同。

〔一九〕農人告余以上春　「上春」，文選卷四五陶淵明歸去來、南史卷七五隱逸上陶潛傳作「春及」，晉書卷九四隱逸陶潛傳作「暮春」。

〔二〇〕或命巾車或棹扁舟　「或命巾車」，文選卷三一江文通擬陶徵君詩注引作「或巾柴車」。黄侃文選平點以爲「或巾柴車」是。「扁舟」，文選卷四五陶淵明歸去來、類聚卷三六引陶潛歸去來、晉書卷九四隱逸陶潛傳作「孤舟」。

〔二一〕奚不委心任去留胡爲遑遑欲何之　「奚」，文選卷四五陶淵明歸去來、類聚卷三六引陶潛歸去來、晉書卷九四隱逸陶潛傳、南史卷七五隱逸上陶潛傳作「曷」。「胡爲」，類聚卷三六引陶潛歸去來、晉書卷九四隱逸陶潛傳作「胡爲乎」。

〔二二〕有往必終　「往」，金樓子卷二、御覽卷五九三引陶淵明道誡、册府卷八一六作「生」。

〔二三〕以家貧弊　「以」，原作一字空格，據册府卷八一六補。

〔二四〕蔚蔚洪柯　「柯」，原作「河」，據南監本、殿本、局本、陶淵明集卷一改。

〔二五〕顧慙華鬢　「顧」，原作「領」，據南監本、北監本、汲本、殿本、局本改。

〔二六〕奚待于我　「待」，陶淵明集卷一作「特」。

〔二七〕戴顒聞而迎之　「戴顒」，原作「戴融」，據南監本、殿本、局本、南史卷七五隱逸上沈道虔傳、册府卷八〇三改。

〔二八〕衞參軍　孫彪考論卷四：「『衞』下當有『軍』字。」疑是。

〔一九〕忽復十年　「忽」，原作「勿」，册府卷八二一作「急」，今據北監本、汲本、殿本、局本改。

〔二〇〕脩惜衡泌　「惜」，册府卷八二一作「性」。

〔二一〕每以樵箬置道頭　「每」字原闕，據南史卷七五隱逸上朱百年傳、御覽卷五〇四引沈約宋書補。

〔二二〕明旦亦復如此　「亦」，原作「以」，南史卷七五隱逸上朱百年傳、御覽卷五〇四引沈約宋書作「已」，明本册府卷七八七作「又」，今據北監本、汲本、殿本、局本改。

〔二三〕買繒綵三五尺　「三五尺」，原作「二五尺」，南史卷七五隱逸上朱百年傳作「五三尺」，今據北監本、殿本、局本、通志卷一七八改。

〔二四〕唯與同縣孔凱友善　「孔凱」，南史卷七五隱逸上朱百年傳、御覽卷七〇八引沈約宋書作「孔顗」，册府卷七五二作「范顗」。

〔二五〕顏竣爲東揚州　「顏竣」，原作「顏峻」，據殿本、局本、南史卷七五隱逸上朱百年傳改。顏竣，本書卷七五有傳。下並改。

〔二六〕百年孝建元年卒山中　孫虨考論卷四：「顏竣爲東揚州，在大明元年，百年尚存，蓋即是年卒，史誤作『孝建』。」

〔二七〕嘗就沙門支僧納學算　「算」字原闕，據南史卷七五隱逸上關康之傳、御覽卷五〇四引沈約宋書補。

宋書卷九十四

列傳第五十四

恩倖

戴法興　戴明寶　徐爰　阮佃夫　王道隆　楊運長

夫君子小人，類物之通稱〔一〕。蹈道則爲君子，違之則爲小人。屠釣，卑事也，版築，賤役也，太公起爲周師，傅説去爲殷相。非論公侯之世，鼎食之資，明揚幽仄，唯才是與。且逮于二漢，茲道未革，胡廣累世農夫，伯始致位公相；黄憲牛醫之子，叔度名重京師。且任子居朝，咸有職業，雖七葉珥貂，見崇西漢，而侍中身奉奏事〔二〕，又分掌御服，東方朔爲黄門侍郎，執戟殿下。郡縣掾史〔三〕，並出豪家，負戈宿衞，皆由勢族，非若晚代，分爲二塗者也。漢末喪亂，魏武始基，軍中倉卒，權立九品，蓋以論人才優劣，非爲世族高卑。因此徒相沿，遂爲成法。自魏至晉，莫之能改，州都郡正，以才品人，而舉世人才，升降蓋寡。徒以馮藉世資，用相陵駕，都正俗士，斟酌時宜，品目少多，隨事俯仰，劉毅所云「下品無高門，上品無賤族」者也。歲月遷譌，斯風漸篤，凡厥衣冠，莫非二品，自此以還，遂成卑庶。周、漢之道，以智役愚，臺隸參差，用成等級；魏、晉以來，以貴役賤，士庶之科，較然有辨。夫人君南面，九重奧絕，陪奉朝夕，義隔卿士，階闥之任，宜有司存。既而恩以倖生，信由恩固，無可憚之姿，有易親之色。孝建、泰始，主威獨運，官置百司，權不外假，而刑政糾雜，理難偏通，耳目所寄，事歸近習。賞罰之要，是謂國權，出內王命，由其掌握，於是方塗結軌，輻湊同奔。人主謂其身卑位薄，以爲權不得重。曾不知鼠憑社貴，狐藉虎威，外無逼主之嫌，內有專用之功，勢傾天下，未之或悟。挾朋樹黨，政以賄成，鈇鉞創痏，構於筳笫之曲〔四〕，服冕乘軒，出乎言笑之下，南金北毳，來悉方艚，素縑丹魄，至皆兼兩，西京許、史，蓋不足云，晉朝王、庾〔五〕，未或能比。及太宗晚運，慮經盛衰，權幸之徒，慴憚宗戚，欲使幼主孤立，永竊國權，構造同異，興樹禍隙，帝弟宗王，相繼屠剿。民忘宋德，雖非一塗，寶祚夙傾，實由於此。嗚呼！漢書有恩澤侯表，又有佞倖傳，今採其名，列以爲恩倖篇云。

戴法興，會稽山陰人也。家貧，父碩子，販紵爲業。法興二兄延壽、延興並脩立，延壽善書，法興好學。山陰有陳載者〔六〕，家富，有錢三千萬，鄉人咸云：「戴碩子三兒，敵陳載三千萬錢。」

法興少賣葛於山陰市，後爲吏傳署，入爲尚書倉部令史。大將軍彭城王義康於尚書中覓了了令史，得法興等五人，以法興爲記室令史。義康敗，仍爲世祖征虜、撫軍記室掾。上爲江州，仍補南中郎典籤。上於巴口建義，法興與典籤戴明寶、蔡閑俱轉參軍督護。上即位，並爲南臺侍御史，同兼中書通事舍人。法興等專管內務，權重當時。孝建元年，加建武將軍、南魯郡太守，解舍人，侍太子於東宮。大明二年，三典籤並以南下預密謀，封法興吳昌縣男，明寶湘鄉縣男，閑高昌縣男，食邑各三百户。閑時已卒，追加爵封。法興轉員外散騎侍郎，給事中，太子旅賁中郎將，太守如故。

世祖親覽朝政，不任大臣，而腹心耳目，不得無所委寄。法興頗知古今，素見親待，雖出侍東宮，而意任隆密。魯郡巢尚之，人士之末，元嘉中，侍始興王濬讀書，亦涉獵文史，爲上所知，孝建初，補東海國侍郎，仍兼中書通事舍人〔七〕。凡選授遷轉誅賞大處分，上皆與法興、尚之參懷，內外諸雜事，多委明寶。上性嚴暴，睚眦之間，動至罪戮，尚之每臨事解釋，多得全免，殿省甚賴之。而法興、明寶大通人事，多納貨賄，凡所薦達，言無不行，天下輻湊，門外成市，家産並累千金。明寶驕縱尤甚，長子敬爲揚州從事，與上爭買御物。六宫嘗出行，敬盛服騎馬於車左右，馳驟去來，上大怒，賜敬死，繫明寶尚方，尋被原釋，委任如初。

世祖崩，前廢帝即位，法興遷越騎校尉。時太宰江夏王義恭録尚書事，任同總己，而法興、尚之執權日久，威行内外，義恭積相畏服，至是懾憚尤甚。廢帝未親萬機，凡詔勑施爲，悉決法興之手，尚書中事無大小，專斷之，顏師伯、義恭守空名而已。廢帝年已漸長，凶志轉成，欲有所爲，法興每相禁制，每謂帝曰：「官所爲如此，欲作營陽耶？」帝意稍不能平。所愛幸閹人華願兒有盛寵，賜與金帛無筭，法興常加裁減，願兒甚恨之。帝常使願兒出入市里，察聽風謡，而道路之言，謂法興爲真天子，帝爲贗天子〔八〕。願兒因此告帝曰：「外間云宫中有兩天子，官是一人，戴法興是一人。官在深宫中，人物不相接，法興與太宰、顏、柳一體，吸習往來，門客恒有數百，内外士庶，莫不畏服之。法興是孝武左右，復久在宫闈，今將他人作一家，深恐此坐席非復官許。」帝遂發怒，免法興官，遣還田里，仍復徙付遠郡，尋又於家賜死，時年五十二。法興臨死，封閉庫藏，使家人謹録鑰牡。死一宿，又殺其二子，截法興棺，焚之〔九〕，籍没財物。法興能爲文章，頗行於世。

死後，帝敕巢尚之曰：「吾纂承洪基，君臨萬國，推心勳舊，著於遐邇。不謂戴法興恃遇負恩，專作威福，冒憲黷貨，號令自由，積疊累愆，遂至於此。卿等忠勤在事，吾乃具悉，但道路之言，異同紛糾，非唯人情駭愕，亦玄象違度，委付之旨，良失本懷。吾今自親覽萬機，留心庶事，卿等宜竭誠盡力，以副所期。」尚之時爲新安王子鸞撫軍中兵參軍、淮陵太守。乃解舍人，轉爲撫軍諮議參軍，太守如故。

太宗泰始二年，詔曰：「故越騎校尉吴昌縣開國男戴法興，昔從孝武，誠懃左右，入定社稷，預誓河山。及出侍東儲，竭盡心力，嬰害凶悖，朕甚愍之。可追復削注，還其封爵。」有司奏以法興孫靈珍襲封。又詔曰：「法興小人，專權豪恣，雖虐主所害，義由國討，不宜復貪人之封，封爵可停。」

太宗初，復以尚之兼中書通事舍人、南清河太守。二年，遷中書侍郎，太守如故。未拜，改除前軍將軍，太守如故。侍太子於東宮。晉安王子勛平後，以軍守管内，封邵陵縣男，食邑四百户，固辭不受。轉黄門侍郎，出爲新安太守，病卒。

戴明寶，南東海丹徒人也。亦歷員外散騎侍郎，給事中。世祖世，帶南清河太守。前廢帝即阼，權任悉歸法興，而明寶輕矣，以爲宣威將軍、南東莞太守。景和末，增邑百户。

太宗初，天下反叛，軍務煩擾，以明寶舊人，屢經戎事，復委任之，以爲前軍將軍〔一〇〕。事平，遷宣威將軍、晉陵太守，進爵爲侯，增邑四百户。泰始三年，坐參掌戎事，多納賄貨，削增封官爵，繫尚方，尋被宥。復爲安陸太守，加寧朔將軍，游擊、驍騎將軍，武陵內史，宣城太守，順帝驃騎司馬。昇明初，年老，拜太中大夫，病卒。

武陵國典書令董元嗣，與法興、明寶等俱爲世祖南中郎典籤。元嘉三十年，奉使還都，值元凶弒立，遣元嗣南還，報上以徐湛之等反。上時在巴口，元嗣具言弒狀。上遣元嗣下都，奉表於劭，既而上舉義兵，劭責元嗣，元嗣答曰：「始下，未有反謀。」劭不信，備加考掠，不服，遂死。世祖事克，追贈員外散騎侍郎，使文士蘇寶生爲之誄焉。

大明中，又有奚顯度者，南東海郯人也〔一一〕。官至員外散騎侍郎。世祖常使主領人功，而苛虐無道，動加捶撲，暑雨寒雪，不聽暫休，人不堪命，或有自經死者。人役聞配顯度，如就刑戮。時建康縣考囚，或用方材壓額及踝脛，民間謠曰：「寧得建康壓額，不能受奚度拍。」又相戲曰：「勿反顧，付奚度。」其酷暴如此。前廢帝嘗戲云：「顯度刻虐，爲百姓所疾，比當除之。」左右因倡「諾」。即日宣旨殺焉。時人比之孫晧殺岑昏。

徐爰字長玉，南琅邪開陽人也。本名瑗，後以與傅亮父同名，改爲爰。初爲晉琅邪王大司馬府中典軍，從北征。微密有意理，爲高祖所知。少帝在東宮，入侍左右。太祖初，又見親任，歷治吏勞，遂至殿中侍御史。元嘉十二年，轉南臺侍御史。始興王濬後軍行參軍〔二〕。復侍太子於東宮，遷員外散騎侍郎。太祖每出軍行師，常懸授兵略。二十九年，重遣王玄謨等北伐，配爰五百人，隨軍向碻磝，銜中旨，臨時宣示。世祖至新亭，大將軍江夏王義恭南奔，爰時在殿内，誑劭追義恭，因得南走。時世祖將即大位，軍府造次，不曉朝章，爰素諳其事，既至，莫不喜説，以兼太常丞，撰立儀注。孝建初，補尚書水部郎，轉爲殿中郎，兼右丞。

孝建三年，索虜寇邊，詔問羣臣防禦之策，爰議曰：

詔旨「虜犯邊塞，水陸遼遠，孤城危棘，復不可置」。臣以戎虜猖狂，狡焉滋廣，列卒擬候，伺覘間隙，不勞大舉，終莫永寧。然連於千里〔三〕，費固巨萬，而中興造創，資儲未積，是以齊斧徘徊〔四〕，朔氣稽掃。今皇運洪休，靈威遐懾，蠢爾遺燼，懼在誅剪，思肆蜂蠆，以表有餘，雖不敢深入濟、沛，或能草竊邊塞。羽林鞭長，太倉遥阻，救援之日，勢不相及。且當使緣邊諸戍，練卒嚴城，凡諸督統，聚糧蓄田，籌計資力，足相抗擬。小鎮告警，大督電赴，塢壁邀斷，州郡犄角，儻有自送，可使匹馬不反。

詔旨「胡騎倏忽，抄暴無漸，出耕見虜，野粒資寇，比及少年，軍實無擬，江東根本，不可俱竭，宜立何方，可以相贍」？臣以爲方鎮所資，寔宜且田且守，若使堅壁而春墾輟耕，清野而秋登莫擬，私無生業，公成虛罄，遠引根本，二三非宜。救之之術，唯在盡力防衛，來必拒戰，去則邀躡，據險保隘，易爲首尾。胡馬既退，則民豐廩實，比及三載，可以長驅。

詔旨「賊之所向，本無前謀，兵之所進，亦無定所。比歲戎戍，倉庫多虛，先事聚衆，則消費糧粟，敵至倉卒，又無以相應」。臣以爲推鋒前討，大須資力，據本應末，不俟多衆。今寇無傾國豕突，列城勢足脣齒，養卒得勇，所任得才，臨事而懼，應機無失，豈煩空聚兵衆，以待未然。

詔旨「戎狄貪婪，唯利是規，不挫凶圖，姦志歲結」。臣以爲不擊則必侵掠，侵掠不已，則民失農桑，農桑不收，則王戍不立，爲立之方，擊之爲要。

詔旨「若令邊地歲驚，公私失業，經費困於遥輸，遠圖決無遂事，寢弊贊略，逆應有方」。臣以爲威虜之方，在於積粟塞下。若使邊民失業，列鎮寡儲，非唯無以遠圖，亦不能制其侵抄。今當使小戍制其始寇，大鎮赴其入境，一被毒手，便自吹虀鳥逝矣。

尋即真，遷左丞。先是元嘉中，使著作郎何承天草創國史，世祖初，又使奉朝請山謙之、南臺御史蘇寶生踵成之。大明六年〔一五〕，又以爰領著作郎，使終其業。爰雖因前作，而專爲一家之書。上表曰：

臣聞虞史炳圖，原光被之美，夏載昭策，先隨山之勤。天飛雖王德所至，終陟固有資田躍，神宗始於俾乂，上日兆於納揆。其在殷頌，長發玄王，受命作周，寔唯雍伯，考行之盛則，振古之弘軌。降逮二漢，亦同茲義，基帝創乎豐郊，紹祚本於昆邑。魏以武命國志，晉以宣啓陽秋，明黄初非更姓之本，泰始爲造物之末，又近代之令準，式遠之鴻規。典謨緬邈〔一六〕，紀傳成準，善惡具書，成敗畢記。然餘分紫色，滔天泯夏，親所芟夷，而不序於始傳，涉、聖、卓、紹，煙起雲騰，非所誅滅，而顯冠乎首述，豈不以事先歸之前録，功偕著之後撰。

伏惟皇宋承金行之澆季，鍾經綸之屯極，擁玄光以鳳翔，秉神符而龍舉，剿定鯨鯢，天人佇屬。晉禄數終，上帝臨宋，便應奄膺紘寓，對越神工，而恭服勤於三分〔一七〕，讓德邁於不嗣，其爲巍巍蕩蕩，赫赫明明，歷觀遂聞，莫或斯等。宜依銜書改文，登舟變號，起元義熙，爲王業之始，載序宣力，爲功臣之斷。其僞玄簒竊，同於新莽，雖靈武克殄，自詳之晉録。及犯命干紀，受戮霸朝，雖揖禪之前，皆著之宋策。國典體大，方垂不朽，請外詳議，伏須遵承。

於是內外博議，太宰江夏王義恭等三十五人同爰議，宜以義熙元年爲斷。散騎常侍巴陵王休若、尚書金部郎檀道鸞二人謂宜以元興三年爲始。太學博士虞龢謂宜以開國爲宋公元年。詔曰：「項籍、聖公，編録二漢，前史已有成例。桓玄傳宜在宋典，餘如爰議。」

七年，爰遷游擊將軍。其年，世祖南巡，權以本官兼尚書左丞，車駕還宮，罷。明年，又兼左丞，著作兼如故。世祖崩，營景寧陵，爰以本官兼將作大匠。爰便僻善事人，能得人主微旨。頗涉書傳，尤悉朝儀。元嘉初便入侍左右，預參顧問，既長於附會，又飾以典文，故爲太祖所任遇。大明世，委寄尤重，朝廷大禮儀注，非爰議不行，雖復當時碩學所解過人者，既不敢立異議，所言亦不見從。世祖崩，公除後，晉安王子勛侍讀博士咨爰宜習業與不？爰答：「居喪讀喪禮，習業何嫌。」少日，始安王子真博士又咨爰，爰曰：「小功廢業，三年喪何容讀書。」其專斷乖謬皆如此。

前廢帝凶暴無道，殿省舊人，多見罪黜，唯爰巧於將迎，始終無迕。誅羣公後，以爰爲黃門侍郎，領射聲校尉，著作如故。封吴平縣子，食邑五百户。寵待隆密，羣臣莫二。帝每出行，常與沈慶之、山陰公主同輦，爰亦預焉。太宗即位，例削封，以黃門侍郎改領長水校尉，兼尚書左丞。明年，除太中大夫，著作並如故。

爰秉權日久，上昔在藩，素所不說。及景和世，屈辱卑約，爰禮敬甚簡，益銜之。泰始三年，詔曰：

夫事君無禮，教道弗容；訕上銜己，人倫所棄。太中大夫徐爰拔迹厮猥，推斥饕逢，遂官參時望，門伍豪族，遷位轉榮，莫非超荷。而諂側輕險，與性自俱，利口讒妄，自少及長，奉公在事，釐豪蔑聞，初無愧滿，常有闚進。先朝嘗以芻輩之中，粗有學解，故得漸蒙驅策，出入兩宮。太初僞立，盡心佞事，義師已震，方得南奔。及孝武居統，唯極諂諛，附會承旨，專恣厥性，致使治政苛縱，興造乖法，損德害民，皆由此豎。景和悖險，深相贊協，苟取偷存，罔顧節義，任筭設數，取合人主，皷嶇姦矯，所志必從，故歷事七朝，白首全貴。自以體含德厚，識鑑機先，迷塗遂深，罔知革悟。

朕撥亂反正，勳濟天下，靈祇助順，羣逆必夷，況爰恩養，而無輸效，遂內挾異心，著於形迹，陽愚杜口，罔所陳聞，惰事緩文，庶申詭略。當今朝列賢彥，國無佞邪，而秉心弗純，累蠹時政。以其自告之辰，用賜歸老之職，榮禮優崇，寧非饕過。不謂潛怨斥外，進競不已，勤言託意，觸遇斯發。小人之情，雖所先照，猶許其當改，未忍加法。遂恃朕仁弘，必永容貸。昨因觴宴，肆意譏毀，謂制詔所爲，皆資傍說，又宰輔無斷，朝要非才，恃老與舊，慢戾斯甚。比邊難未靜，安衆以惠，戎略是務，政網從簡，故得使此小物，乘寬自縱。乃合投畀豺虎，以清王猷，但朽頽將盡，不足窮法，可特原罪，徙付交州。

爰既行，又詔曰：「八議緩罪，舊在一條；五刑所抵，耆必加貸。徐爰前後釁迹，理無可申，廢棄海埵，寔允國憲。但蚤蒙朕識，曲矜愚朽，既經大宥，思沾殊渥。可特除廣州統内郡。」有司奏以爲宋隆太守。除命既下，爰已至交州，值刺史張牧病卒，土人李長仁爲亂〔一八〕，悉誅北來流寓，無或免者。長仁素聞爰名，以智計誑誘，故得無患。久之聽還，仍除南康郡丞。太宗崩，還京都，以爰爲南濟陰太守，復除中散大夫。元徽三年，卒，時年八十二。

阮佃夫，會稽諸暨人也。元嘉中，出身爲臺小史。太宗初出閤，選爲主衣。世祖召還左右，補内監。永光中，太宗又請爲世子師，甚見信待。景和末，太宗被拘於殿内，住在祕書省，爲帝所疑，大禍將至，惶懼計無所出。佃夫與王道隆、李道兒及帝左右琅邪淳于文祖謀共廢立。時直閤將軍柳光世亦與帝左右蘭陵繆方盛、丹陽周登之有密謀，未知所奉。登之與太宗有舊，方盛等乃使登之結佃夫，佃夫大説。先是帝立皇后，普暫徹諸王奄人，太宗左右錢藍生亦在其例。事畢未被遣，密使藍生候帝，慮事泄，藍生不欲自出，帝動止輒以告淳于文祖，令文祖報佃夫。

景和元年十一月二十九日晡時，帝出幸華林園，建安王休仁、山陽王休祐、山陰公主並侍側，太宗猶在祕書省，不被召，益憂懼。佃夫以告外監典事東陽朱幼，又告主衣吳興壽寂之、細鎧主南彭城姜產之，產之又語所領細鎧將臨淮王敬則，幼又告中書舍人戴明寶，並響應。明寶、幼欲取其日向曉，佃夫等勸取開鼓後。幼豫約勒內外，使錢藍生密報建安王休仁等。時帝欲南巡，腹心直閤將軍宗越等其夕並聽出外裝束〔一九〕，唯有隊主樊僧整防華林閤，是柳光世鄉人，光世要之，僧整即受命。姜產之又要隊副陽平聶慶及所領壯士會稽富靈符、吳郡俞道龍、丹陽宋逵之、陽平田嗣，並聚於慶省。佃夫慮力少不濟，更欲招合，壽寂之曰：「謀廣或泄，不煩多人。」

時巫覡云：「後堂有鬼。」其夕，帝於竹林堂前，與巫共射之。建安王休仁等山陰主並從，帝素不說寂之，見輒切齒。寂之既與佃夫成謀，又慮禍至，抽刀前入，姜產之隨其後，淳于文祖、繆方盛、周登之、富靈符、聶慶、田嗣、王敬則、俞道龍、宋逵之又繼進。休仁聞行聲甚疾，謂休祐曰：「事作矣。」相隨奔景陽山。帝見寂之至，引弓射之，不中，乃走，寂之追而殞之。事定，宣令宿衞曰：「湘東王受太后令〔二〇〕，除狂主。今已平定。」太宗即位，論功行賞，壽寂之封應城縣侯，食邑千户。姜產之汝南縣侯，佃夫建城縣侯，食邑八百户。王道隆吴平縣侯，淳于文祖陽城縣侯，食邑各五百户。李道兒新塗縣侯〔二一〕，繆方盛劉陽縣侯，周登之曲陵縣侯，食邑各四百户。富靈符惠懷縣子，聶慶建陽縣子，田嗣將樂縣子，王敬則重安縣子，俞道龍茶陵縣子，宋逵之零陵縣子，食邑各三百户。

佃夫遷南臺侍御史。薛索兒渡淮爲寇，山陽太守程天祚又反，佃夫與諸軍討之，破索兒，降天祚。遷龍驤將軍、司徒參軍，率所領南助赭圻，轉太子步兵校尉、南魯郡太守，侍太子於東宫。泰始四年，以破薛索兒功，增封二百户，并前千户。以本官兼游擊將軍，假寧朔將軍，與輔國將軍兼驍騎將軍孟次陽與二衛參員直。次陽字崇基，平昌安丘人也。泰始初，爲山陽王休祐驃騎參軍〔二二〕。薛安都子道標攻合肥，次陽擊破之，以功封攸縣子，食邑三百户。歷右軍、驃騎將軍〔二三〕，六年，出爲輔師將軍、兗州刺史，戍淮陰，立北兗州，自此始也。進號冠軍將軍。元徽四年，卒。

時佃夫、王道隆、楊運長並執權柄，亞於人主。巢、戴大明之世方之蔑如也。嘗值正旦應合朔，尚書奏遷元會，佃夫曰：「元正慶會，國之大禮，何不遷合朔日邪。」其不稽古如此。大通貨賄，凡事非重賂不行。人有餉絹二百匹，嫌少，不答書。宅舍園池，諸王邸第莫及。妓女數十，藝貌冠絕當時，金玉錦繡之飾，宫掖不逮也。每製一衣，造一物，京邑莫不法效焉。於宅内開瀆，東出十許里，塘岸整絜，汎輕舟，奏女樂。中書舍人劉休嘗詣之，值佃夫出行，中路相逢，要休同反，就席，便命施設，一時珍羞，莫不畢備。凡諸火劑，並皆始熟，如此者數十種。佃夫嘗作數十人饌，以待賓客，故造次便辦，類皆如此，雖晉世王、石，不能過也。泰始初，軍功既多，爵秩無序，佃夫僕從附隸，皆受不次之位，捉車人虎賁中郎，傍馬者員外郎。朝士貴賤，莫不自結，而矜傲無所降意，入其室者，唯吴興沈勃、吴郡張澹數人而已。

泰豫元年，除寧朔將軍、淮南太守，遷驍騎將軍，尋加淮陵太守。太宗晏駕，後廢帝即位，佃夫權任轉重，兼中書通事舍人，加給事中、輔國將軍，餘如故。欲用張澹爲武陵郡，衞將軍袁粲以下皆不同，而佃夫稱敕施行，粲等不敢執。元徽三年，遷黄門侍郎，領右軍將軍〔二四〕，太守如故。明年，改領驍騎將軍。其年，遷使持節、督南豫州諸軍事、冠軍將軍、南豫州刺史、歷陽太守，猶管内任。以平建平王景素功，增邑五百户。

時廢帝猖狂，好出游走，始出宫，猶整羽儀，引隊仗，俄而弃部伍，單騎與數人相隨，或出郊野，或入市廛，内外莫不懼憂。佃夫密與直閤將軍申伯宗、步兵校尉朱幼、于天寶謀共廢帝，立安成王。五年春，帝欲往江乘射雉。帝每北出，常留隊仗在樂遊苑前，棄之而去。佃夫欲稱太后令唤隊仗還，閉城門，分人守石頭、東府，遣人執帝廢之，自爲揚州刺史輔政。與幼等已成謀，會帝不成向江乘，故其事不行。于天寶因以其謀告帝，帝乃收佃夫、幼、伯宗於光禄外部，賜死。佃夫、幼罪止身，其餘無所問。佃夫時年五十一。

幼，泰始初爲外監，配張永諸軍征討〔二五〕，有濟辦之能，遂官涉二品〔二六〕，爲奉朝請、南高平太守，封安浦縣侯，食邑二百户。

于天寶，其先胡人，預竹林堂功。元徽中，自陳功勞，求加封爵，乃封爲鄂縣子，食邑二百户。發佃夫之謀，以爲清河太守，右軍將軍。昇明元年，出爲山陽太守。齊王以其反覆，賜死。

壽寂之，泰始初，以軍功增邑二百户。爲羽林監，遷太子屯騎校尉，尋加寧朔將軍、南泰山太守。多納貨賄，請謁無窮，有一不從，切齒罵詈，常云：「利刀在手，何憂不辦。」鞭尉吏，斫邏將。七年，爲有司所奏，徙送越州，行至豫章，謀欲逃叛，乃殺之。

姜産之，泰始初，以軍功增邑二百户。爲晉平王休祐驃騎中兵參軍，龍驤將軍、南濟陰太守。三年北伐，與虜戰，軍敗見殺。追贈左軍將軍，太守如故。

李道兒，臨淮人。本爲湘東王師，稍至湘東國學官令。太宗即位，稍進至員外散騎侍郎，淮陵太守。泰始二年，兼中書通事舍人，轉給事中。四年，病卒。

王道隆，吳興烏程人。兄道迄，涉學善書，形兒又美，吳興太守王韶之謂人曰：「有子弟如王道迄，無所少。」始興王濬以爲世子師。以書補中書令史。道隆亦知書，爲主書書吏，漸至主書。世祖使傳命，失旨，遣出，不聽復入六門。太宗鎮彭城，以補典籤，署內監。及即位，爲南臺侍御史，稍至員外散騎侍郎、南蘭陵太守。泰始二年，兼中書通事舍人。以破晉陵功，增邑百户，并前六百户。五年，出侍東宮，復兼中書通事舍人。後廢帝即位，自太子翊軍校尉遷右軍將軍，太守、兼舍人如故。道隆爲太宗所委，過於佃夫，和謹自保，不妄毀傷人，執權既久，家產豐積，豪麗雖不及佃夫，而精整過之。

元徽二年，太尉桂陽王休範奄至新亭，佃夫留守殿內，而道隆領羽林精兵向朱雀門。時賊已至航南，道隆忽召鎮軍將軍劉勔於石頭〔一七〕，勔至，命開航，道隆怒曰：「賊至但當急擊，寧可開航自弱邪。」勔不敢復言。催勔進戰，勔度航便敗，賊乘勝逕進，道隆棄衆走向臺，所乘馬連聳踢不肯前，遂爲賊兵及，見殺。事平，車駕臨哭，贈輔國將軍、益州刺史。子法貞嗣。齊受禪，國除。

楊運長，宣城懷安人。初爲宣城郡吏，太守范曄解吏名。素善射，太宗初爲皇子，出運長爲射師。性謹愨，爲太宗所委信。及即位，親遇甚厚，與佃夫、道隆、李道兒等並執權要，稍至員外散騎侍郎、南平昌太守。泰始七年，出侍東宮。後廢帝即位，與佃夫俱兼通事舍人，加龍驤將軍，轉給事中。以平桂陽王休範功，封南城縣子，食邑八百户。元徽三年，自安成王車騎中兵參軍，遷後軍將軍，兼舍人如故。

運長質木廉正，治身甚清，不事園宅，不受餉遺，而凡鄙無識知，唯與寒人潘智、徐文盛厚善，動止施爲，必與二人量議。文盛爲奉朝請，預平桂陽王休範，封廣晉縣男，食邑四百户。順帝即位，出運長爲寧朔將軍、宣城太守，尋去郡還家。沈攸之反，運長有異志，齊王遣驃騎司馬崔文仲討誅之。

史臣曰：竭忠盡節，仕子恒圖；隨方致用，明君盛典。舊非本舊，因新以成舊者也；狎非先狎，因疎以成狎者也。而任隔疎情，殊塗一致，權歸近狎，異世同規。雖復漢高之簡易，光武之謹厚，猶豐、沛多顯，白水先華，況世祖之泥滯鄙近，太宗之拘攣愛習，欲不紛惑牀笫，豈可得哉。

校勘記

〔一〕類物之通稱　「通」字原闕，據文選卷五〇沈休文恩倖傳論、通鑑卷一二八宋紀大明二年引沈約「論曰」補。

〔二〕而侍中身奉奏事　「事」，原作一字空格，據北監本、汲本、殿本、局本、文選卷五〇沈休文恩倖傳論補。

〔三〕郡縣掾史　「史」，文選卷五〇沈休文恩倖傳論作「吏」。

〔四〕構於筵笫之曲　「筵笫」，文選卷五〇沈休文恩倖傳論、類聚卷三三引梁沈約宋書恩幸傳序論作「牀笫」。

〔五〕晉朝王庾　「王庾」，文選卷五〇沈休文恩倖傳論、類聚卷三三引梁沈約宋書恩幸傳序論作「王石」。文選李善注：「石崇貪而好利，富擬王者。」王、庾謂王導、庾亮；王、石則謂王愷、石崇。按本卷阮佃夫傳:「雖晉世王、石,不能過也。」

〔六〕山陰有陳載者　「陳載」,南史卷七七恩倖戴法興傳、建康實録卷一四、御覽卷八三五引宋書、明本册府卷七八三作「陳戴」。

〔七〕仍兼中書通事舍人　「兼」,原作「並」,據南史卷七七恩倖戴法興傳、册府卷二〇〇改。

〔八〕帝爲贋天子　「贋天子」,原作「應天子」,據魏書卷九七島夷劉裕傳、南史卷七七恩倖戴法興傳改。通鑑卷一三〇宋紀泰始元年作「贋天子」,考異云:「宋書作『應天子』,宋略作『贋天子』,按字書:贋,僞物也。韓愈詩曰『居然見真贋』,書或作『鴈』。今從宋略。」按「鴈」、「贋」、「贗」實一字。

〔九〕截法興棺焚之　南史卷七七恩倖戴法興傳作「截法興棺兩和」。按「和」指棺頭,截斷棺材兩頭,故曰「兩和」。

〔一〇〕以爲前軍將軍　「爲」字原闕,三朝本作一字空格,據南監本、局本補。

〔一一〕南東海郯人也　「郯」,原作「剡」,據南史卷七七恩倖奚顯度傳、御覽卷四九二引宋書改。按本書卷三五州郡志一,郯縣屬南徐州南東海郡。

〔一二〕始興王濬後軍行參軍　「行參軍」三字原闕,據南史卷七七恩倖徐爰傳補。

〔一三〕然連於千里　張元濟校勘記:「『於』疑當作『旍』。」

〔一四〕是以齊斧俳佪　「以」字原闕,據北監本、汲本、殿本、局本補。

〔一五〕大明六年　「大明」二字原闕。上文「孝建三年」，下文「七年」。按孝建僅三年，「六年」上脱「大明」二字，今補正。

〔一六〕典謨緬邈　「謨」，原作「謀」，據南監本、册府卷五五八改。

〔一七〕而恭服勤於三分　「三分」，原作「二分」，據南監本、北監本、殿本、局本、册府卷五五八改。按論語泰伯：「三分天下有其二，以服事殷。」

〔一八〕土人李長仁爲亂　「李長仁」，原作「孝長仁」，據本書卷八明帝紀、南齊書卷五八南蠻傳改。

〔一九〕腹心直閤將軍宗越等其夕並聽出外裝束　「宗越」，原作「宋越」，據局本、南史卷七七恩倖阮佃夫傳、通鑑卷一三〇宋紀泰始元年改。宗越，本書卷八三有傳。

〔二〇〕湘東王受太后令　「太后」，通鑑卷一三〇宋紀泰始元年作「太皇太后」，疑是。按本書卷七前廢帝紀，大明八年七月，「崇皇太后曰太皇太后，皇后曰皇太后」。太皇太后即文帝路淑媛，孝武帝生母；皇太后爲孝武文穆王皇后，前廢帝生母。前廢帝景和元年十一月被殺時，王皇后已崩，太皇太后尚在。本書卷八〇孝武十四王豫章王子尚傳云「太宗殞廢帝，稱太皇后令」，是其證。

〔二一〕李道兒新塗縣侯　「新塗」，疑是「新淦」之誤。按時無「新塗」縣，本書卷三六州郡志二，江州豫章郡有新淦縣。

〔二二〕爲山陽王休祐驃騎參軍　「山陽王」，原作「山陰王」，據北監本、汲本、殿本、局本改。按本書卷七二文九王晉平剌王休祐傳，休祐初封山陽王。

〔二三〕歷右軍驃騎將軍　按張森楷校勘記：「驃騎將軍位從公，非雜號將軍之比。此下云次陽出爲輔師將軍、兗州刺史，進號冠軍將軍，是『驃騎』之號必有誤。」孫虨考論卷四：「『將軍』當爲『參軍』訛。」

〔二四〕領右軍將軍　「右軍」，南史卷七七恩倖阮佃夫傳作「右衛」。

〔二五〕幼泰始初爲外監配張永諸軍征討　「配」，南史卷七七恩倖阮佃夫傳附朱幼傳作「配衣」。

〔二六〕遂官涉二品　「二品」，南史卷七七恩倖阮佃夫傳附朱幼傳作「三品」。

〔二七〕道隆忽召鎮軍將軍劉勔於石頭　「忽召」，本書卷七九文五王桂陽王休範傳、通鑑卷一三三宋紀元徽二年作「急召」，本書卷八六劉勔傳作「急信召」。孫虨考論卷四：「『忽』當作『急』。」孫說疑是。

宋書卷九十五

列傳第五十五

索虜

索頭虜姓託跋氏，其先漢將李陵後也。陵降匈奴，有數百千種，各立名號，索頭亦其一也。

晉初，索頭種有部落數萬家在雲中。惠帝末，并州刺史東嬴公司馬騰於晉陽爲匈奴所圍〔一〕，索頭單于猗㐌遣軍助騰。懷帝永嘉三年，㐌弟盧率部落自雲中入雁門，就并州刺史劉琨求樓煩等五縣，琨不能制，且欲倚盧爲援，乃上言：「盧兄㐌有救騰之功，舊勳宜錄，請移五縣民於新興，以其地處之。」琨又表封盧爲代郡公。愍帝初，又進盧爲代王，增食常山郡。其後盧國內大亂，盧死，子又幼弱，部落分散。盧孫什翼鞬勇壯，衆復附之，號上洛公，北有沙漠，南據陰山，衆數十萬。其後爲苻堅所破，執還長安，後聽北歸。犍死，子開字涉珪代立〔二〕。

先是，鮮卑慕容垂僭號中山，晉孝武太元二十一年，垂死，開率十萬騎圍中山。明年四月〔三〕，剋之，遂王有中州。自稱曰魏，號年天賜〔四〕。元年，治代郡桑乾縣之平城〔五〕。立學官，置尚書曹。開頗有學問，曉天文。其俗以四月祠天，六月末率大衆至陰山，謂之却霜。陰山去平城六百里，深遠饒樹木，霜雪未嘗釋，蓋欲以暖氣却寒也。死則潛埋，無墳壟處所，至於葬送，皆虛設棺柩，立冢槨，生時車馬器用皆燒之以送亡者。開暴虐好殺，民不堪命。先是，有神巫誡開當有暴禍，唯誅清河殺萬民，乃可以免。開乃滅清河一郡，常手自殺人，欲令其數滿萬。或乘小輦，手自執劍擊檐輦人腦，一人死，一人代，每一行，死者數十。夜恒變易寢處，人莫得知，唯愛妾名萬人知其處。萬人與開子清河王私通，慮事覺，欲殺開，令萬人爲内應。夜伺開獨處，殺之。開臨死，曰：「清河、萬人之言，乃汝等也。」是歲，安帝義熙五年。開次子齊王嗣字木末，執清河王，對之號哭，曰：「人生所重者父，云何反逆。」逼令自殺。嗣代立，謚開道武皇帝。

十三年，高祖西伐長安，嗣先娶姚興女，乃遣十萬騎屯結河北以救之，大爲高祖所破，事在朱超石等傳。於是遣使求和，自是使命歲通。高祖遣殿中將軍沈範、索季孫報使，反命已至河，未濟，嗣聞高祖崩問，追執範等，絕和親。太祖即位，方遣範等歸。

永初三年十月，嗣自率衆至方城，遣鄭兵將軍揚州刺史山陽公達奚斤、吳兵將軍廣州刺史蒼梧公公孫表〔六〕、尚書滑稽，領步騎二萬餘人，於滑臺西南東燕縣界石濟南渡，輜重弱累自隨。滑臺戍主、寧遠將軍、東郡太守王景度馳告，冠軍將軍、司州刺史毛德祖戍虎牢，遣司馬翟廣率參軍龐諮、上黨太守劉談之等步騎三千拒之。軍次卷縣土樓，虜徙營滑臺城東二里，造攻具，日往脅城。德祖以滑臺戍人少，使翟廣募軍中壯士，遣寧遠將軍劉芳之率領，助景度守。芳之將八十餘人，突得入城。德祖又遣討虜將軍、弘農太守竇應明領五百人，建武將軍竇霸領二百五十人，並以水軍相繼發，咸受翟廣節度。

初，亡命司馬楚之等常藏竄陳留郡界，虜既南渡，馳相要結，驅扇疆埸，大爲民患。德祖遣長社令王法政率五百人據邵陵，將軍劉憐領二百騎至雍丘以防之〔七〕。楚之於白馬縣襲憐，爲憐所破。會臺送軍資至，憐往迎之，而酸棗民王玉知憐南，馳以告虜，虜將滑稽領千乘襲倉垣，兵吏悉踰城散走，陳留太守嚴稜爲虜所獲〔八〕，虜即用王玉爲陳留太守，給兵守倉垣。

十一月，虜悉力攻滑臺城，城東北崩壞，王景度出奔，景度司馬陽瓚堅守不動，衆潰，抗節不降，爲虜所殺。竇應明擊虜輜重於石濟，破之，殺賊五百餘人，斬其戍主□連內頭、張索兒等。應明自石濟赴滑臺，聞城已没，遂進屯尹卯，竇霸馳就翟廣。虜既剋滑臺，并力向廣等，力不敵〔九〕，引退，轉鬬而前，二日一夜，裁行十許里。虜步軍續至，廣等矢盡力竭，大敗，廣、霸、談之等各單身迸還。

虜乘勝遂至虎牢，德祖出步騎欲擊之，虜退屯土樓，又退還滑臺。長安、魏昌、藍田三縣民居在虎牢下，德祖皆使入城。虜別遣黑矟公率三千人至河陽，欲南渡取金墉。德祖遣振威將軍、河陰令竇晃五百人戍小壘，緱氏令王瑜四百人據監倉，鞏令臣琛五百人固小平，參軍督護張季五百人屯牛蘭，又遣將領馬隊，與洛陽令楊毅合二百騎，緣河上下，隨機赴接。十二月，虜置守於洛川小壘，德祖遣翟廣馳往擊之，虜退走。廣安立守防，脩治城塢，復還虎牢。豫州刺史劉粹遣治中高道瑾領步騎五百據項，又遣司馬徐瓊繼之，臺遣將軍輔伯遣、姚珍、杜坦、梁靈宰等水步諸軍續進。徐州刺史王仲德率軍次湖陸。黑矟公遣長史將千人逼竇晃、楊毅，晃等逆擊，禽之，生獲二百人。其後鄭兵將軍五千騎掩襲晃等，黑矟渡與并力，四面攻壘，晃等力少衆散，晃、毅皆被重創。虜將安平公鵝青二軍七千人南渡，於碻磝東下，至泗瀆口，去尹卯百許里。兗州刺史徐琰委軍鎮走，於是泰山諸郡並失守。

鄭兵與公孫表及宋兵將軍、交州刺史交阯侯普幾萬五千騎〔一〇〕，復向虎牢，於城東南五里結營，分步騎自成臯開向虎牢外郭西門，德祖逆擊，殺傷百餘人，虜退還保營。鎮北將軍檀道濟率水軍北救，車騎將軍廬陵王義真遣龍驤將軍沈叔狸三千人就豫州刺史劉粹，量宜赴援。少帝景平元年正月，鄭兵分軍向洛，攻小壘，小壘守將竇晃拒戰，陷没，河南太守王涓之棄金墉出奔。

自虜分軍向洛，德祖每戰輒破之。嗣自率大衆至鄴。鄭兵既剋金墉，復還虎牢，德祖於城内穴地〔一二〕，入七丈，二道，出城外，又分作六道，出虜陣後。募敢死之士四百人，參軍范道基率二百人爲前驅，參軍郭王符、劉規等以二百人爲後係，出賊圍外，掩襲其後，虜陣擾亂，斬首數百級，焚燒攻具。虜雖退散，隨復更合。

虜又遣楚兵將軍徐州刺史安平公涉歸幡能健、越兵將軍青州刺史臨菑侯薛道千、陳兵將軍淮州刺史壽張子張模東擊青州〔一三〕，所向城邑皆奔走。冠軍將軍、青州刺史竺夔鎮東陽城，聞虜將至，斂衆固守。龍驤將軍、濟南太守垣苗率二府郡文武奔就夔。夔與將士盟誓，居民不入城者，使移就山阻，燒除禾稼，令虜至無所資。虜衆向青州，前後濟河凡六萬騎。三月，三萬騎前追脅。城内文武一千五百人，而半是羌蠻流雜，人情駭懼。竺夔夜遣司馬車宗領五百人出城掩擊，虜衆披退。間二日，虜步騎悉至，繞城四圍，列陣十餘里，至晡退還安水結營，去城二十里，大治攻具，日日分步騎常來逼城。夔夜使殿中將軍竺宗之、參軍賈元龍等領百人，於楊水口兩岸設伏。虜將阿伏斤領三百人晨渡水，兩岸伏發，虜騎四迸，殺傷數十人，梟阿伏斤首。虜又進營水南，去城西北四里。

嗣自鄴遣兵益虎牢，增圍急攻，鄭兵於虎牢率步騎三千，攻潁川太守李元德於許昌，車騎參軍王玄謨領千人〔一三〕，助元德守，與元德俱散敗。虜即用潁川人庾龍爲潁川太守，領騎五百，并發民丁以戍城。德祖出軍擊公孫表，大戰，從朝至晡，殺虜數百。會鄭兵軍從許昌還，合圍，德祖大敗，失甲士千餘人，退還固城。嗣又於鄴遣萬餘人從白沙口過河，於濮陽城南寒泉築壘。朝議以：「項城去虜不遠，非輕軍所抗，使劉粹召高道瑾還壽陽〔一四〕。若沈叔狸已進〔一五〕，亦宜且追。」粹以虜攻虎牢，未復南向，若便攝軍捨項城，則淮西諸郡，無所憑依。沈叔狸已頓肥口，又不宜便退。時李元德率散卒二百人至項，劉粹使助高道瑾戍〔一六〕，請宥其奔敗之罪，朝議並許之。

檀道濟至彭城，以青、司二州並急，而所領不多，不足分赴，青州道近，竺夔兵弱，先救青州。竺夔遣人出城作東西南塹，虜於城北三百餘步鑿長圍，夔遣參軍閭茂等領善射五十人，依牆射虜，虜騎數百馳來圍牆，牆內納射，固牆死戰。虜下馬步進，短兵接，城上弓弩俱發，虜乃披散。虜遂填外塹，引高樓四所，蝦蟆車二十乘，置長圍內。夔先鑿城北作三地道，令通外塹，復鑿裏塹，內去城二丈作子塹，遣三百餘人出地道，欲燒虜攻具。時回風轉爓〔一七〕，火不得燃，虜兵矢橫下，士卒多傷，斂衆還入。虜塡三壍盡平，唯餘子壍，蝦蟆車所不及。虜以橦攻城，夔募人力，於城上係大磨石堆之，又出於子壍中，用大麻絙張骨骨，攻車近城，從地道中多人力挽令折。虜復於城南掘長圍，進攻逾急。夔能持重，垣苗有膽幹，故能堅守移時。然被攻日久，城轉毀壞，戰士多死傷，餘衆困乏，旦暮且陷，檀道濟、王仲德兼行赴之。

劉粹遣李元德襲許昌，庾龍奔迸，將宋晃追躡，斬龍首。元德因留綏撫〔一八〕，并上租糧。虜悅勃大肥率三千餘騎，破高平郡所統高平、方與、任城、金鄉、亢父等五縣〔一九〕，殺略二千餘家，殺其男子，驅虜女弱。兗州刺史鄭順之戍湖陸，以兵卒不敢出。冠軍將軍申宣戍彭城，去高平二百餘里，懼虜至，移郭外居民，并諸營署，悉入小城。

嗣又遣并州刺史伊樓拔助鄭兵攻虎牢，塡塞兩壍，德祖隨方抗拒，頗殺虜，而將士稍零落。

四月壬申，虜聞道濟將至，焚燒器械，棄青州走。竺夔上言東陽城被攻毀壞，不可守，移鎮長廣之不其城〔二〇〕。夔以固守功〔二一〕，進號前將軍，封建陵縣男，食邑四百户。夔字祖季，東莞人也。官至金紫光祿大夫。

嗣率大衆至虎牢，停三日，自督攻城，不能下，回軍向洛陽，留三千人益鄭兵。停洛數日，渡河北歸。虜安平公等諸軍從青州退還，逕趨滑臺，檀道濟、王仲德步軍乏糧，追虜不及。道濟於泰山分遣仲德向尹卯，道濟停軍湖陸。仲德未至尹卯，聞虜已遠，還就道濟，共裝治水軍。虜安平公諸軍就滑臺，西就鄭兵，共攻虎牢。虎牢被圍二百日[二二]，無日不戰，德祖勁兵戰死殆盡，而虜增兵轉多。虜撞外城，德祖於內更築三重，仍舊爲四，賊撞三城已毁，德祖唯保一城[二三]，晝夜相拒，將士眼皆生創，死者太半。德祖恩德素結，衆無離心。德祖昔在北，與虜將公孫表有舊，表有權略，德祖患之，乃與交通音問，密遣人說鄭兵，云表與之連謀。每答表書[二四]，輒多所治定。表以書示鄭兵，鄭兵倍疑之，言於嗣，誅表。虜衆盛，檀道濟諸救軍並不敢進。劉粹據項城，沈叔狸屯高橋[二五]。

二十一日，虜作地道偷城內井，井深四十丈，山勢峻峭，不可得防。至其月二十三日，人馬渴乏飢疫，體皆乾燥，被創者不復出血。虜因急攻，遂剋虎牢，自德祖及翟廣、竇霸，凡諸將佐及郡守在城內者，皆見囚執，唯上黨太守劉談之、參軍范道基將二百人突圍南還。城將潰，將士欲扶德祖出奔，德祖曰：「我與此城并命，義不使此城亡而身在也。」嗣重其固守之節，勒衆軍生致之，故得不死。司空徐羨之、尚書傅亮、領軍將軍謝晦表曰[二六]：「去年逆虜縱肆，陵暴河南，司州刺史臣德祖竭誠盡力，抗對强寇，孤城獨守，將涉朞年，救師淹緩，舉城淪没，聖懷垂悼，遠近嗟傷。陛下殷憂諒闇，委政自下，臣等謀猷淺蔽，託付無成，遂令致節之臣，抱忠傾覆，將士殲辱，王略虧挫，上墜先規，下貽國恥。稽之朝典，無所辭責。雖有司撓筆，未加准繩，豈宜尸禄，昧安殊寵，乞蒙屏固，以申國法。」不許。

德祖，滎陽陽武人也〔二七〕。晉末自鄉里南歸。初爲冠軍參軍，輔國將軍道規爲荆州，德祖爲之將佐。復爲高祖太尉參軍。高祖北伐，以爲王鎮惡龍驤司馬，加建武將軍。爲鎮惡前鋒，斬賊寧朔將軍趙玄石於柏谷〔二八〕，破弘農太守尹雅於梨城，又破賊大帥姚難於涇水，斬其鎮北將軍姚强。鎮惡剋立大功，蓋德祖之力也。長安平定，以爲龍驤將軍、扶風太守，仍遷秦州刺史，將軍如故。時佛佛虜爲寇，復以德祖爲王鎮惡征虜司馬，尋復爲桂陽公義真安西參軍、南安太守，將軍如故。復徙馮翊太守。高祖東還，以德祖督司州之河東平陽二郡諸軍〔二九〕、輔國將軍、河東太守，代并州刺史劉遵考戍蒲坂。長安不守，合部曲還彭城，除世子中兵參軍，將軍如故。又除督司州之河東平陽河北雍州之京兆豫州之潁川兗州之陳留九郡軍事、滎陽太守〔三〇〕，將軍如故，又加京兆太守。高祖踐祚，進號冠軍。論前後功，封觀陽縣男，食邑四百户。又除督司雍并三州豫州之潁川兗州之陳留諸軍事、司州刺史，將軍如故。太祖元嘉六年，死於虜中，時年六十五。世祖大明元年，以德祖弟子熙祚第二息詡之紹德祖封。

虜既剋虎牢，留兵居守，餘衆悉北歸。少帝曰〔三一〕：「故寧遠司馬、濮陽太守陽瓚，滑臺之逼，厲誠固守，投命均節〔三二〕，在危無撓，古之忠烈，無以加之。可追贈給事中，并存卹遺孤，以慰存亡。」尚書令傅亮議瓚家在彭城，宜即以入臺絹一百匹，粟三百斛賜給。文士顏延之爲誄焉。龍驤將軍兗州刺史徐琰、東郡太守王景度並坐失守〔三三〕，鉗髡居作，琰五歲，景度四歲。

時宣威將軍、潁川太守李元德戍許昌，仍除滎陽太守，督二郡軍事。其年十一月，虜遣軍并招集亡命，攻逼許昌城，以土人劉遠爲滎陽太守。李元德欲出戰，兵杖少，至夜，悉排女牆散潰，元德復奔還項城。虜又圍汝陽，太守王公度將十餘騎突圍奔項城。虜又破邵陵縣，殘害二千餘家，盡殺其男丁，驅略婦女一萬二千口。劉粹遣將姚聳夫率軍助守項城，又遣司馬徐瓊五百人繼之。虜掘破許昌城，又毀壞鍾離城〔三四〕，以立疆界而還。

嗣死，謚曰明元皇帝，子燾字佛狸代立。母杜氏，冀州人，入其宮內，生燾。燾年十五六，不爲嗣所知，遇之如僕隸。嗣初立慕容氏女爲后，又娶姚興女，並無子，故燾得立。壯健有筋力，勇於戰鬭，忍虐好殺，夷、宋畏之。攻城臨敵，皆親貫甲胄。元嘉五年，使大將吐伐斤西伐長安，生禽赫連昌于安定〔三五〕，封昌爲公，以妹妻之。昌弟赫連定在隴上，吐伐斤乘勝以騎三萬討定，定設伏於隴山彈箏谷破之，斬吐伐斤，盡坑其衆。定率衆東還，後剋長安，燾又自攻不剋，乃分軍戍大城而還。燾常使昌侍左右，常共單馬逐鹿，深入山澗。昌素有勇名，諸將咸謂昌不可親，燾曰：「天命有在，亦何所懼。」親遇如初。復攻長安，剋之，定西走，爲吐谷渾慕璝所禽。

赫連氏有名衞臣者〔三六〕，種落在朔方塞外，部落千餘户。朔方以西，西至上郡，東西千餘里，漢世徙謫民居之，土地良沃。苻堅時，衞臣入塞寄田，春來秋去。堅雲中護軍賈雍掠其田者，獲生口馬牛羊，堅悉以還之，衞臣感恩，遂稱臣入居塞内，其後漸强盛。衞臣死，子佛佛驍猛有謀筭，遠近雜種皆附之。姚興與相抗，興覆軍喪衆，前後非一，關中爲之傷殘。高祖入長安，佛佛震懾不敢動。高祖東還，即入寇北地。安西將軍義真之歸也，佛佛遣子昌破之青泥，俘囚諸將帥，遂有關中，自稱尊號，號年曰真興元年。京兆人韋玄隱居養志，有高名，姚興備禮徵，不起，高祖辟爲相國掾，宋臺通直郎，又並不就。佛佛召爲太子庶子，玄應命。佛佛大怒，曰：「姚興及劉公相徵召，並不起，我有命即至，當以我殊類，不可理其故耶。」殺之。元嘉二年，佛佛死，昌立，至是爲燾所兼。燾西定隴右，東滅黄龍，海東諸國，並遣朝貢。

太祖踐祚，便有志北略。七年三月，詔曰：「河南，中國多故，湮没非所，遺黎荼炭，每用矜懷。今民和年豐，方隅無事，宜時經理，以固疆場。可簡甲卒五萬，給右將軍到彦之，統安北將軍王仲德、兗州刺史竺靈秀舟師入河，驍騎將軍段宏精騎八千，直指虎牢，豫州刺史劉德武勁勇一萬，以相掎角，後將軍長沙王義欣可權假節，率見力三萬，監征討諸軍事。便速備辦，月内悉發。」先遣殿中將軍田奇銜命告燾：「河南舊是宋土，中爲彼所侵，今當脩復舊境，不關河北。」燾大怒，謂奇曰：「我生頭髮未燥，便聞河南是我家地，此豈可得河南。必進軍，今權當斂戍相避，須冬行地淨，河冰合，自更取之。」

後將軍長沙王義欣出鎮彭城，總統羣帥，告司、兗二州曰：

夫王者之兵，以義德相濟，非徒壃理土地，恢廣經略，將以大庇蒼生，保全黎庶。是以蒙践霜雪，踰歷險難，匡國寧民，肅清四表。

昔我高祖武皇帝，誕膺明命，爰造區夏，内夷篡逆，外寧寇亂，靈武紛紜，雷動風舉，響軼龍堆，聲浮雲、朔，陵天振地，拔山蕩海。於是華域肅清，謳歌允集，王綱帝典，焕哉惟文，太和烟熅，流澤洋溢。中葉諒闇，委政冢宰，黠虜乘釁，侵侮上國。遂令司、兗良民，復蹈非所，周、鄭遺黎，重隔王化。

聖皇踐祚，重光開朗，明哲柔遠，以隆中興，遐夷慕義，雲騰波涌。方將蹈德履信，被藝襲文，增修業統，作規于後，勤施洽於三方，惠和雍於北狄。夫養魚者除其猵獺，育禽者去其豺狼，故智士研其慮，勇夫厲其節，嘉謀動蒼天，精氣貫辰緯。

莫府忝任，禀承廟筭，翦爪明衣，誓不顧命，提吳、楚之勁卒，總八州之銳士，紅旗絳天，素甲奪日，虎步中原，龍超河渚。興雲散雨，慰大旱之思，弔民伐罪，積後己之情。師以順動，何征而不克，況乎遵養耆昧，綏復境土而已哉。

昔淮、泗初開，狡徒縱逸，王旅入關，羣豎飆扇，襄邑之戰，素旗授首，半城之役，伏尸蔽野，支解體分，羽翼摧挫。加以搆難西虜，結怨黃龍，控弦熸滅，首尾逼畏，蜂屯蟻聚，假息旦夕，豈復能超蹈長河，以當堂堂之陳哉。夫順從貴速，歸德惡晚，賞褒先附，威加後服。是以秦、趙羈旅，披榛委誠，施紱乘軒，剖符州郡。慕容、姚泓，恃强作禍，提挈萬里，卒嬰鈇鉞。皆目前之誠驗，往世之所知也。聖上明發愛恤，以道懷二州士民〔三七〕，若能審決安危，翻然革面，率其支黨，歸投軍門者，當表言天臺，隨才敍用。如其迷心不悛，竄首巢穴，長圍既周，臨衝四至，雖欲壺漿厥篚，其可得乎。幸加三思，詳擇利害。

彥之進軍，虜悉斂河南一戍歸河北〔三八〕。太祖以前征虜司馬、南廣平太守尹沖爲督司雍并三州豫州之潁川兗州之陳留二郡諸軍事、奮威將軍、司州刺史，戍虎牢。十一月，虜大衆南渡河，彥之敗退，洛陽、滑臺、虎牢諸城並爲虜所沒，尹沖及司馬滎陽太守崔模抗節不降，投塹死〔三九〕。沖字子順，天水冀人也。先爲姚興吏部郎，與興子廣平公弼結黨，欲傾興太子泓，泓立，沖與弟弘俱逃叛南歸。至是追贈前將軍。太祖與江夏王義恭書曰：「尹沖誠節志概，繼蹤古烈，以爲傷惋，不能已已。」

上以滑臺戰守彌時，遂至陷没，乃作詩曰：

逆虜亂疆埸，邊將嬰寇仇。堅城効貞節，攻戰無暫休。覆瀋不可拾，離機難復收。勢謝歸塗單，於焉見幽囚。烈烈制邑守，舍命蹈前脩。忠臣表年暮，貞柯見嚴秋。楚莊投袂起，終然報强讎。去病辭高館，卒獲舒國憂。戎事諒未殄，民患焉得瘳。撫劍懷感激，志氣若雲浮。願想凌扶摇，弭旆拂中州。爪牙申威靈，帷幄騁良籌。華裔混殊風，率土浹王猷。惆悵懼遷逝，北顧涕交流。

其後燾又遣使通好，并求婚姻，太祖每依違之。十七年，燾號太平真君元年。十九年，虜鎮東將軍武昌王宜勒庫莫提移書益、梁二州〔四〇〕，往伐仇池，侵其附屬，而移書越詣徐州曰：

我大魏之興，德配二儀，與造化並立。夏、殷以前，功業尚矣，周、秦以來，赫赫堂堂，垂耀先代。逮我烈祖，重之聖明，應運龍飛，廓清燕、趙〔四一〕。聖朝承王業之資，奮神武之略，遠定三秦，西及葱嶺，東平遼碣，海隅服從，北暨鍾山，萬國納貢，威風所扇，想彼朝野，備聞威德。往者劉、石、苻、姚，遞據三郡，司馬琅邪，保守揚、越，綿綿連連，綿歷年紀。數窮運改，宋氏受終，仍晉之舊，遠通聘享。故我朝庭解甲，息心東南之略，是爲不欲違先故之大信也。而彼方君臣，苞藏禍心，屢爲邊寇。去庚午年，密結赫連，侵我牢、洛，致師徒喪敗，舉軍囚俘。我朝庭仁弘，不窮人之非，不遂人之過，與彼交和，前好無改。昔南秦王楊玄識達天運，於大化未及之前，度越赫連，遠歸忠款。玄既即世，弟難當忠節愈固，上請納女，連婚宸極，任土貢珍，自比內郡，漢南白雉，登俎御羞，朝庭嘉之，授以專征之任。不圖彼朝計壃埸之小疵，不相關移，竊興師旅，亡我賓屬。難當將其妻子，及其同義，告敗闕下。聖朝憮然，顧謂羣臣曰：「彼之違信背和，與牢、洛爲三，一之爲甚，其可再乎。是若可忍，孰不可忍。」是以分命吾等磬聲之臣，助難當報復。

使持節、侍中、都督雍秦二州諸軍事、安西將軍、建興公吐奚愛弼〔四二〕，率南秦王楊難當自祁山南出，直衝建安，令南秦自遣信臣，招集舊户。使持節侍中都督秦雍梁益四州諸軍事安西將軍開府儀同三司淮陰公皮豹子〔四三〕、員外散騎常侍平南將軍南益州刺史建德公庫拔阿浴河引出斜谷，阨白馬之險。散騎常侍、安南將軍、雍州刺史、南平公娥後延出自駱谷，直截漢水。冠軍將軍南蠻校尉荆州刺史建平公宗奚、使持節員外散騎常侍冠軍將軍梁州刺史順陽公劉買德、平遠將軍永安侯若干內亦千出自子午，東襲梁、漢。使持節侍中都督荊梁南雍三州諸軍事領護南蠻校尉征南大將軍開府儀同三司荊州刺史故晉譙王司馬文思、寧遠將軍荊州刺史襄陽公魯軌南趨荊州。使持節、都督洛豫州及河内諸軍事、鎮南大將軍、開府儀同三司、淮南王直勤它大翰爲其後繼〔四四〕。使持節、侍中、都督梁益寧三州諸軍事、領護西戎校尉、鎮西大將軍、開府儀同三司、揚州刺史晉琅邪王司馬楚之南趣壽春。使持節、侍中、都督揚豫兗徐四州諸軍事、征南將軍、徐兗二州刺史、東安公刁雍東趣廣陵，南至京口。使持節、侍中、都督青兗徐三州諸軍事、征東將軍、青徐二州刺史、東海公故晉元顯子司馬天助直趣濟南。十道並進，連營五千，步騎百萬，隱隱桓桓。以此屠城，何城不潰，以此奮擊，何堅不摧。邵陵、踐土，區區齊、晉，尚能克勝强楚，以致一匡，況大魏以沙漠之突騎，兼咸、夏之勁卒哉。

若衆軍就臨，將令南海北汎，江湖南溢，高岸墊爲浦澤，深谷積爲丘陵，晉餘黎民，將雲集霧聚，仇池之師，敧嶇山谷之中，何能自固。彼之所謂肆忿於目前之小得，以至於敗亡之大失也。昔信陵君濟窮鳩之危，義士歸之，故我朝廷欲救難當投命之誠，爲此舉動。既而愛惜前好，猶復沈吟，多殺生生，在之一亡十〔四五〕，仁者之所不爲。吾等别愛後自馳檄相譬書〔四六〕。若攝兵還反，復南秦之國，則諸軍同罷，好穆如初。

若歫我義言，很愎遂往，敗國亡身，必成噬齊之悔。望所列上彼朝，惠以報告。

徐州答移曰：

知以楊難當投命告敗，比之窮鳩，欲動衆以相存拯。救危恤難，有國者之所用心。雖然，移書之言，亦已過矣。何者？楊氏先世以來，受晉爵號，脩職守藩，爲我西服。十載之中，再造逆亂，號年建義，猖狂妄作，爲臣不忠，宜加誅討。又知難當稱臣彼國，宜是顧畏首尾，兩屬求全。果是純臣，服事於魏，何宜與人和親，而聽臣下縱逸。昔景平之末，國祚中微，彼乘我內難，侵我司、兗，是以七年治兵，義在經略，三帥涉河，秋豪不犯，但崇此信誓，不負約言耳。彼伺我軍，仍相掩襲，俘我甲士，翦我邊民，是彼有兩曲，我有二直也。司馬楚、文思亡命竄伏，魯軌、刁雍寔爲蠆尾，而擁其逋逃，開其壃埸。元顯無子，焉得天助，謬稱假託，何足以云。又議竊興師旅，不相關移，若如來言，又非所受。黃龍國主受我正朔，且渠茂虔父子歸款，彼皆殘滅俘馘，豈有先言。況仇池奉晉十世，事宋三葉，九伐所加，何傷於彼。

僕聞師曲爲老，義作亂雄，言貴稱情，不在夸大。移書本詣梁、益，而謬來鄙府，大人不遠，幸無過談。

二十年，燾以國授其太子，下書曰：「朕承祖宗重光之緒，思闡洪基，恢隆萬世。自經營天下，平暴除逆，掃清不順，武功既昭，而文教未闡，非所以崇太平之治也。今者域內安逸，百姓富昌，軍國異容，宜定制度，爲萬世之法。夫陰陽有往復，四時有代序，授子任賢，安全相附，所以休息疲勞，式固長久，成其祿福，古今不易之典也。諸朕功臣，懃勞日久，皆當致仕歸第，雍容高爵，頤神養壽，朝請隨時，饗宴朕前，論道陳謀而已，不須復親有司苦劇之職。其令皇太子嗣理萬機，總統百揆，更舉賢良，以被列職，皆取後進明能，廣啓選才之路，擇人授任而黜陟之。故孔子曰：『後生可畏，焉知來者之不如今。』主者明爲科制，宣勑施行。」於是王公以下上書太子皆稱臣，首尾與表同，唯用白紙爲異。是歲，燾伐芮芮虜，大敗而還，死者十六七。不聽死家發哀，犯者誅之。

二十三年，虜安南平南府又移書兗州，以南國僑置州，不依城土，多濫北境名號，又欲遊獵具區。兗州答移曰：

夫皇極肇建，寔膺神明之符，生民初載，實禀沖和之氣。故司牧之功，宣於上代，仁義之道，興自諸華。在昔有晉，混一區宇，九譯承風，遐戎嚮附。永嘉失御，天綱圮裂，石、容、苻、姚，遞乘非據，或棲息趙、魏，或保聚邠、岐。我皇宋屬當歸曆，受終晉氏，北臨河、濟，西盡咸、汧，弔民伐罪，流澤五都。魏爾時祇德悔禍〔四七〕，思用和輯，交通使命，以祈天衷，來移所謂分壃畫境，其志久定者也。俄而不恒其信，虞我國憂，侵牢及洛，至于清濟。往歲入河，且欲綏理舊城，是以頓兵南澨，秋豪無犯。軍師不能奉遵廟筭，保有成功，回旆之日，重失司、兗。

來移云「不因土立州，招引亡命」。夫古有分土，而無分民，德之休明，四方繦負。昔周道方隆，靈臺初構，民之附化，八十萬家。彼不思弘善政，而恐人之棄己，縱威肆虐，老弱無遺。詳觀今古，略聽輿誦，未有窮凶以延期，安忍而懷衆者也。若必宜因土立州，則彼立徐、揚，豈有其地？

往年貴主獻書云：「强者爲雄。」斯則棄德任力，逆行倒施，有一於此，何以能振。復加欲「游獵具區，觀化南國」。今治道方融，遠人必至，開館飾邸，則有司存。來歲元辰，天人協慶，鑾旗省方，東巡稽嶺。若欲邀恩，宜赴茲會，懷德貴蚤，無或後期。又稱：「馳獵積年，野無飛伏。」此邦解網舍前，矜蜫育鷇，七澤八藪，禽獸豐碩，虞候蒐筭，義非所恡。三代肆覲，其典雖缺，呼韓入漢，厥儀猶全，饋餼之秩〔四八〕，每存豐厚。

先是，虜中謠言：「滅虜者吴也。」燾甚惡之。二十三年〔四九〕，北地瀘水人蓋吴，年二十九，於杏城天台舉兵反虜，諸戎夷普並響應，有衆十餘萬。燾聞吴反，惡其名，累遣軍擊之，輒敗。吴上表歸順，曰：

自靈祚南遷，禍纏神土，二京失統，豺狼縱毒，蒼元蹈犬噬之悲，舊都哀荼蓼之痛。臣以庸鄙，杖義因機，乘寇虜天亡之期，藉二州思奮之憤，故創迹天台，爰暨咸、雍，義風一鼓，率土響同，威聲既張，士卒効勇，師不崇朝，羣狡震裂，殄逆鱗於函關，掃凶迹於秦土，非仰協宋靈，俯允羣願，焉能若斯者哉。

今平城遺虐，連兵大壇，東西狼顧，威形莫接，長安孤危，河、洛不戍，平陽一蘖，世連土宇，擁率部落，控弦五萬，東屯潼塞，任質軍門。私署安西將軍常山白廣平練甲高平，進師汧、隴。北漠護軍結駟連騎，提戈載驅。胡蘭洛生等部曲數千，擬擊僞鎮，闔境顒顒，仰望皇澤。伏願陛下給一旅之衆，北臨河、陝，賜臣威儀，兼給戎械，進可以厭捍凶寇，覆其巢窟，退可以宣國威武，鎮御舊京。使中都有鳴鸞之響，荒餘懷來蘇之德。謹遣使人趙綰馳表丹誠。

燾遣軍屢敗，乃自率大衆攻之。吳又上表曰：

臣聞天無貳日，地無貳主。昔中都失統，九域分崩，羣凶丘列於天邑，飛鴞鴟目於四海。先皇慈懷内發，愍及戎荒，翦僞羌於長安，雪黎民之荼炭，政教既被，民始寧蘇。天未忘難，禍亂仍起，獫狁侏張，侵暴中國，使長安爲豺狼之墟，鄴、洛爲蜂蛇之藪，縱毒生民，虐流兆庶，士女能言，莫不歎憤。傾首東望，仰希拯接，咸同旱苗之待天澤，赤子之望慈親。

臣仰恩天時，以義伐暴，輒東西結連，南北樹黨，五州同盟，迭相要契。仰馮威靈，千里雲集，冀廓除榛莽，以待王師，義夫始臻，莫不瓦解。虜主二月四日傾資倒庫，與臣連營，接刃交鋒，無日不戰，獲賊過半，伏屍蔽野。伏願特遣偏師，賜垂拯接。若天威既震，足使姦虜潰亡，遺民小大，咸蒙生造。

太祖詔曰：「北地蓋吳，起衆秦川，華戎響附，奮其義勇，頻煩克捷，屢遣表疏，遠效忠款，志梟逆虜，以立勳績。宜加爵號，褒獎乃誠，可以爲使持節、都督關隴諸軍事、安西將軍、雍州刺史、北地郡公。使雍、梁遣軍界上，以相援接。」

燾攻吳大小數十戰，不能剋。太祖遣使送雍、秦二州所統郡及金紫以下諸將印合一百二十一紐與吳，使隨宜假授。屠各反叛，吳自攻之，爲流矢所中，死〔五〇〕。吳弟吾生率餘衆入木面山，皆尋破散。

其年，太原民顏白鹿私行入荒，爲虜所録，相州刺史欲殺之，白鹿詐云「青州刺史杜驥使其歸誠」。相州刺史送白鹿至桑乾，燾喜曰：「我外家也。」使其司徒崔浩作書與驥，使司徒祭酒王琦齎書隨白鹿南歸。遣從弟高梁王以重軍延驥，入太原界，攻冀州刺史申恬於歷城，恬擊破之。杜驥遣其寧朔府司馬夏侯祖歡、中兵參軍吉淵馳往赴援，虜破略太原，得四千餘口，牛六千餘頭。尋又寇兗、青、冀三州，遂及清東，殺略甚衆。

太祖思弘經略，詔羣臣曰：

吾少覽篇籍，頗愛文義，遊玄翫采，未能息卷。自纓紼世務，情兼家國，徒存日昃，終有慙德。而區宇未一，師饉代有，永言斯瘼，彌干其慮。加疲疾稍增，志隨時往，屬思之功，與事而廢。殘虐遊魂，齊民塗炭，乃眷北顧，無忘弘拯。思總羣謀，掃清逋逆，感慨之來，遂成短韻。卿等體國情深，亦當義篤其懷也。詩曰：

季父鑒禍先，辛生識機始。崇替非無徵，興廢要有以。自昔淪中畿，儵焉盈百祀。不覩南雲陰，但見胡風起。亂極治必形，塗泰由積否。方欲滌遺氛，矧乃穢邊鄙。眷言悼斯民，納隍良在己。逝將振宏羅，一麾同文軌。時乎豈再來？河清難久俟。駘駟安局步，騏驥志千里。梁傅畜義心，伊相抱深恥。賞契將誰寄，要之二三子。無令齊晉朝，取愧鄒魯士。

時壃埸之民，多相侵盜。二十五年，虜寧南將軍、豫州刺史北井侯若庫辰樹蘭移書豫州曰：

僕以不德，荷國榮寵，受任邊州，經理民物，宣播政化，鷹揚萬里，雖盡節奉命，未能令上化下布，而下情上達也。比者以來，邊民擾動，互有反逆，無復爲害，自取誅夷。死亡之餘，雉菟逃竄，南入宋界，聚合逆黨，頻爲寇掠，殺害良民，略取資財，大爲民患。此之界局，與彼通連，兩民之居，烟火相接，來往不絕，情僞繁興。是以南姦北入，北姦南叛，以類推之，日月彌甚。姦宄之人，數得侵盜之利，雖加重法，不可禁止。僕常申令境局，料其姦源，而彼國牧守，縱不禁御，是以遂至滋蔓，寇擾疆埸。譬猶蚤虱疥癬，雖爲小痾，令人終歲不安。

當今上國和通，南北好合，唯邊境民庶，要約不明。自古列國，封疆有畔，各自禁斷，無復相侵，如是可以保之長久，垂之永世。故上表臺閣，馳書明曉，自今以後，魏、宋二境，宜使人迹不過。自非聘使行人，無得南北。邊境之民，烟火相望，雞狗之聲相聞，至老死不相往來，不亦善乎。又能此亡彼歸，彼亡此致，則自我國家所望於仁者之邦也。

右將軍、豫州刺史南平王鑠答移曰：

知以邊氓擾動，多有叛逆，欲杜絕姦宄，兩息民患；又欲迭送奔亡，禁其來往。申告嘉貺，實獲厥心。但彼和好以來，矢言每缺，侵軼之弊，屢違義舉，任情背畔，專肆暴略，豈唯竊犯王黎，乃害及行使。頃誅討蠻髦，事止畿服，或有狐奔鼠竄，逃首北境，而輒便苞納，待之若舊，資其糧仗，縱爲寇賊。往歲擅興戎旅，禍加孩耄，罔顧善隣之約，不惟壃域之限。來示所云，彼並行之，雖豐辭盈觀，即事違實，興嫌長亂，寔彼之由，反以爲言，將違躬厚之義。

壃埸之民，有自來矣，且相期有素，本不介懷。若於本欲消姦弭暴，永存匪石，宜先謹封守，斥遣諸亡，驚蹄逸鏃，不妄入境，則邊城之下，外户不閉。王制嚴明，豈當獨負來信。若亡命奔越，侵盜彼民，斯固刑之所取，無勞遠及。自荷閫外，思闡皇猷，每申勑守宰，務敦義讓。往誠未布，能不愧怍，當重約示，以副至懷。

二十七年，燾自率步騎十萬寇汝南。初，燾欲爲邊寇，聲云獵於梁川。太祖慮其侵犯淮、泗，廼敕邊戍：「小寇至，則堅守拒之；大衆來，則拔民户歸壽陽。」諸戍偵候不明，虜奄來入境，宣威將軍陳南頓二郡太守鄭琨、綏遠將軍汝陽潁川二郡太守郭道隱並棄城奔走〔五一〕。虜掠抄淮西六郡，殺戮甚多。攻圍懸瓠城，城内戰士不滿千人。先是，汝南、新蔡二郡太守徐遵之去郡，南平王鑠時鎮壽陽，遣右軍行參軍陳憲行郡事〔五二〕。憲嬰城固守，燾盡鋭以攻之，憲自登郭城督戰。起樓臨城，飛矢雨集，衝車攻破南城，憲於内更築扞城，立栅以補之。虜肉薄攻城，死者甚衆，憲將士死傷亦過半。燾唯恐壽陽有救兵，不以彭城爲慮。

燾遣從弟永昌王庫仁真步騎萬餘〔五三〕，將所略六郡口，北屯汝陽。時世祖鎮彭城，太祖遣隊主吴香鑪乘驛敕世祖，遣千騎，齎三日糧襲之。世祖發百里内馬，得千五百匹。衆議舉別駕劉延孫爲元帥，延孫辭不肯行，舉參軍劉泰之自代〔五四〕。世祖以問司馬王玄謨、長史張暢，暢等並贊成之。乃分爲五軍，以泰之爲元帥，與安北騎兵行參軍垣謙之、田曹行參軍臧肇之、集曹行參軍尹定、武陵國左常侍杜幼文五人〔五五〕，各領其一。謙之領泰之軍副，殿中將軍程天祚督戰〔五六〕，至譙城，更簡閲人馬，得精騎千一百匹，直向汝陽。虜不意奇兵從北來，大營在汝陽北，去城三里許。泰之等至，虜都不覺，馳入襲之，殺三千餘人，燒其輜重。營内有數區氈屋，屋中皆有帳，器仗甚精，食具皆是金銀，帳内諸大主帥，悉殺之。諸亡口悉得東走，大呼云：「官軍痛與手。」虜衆一時奔散，因追之，行已經日，人馬疲倦，引還汝南。城内有虜一幢，馬步可五百，登城望知泰之無後繼，又有別帥鉅鹿公餘嵩自虎牢至，因引出擊泰之，泰之軍未食，旦戰已疲勞，結陣未及定，垣謙之先退，因是驚亂，棄仗奔走，行迷道趨溵水，水深岸高，人馬悉走水爭渡，泰之獨不去，曰：「喪敗如此，何面復還。」下馬坐地，爲虜所殺。肇之溺水死，天祚爲虜所執，謙之、定、幼文及將士免者九百餘人，馬至者四百匹。世祖降安北之號爲鎮軍將軍，玄謨、延孫免官，暢免所領沛郡，謙之伏誅，定、幼文付尚方。

燾初聞汝陽敗，又傳彭城有係軍，大懼，謂其衆曰：「但聞淮南遣軍，乃復有奇兵出。

今年將墮人計中。」即燒攻具，欲走。會泰之死問續至，乃停。壽陽遣劉康祖救懸瓠，燾亦遣任城公拒康祖，與戰破之，斬任城。燾攻城四十二日不拔，死者甚多，任城又死，康祖救軍漸進，乃委罪大將，多所斬戮，倍道奔走。太祖嘉憲固守，詔曰：「右軍行參軍、行汝南新蔡二郡軍事陳憲，盡力捍禦，全城摧寇，忠敢之効，宜加顯擢，可龍驤將軍、汝南新蔡二郡太守。」又以布萬匹委憲分賜汝南城内文武吏民戰守勤勞者。

燾雖不剋懸瓠，而虜掠甚多，南師屢無功，爲燾所輕侮。與太祖書曰：

彼前使間諜，詃略姦人，竊聞朱脩之、申謨，近復得胡崇之，敗軍之將，國有常刑，乃皆用爲方州，虞我之隙，以自慰慶。得我普鍾蔡一豎子，何所損益，無異得我舉國之民，厚加奉養。禽我卑將衛拔，非其身，各便鑠腰苦役以辱之。觀此所行，足知彼之大趣，辨校以來，非一朝一夕也。

頃關中蓋吳反逆，扇動隴右氐、羌，彼復使人就而誘勸之，丈夫遺以弓矢，婦人遺以環釧，是曹正欲譎誑取賂，豈有遠相順從。爲大丈夫之法，何不自來取之，而以貨詃引誘我邊民，募往者復除七年，是賞姦人也。我今來至此土，所得多少，孰與彼前後得我民户邪。彼今若欲保全社稷，存劉氏血食者，當割江以北輸之，攝守南度，如此釋江南使彼居之。不然，可善敕方鎮、刺史、守宰，嚴供張之具，來秋當往取揚州，大勢已至，終不相縱。頃者往索真珠璫，略不相與，今所馘截髑髏，可當幾許珠璫也。

彼往日北通芮芮，西結赫連、蒙遜、吐谷渾，東連馮弘、高麗。凡此數國，我皆滅之。以此而觀，彼豈能獨立。芮芮吳提已死，其子菟害真襲其凶迹，以今年二月復死。我今北征，先除有足之寇。彼若不從命，來秋當復往取。以彼無足，故不先致討。諸方已定，不復相釋。

我往之日，彼作何方計，爲塹城自守，爲築垣以自鄣也。彼土小雨，水便迫掖，彼能水中射我也。我顯然往取揚州，不若彼翳行竊步也〔五七〕。彼來偵諜，我已禽之放還，其人目所盡見，委曲善問之。彼前使裴方明取仇池，既得，疾其勇功，不能容。有臣如此，尚殺之，烏得與我校邪。彼非敵也。彼常願欲共我一過交戰，我亦不癡，復不是苻堅。何時與彼交戰，晝則遣騎圍繞，夜則離彼百里宿去，彼人民好，降我者驅來，不好者盡刺殺之。近有穀米，我都噉盡，彼軍復欲食噉何物，能過十日邪？彼吳人正有斫營伎，我亦知彼情，離彼百里止宿，雖彼軍三里安邏，使首尾相次，彼募人以來〔五八〕，裁五十里，天自明去，此募人頭何得不輸我也。彼謂我攻城日，當掘塹圍守，欲出來斫營，我亦不近城圍彼，正築隄引水，灌城取之。彼揚州城南北門有兩江水，此二水引用，自可如人意也。

知彼公時舊臣，都已殺盡，彼臣若在，年幾雖老，猶有智策，今已殺盡，豈不天資我也。取彼亦不須我兵刃〔五九〕，此有能祝婆羅門，使鬼縛彼送來也。

此後復求通和，聞太祖有北伐意，又與書曰：「彼此和好，居民連接，爲日已久，而彼無厭，誘我邊民，其有往者，復之七年。去春南巡〔六〇〕，因省我民，即使驅還。自天地啓闢已來，爭天下者，非唯我二人而已。今聞彼自來，設能至中山及桑乾川，隨意而行，來亦不迎，去亦不送。若厭其區宇者，可來平城居，我往揚州住，且可博其土地。傖人謂換易爲博〔六一〕。彼年已五十，未嘗出户，雖自力而來，如三歲嬰兒，復何知我鮮卑常馬背中領上生活。更無餘物可以相與，今送獵白鹿馬十二匹并氈藥等物。彼來馬力不足，可乘之。道里來遠，或不服水土，藥自可療。」

其年，大舉北討，下詔曰：

虜近雖摧挫，獸心靡革，驅逼遺氓，復規竊暴。比得河朔秦雍華戎表疏，歸訴困棘，跂望綏拯，潛相糾結，以候王師。并陳芮芮此春因其來掠，掩襲巢窟，種落畜牧，所亡太半，連歲相持，于今未解。又猜虐互發，親黨誅殘，根本危敝，自相殘殄。芮芮間使適至，所說並符，遠輸誠欵，誓爲掎角。遐邇注情，既宜赴獎，且水雨豐澍，舟檝流通，經略之會，實在茲日。

可遣寧朔將軍王玄謨率太子步兵校尉沈慶之、鎮軍諮議參軍申坦等，戈船一萬，前驅入河。使持節、督青冀幽三州徐州之東安東莞二郡諸軍事、輔國將軍、青冀二州刺史霄城侯蕭斌，推三齊之鋒，爲之統帥。持節、都督徐兖青冀幽五州豫州之梁郡諸軍事、鎮軍將軍、徐兖二州刺史武陵王駿，總四州之衆，水陸並驅。太子左衛率始興縣五等侯臧質勒東宮禁兵，統驍騎將軍安復縣開國侯王方回、建武將軍安蠻司馬新康縣開國男劉康祖、右軍參軍事梁坦步騎十萬，逕造許、洛。使持節、督豫司雍秦并五州諸軍事、右將軍、豫州刺史、領安蠻校尉南平王鑠悉荆、河之師，方軌繼進。東西齊舉，宜有董一，使持節、侍中、都督揚南徐二州諸軍事、太尉、領司徒、録尚書、太子太傅、國子祭酒江夏王義恭，德望兼崇，風略遐被，即可三府文武，并被以中儀精卒，出次徐方，爲衆軍節度。別府司空府使所督諸鎮，各遣虎旅，數道爭先。督梁南北秦三州諸軍事、綏遠將軍、西戎校尉、梁南北秦三州刺史秀之，統輔國將軍楊文德、宣威將軍巴西梓潼二郡太守劉弘宗〔六二〕，連旗深入，震盪汧、隴。護軍將軍、封陽縣開國侯蕭思話，部龍驤將軍杜坦、寧遠將軍竟陵太守南城縣開國侯劉德願〔六三〕，籍荆雍之勁，攬羣師之鋭，宜由武關，稜威震滲〔六四〕。指授之宜，委司空義宣議量。

是歲軍旅大起，王公妃主及朝士牧守，各獻金帛等物，以助國用，下及富室小民，亦有獻私財至數十萬者。又以兵力不足，尚書左僕射何尚之參議發南兗州三五民丁，父祖伯叔兄弟仕州居職從事、及仕北徐兗爲皇弟皇子從事、庶姓主簿、諸皇弟皇子府參軍督護國三令以上相府舍者，不在發例，其餘悉倩暫行征。符到十日裝束，緣江五郡集廣陵，緣淮三郡集盱眙。又募天下弩手，不問所從，若有馬步衆藝武力之士應科者，皆加厚賞。有司又奏軍用不充，揚、南徐、兗、江四州富有之民，家資滿五十萬，僧尼滿二十萬者，並四分換一〔六五〕，過此率計〔六六〕，事息即還。

歷城建武府司馬申元吉率馬步□餘人向碻磝，取泗瀆口。虜碻磝戍主、濟州刺史王買德憑城拒戰，元吉破之，買德棄城走，獲奴婢一百四十口，馬二百餘匹，驢騾二百，牛羊各千餘頭，氈七百領，麄細車三百五十乘，地倉四十二所，粟五十餘萬斛，城內居民私儲又二十萬斛，虜田五穀三百頃，鐵三萬斤，大小鐵器九千餘口，餘器仗雜物稱此。

玄謨攻滑臺不剋，燾自率大衆渡河，玄謨敗走。燾從弟永昌王庫仁真發關西兵趨汝、潁，從弟高梁王阿斗渥自青州道〔六七〕，燾自碻磝，並南出。諸鎮悉斂民保城。其十一月至鄒山，鄒山戍主、宣威將軍、魯陽平二郡太守崔耶利敗沒。燾登鄒山，見秦始皇刻石，使人排倒之。遣楚王樹洛真、南康侯杜道儁進軍清西〔六八〕，至蕭城，步尼公進軍清東，至留城。

世祖遣參軍馬文恭至蕭城，江夏王義恭遣軍主嵇玄敬至留城，並爲覘候。蕭城虜偃旗旌，文恭斥候不明，卒與相遇，乃捨汴趣南山，東至山而虜圍合，文恭戰敗，僅以身免。玄敬亦與留城虜相值，幢主華欽繼其後，虜望玄敬後有軍，引去，趨苞橋。至，欲渡清西〔六九〕，沛縣民燒苞橋，夜於林中擊鼓。虜謂官軍大至，爭渡苞水，水深，溺死殆半。

先是，燾遣員外散騎侍郎王老壽乘驛就太祖乞黃甘，太祖餉甘十簿、甘蔗千挺。并就求馬，曰：「自頃歲成民阜，朝野無虞，春末當東巡吳、會，以盡游豫。臨滄海，探禹穴，陟姑蘇之臺，搜長洲之苑，舟檝雖盛，寡於良駟，想能惠以逸足，令及此行。」老壽反命，未出境，虜兵深入，乃録還。

虜又破尉武戍，執戍主左軍長兼行參軍王羅漢。先是，南平王鑠以三百人配羅漢出戍，而尉武東北有小壘，因據之。或曰：「賊盛不足自固，南依卑林，寇至易以免。」羅漢以受命來此，不可輒去。是日虜攻之，矢盡力屈，遂没。虜法，獲生將，付其三郎大帥，連鎖鎖頸後。羅漢夜斷三郎頭，抱鎖亡走，得入盱眙城。

永昌王破劉康祖於尉武，引衆向壽陽，自青岡屯孫叔敖冢，脅壽陽城，又焚掠馬頭、鍾離。南平王鑠保城固守。

燾自彭城南出，十二月，於盱眙渡淮，破胡崇之等軍。留尚書韓元興數千人守盱眙，自率大衆南向，中書郎魯秀出廣陵，高梁王阿斗埿出山陽，永昌王於壽陽出横江。凡所經過，莫不殘害。燾至瓜步，壞民屋宇，及伐蒹葦，於滁口造箄筏，聲欲渡江。太祖大具水軍，爲防禦之備。初，領軍將軍劉遵考率軍向彭城，至小澗，虜已斷道，召還，與左軍將軍尹弘守横江，少府劉興祖守白下，建威將軍、黄門侍郎蕭元邕守禆洲，羽林左監孟宗嗣守新洲上，建武將軍泰容守新洲下，征北中兵參軍事向柳守貴洲，司馬到元度守蒜山〔七〇〕，諮議參軍沈曇慶守北固，尚書褚湛之先行京陵，仍守西津，徐州從事史蕭尚之守練壁，征北參軍管法祖守譙山，徐州從事武仲河守博落，尚書左丞劉伯龍守採石，尋遷建武將軍、淮南太守，仍總守事。遊邏上接于湖，下至蔡洲，陳艦列營，周亘江畔，自採石至于暨陽〔七一〕，六七百里，船艦蓋江，旗甲星燭。皇太子出戍石頭城，前將軍徐湛之守石頭倉城〔七二〕，都水使者樂詢、尚書水部郎劉淵之並以裝治失旨，付建康。乘輿數幸石頭及莫府山，觀望形勢。購能斬佛狸伐頭者，封八千户開國縣公，賞布絹各萬匹，金銀各百斤；斬其子及弟、僞相、大軍主，封四百户開國縣侯，布絹各五千疋；自此以下各有差。又募人賫冶葛酒置空村中〔七三〕，欲以毒虜，竟不能傷。

燾鑿瓜步山爲盤道，於其頂設氈屋。燾不飲河南水，以駱駞負河北水自隨，一駱駞負三十斗。遣使餉太祖駱駝名馬，求和請婚。上遣奉朝請田奇餉以珍羞異味。燾得黄甘，即噉之，并大進鄃酒，左右有耳語者，疑食中有毒，燾不答，以手指天，而以孫兒示奇曰：「至此非唯欲爲功名，實是貪結姻援，若能酬酢，自今不復相犯秋豪。」又求嫁女與世祖。二十八年正月朔，燾會於山上，并及土人。會竟，掠民户，燒邑屋而去。虜初緣江舉烽火，尹弘曰：「六夷如此必走。」正月二日，果退。

初，太祖聞虜寇逆，焚燒廣陵城府船乘，使廣陵、南沛二郡太守劉懷之率人民一時渡江。虜以海陵多陂澤，不敢往。山陽太守蕭僧珍亦斂居民及流奔百姓，悉入城。臺送糧仗給盱眙，賊逼，分留山陽。又有數萬人攻具，當往滑臺，亦留付郡。城内垂萬家，戰士五千餘人。有白米陂，去郡數里，僧珍逆下諸處水，注令滿，須賊至，決以灌之。虜既至，不敢停，引去。自廣陵還。因攻盱眙，盡鋭攻城，三十日不能剋，乃燒攻具退走。燾凡破南兖、徐、兖、豫、青、冀六州，殺略不可稱計，而其士馬死傷過半，國人並尤之。

是歲，燾病死〔七四〕，謚爲太武皇帝。初，燾有六子，長子晃字天真，爲太子。次曰晉王。燾所住屠蘇爲疾雷擊，屠蘇倒，見厭殆死，左右皆號泣，晉王不悲，燾怒賜死〔七五〕。次曰秦王烏弈肝，與晃對掌國事，晃疾之，愬其貪暴，燾鞭之二百，遣鎮枹罕。次曰燕王。次曰吴王，名可博真。次曰楚王，名樹洛真〔七六〕。燾至汝南、瓜步，晃私遣取諸營鹵獲甚衆。燾歸聞知，大加搜檢。晃懼，謀殺燾，燾乃詐死，使其近習召晃迎喪，於道執之，及國，罩以鐵寵，尋殺之。以烏弈肝有武用，以爲太子。會燾死，使嬖人宗愛立博真爲後，宗愛、博真恐爲弈肝所危，矯殺之而自立，號年承平。博真懦弱，不爲國人所附，晃子濬字烏雷直懃，素爲燾所愛，燕王謂國人曰：「博真非正，不宜立，直懃嫡孫，應立耳。」乃殺博真及宗愛，而立濬爲主，號年爲正平〔七七〕。

先是，虜寧南將軍魯爽兄弟率衆歸順。二十九年，太祖更遣張永、王玄謨及爽等北伐，青州刺史劉興祖建議伐河北，曰：「河南阻飢，野無所掠，脱意外固守，非旬月可拔，稽留大衆，轉輸方勞。伐罪弔民，事存急速，今僞帥始死，兼逼暑時，國内猜擾，不暇遠赴，關内之衆，裁足自守。愚謂宜長驅中山，據其關要。冀州已北，民人尚豐，兼麥已向熟，資因爲易。向義之徒，必應響赴，若中州震動，黄河以南，自當消潰。臣城守之外，可有二千人，今更發三千兵，假别駕崔勳之振威將軍，領所發隊，并二州望族，從蓋柳津直衝中山。申坦率歷城之衆，可有二千，駱驛俱進。較略二軍，可七千許人，既入其心腹，調租發車，以充軍用。若前驅乘勝，張永及河南衆軍，便宜一時濟河，使聲實兼舉。愚計謬允，宜並建司牧，撫柔初附。定州刺史取大嶺，冀州刺史向井陘，并州刺史屯雁門，幽州刺史塞軍都，相州刺史備大行，因事指麾，隨宜加授。畏威欣寵，人百其懷，濟河之日，請大統版假。常忿將率憚於深遠，勳之等慷慨之誠，誓必死效。若能成功，清一可待；若不克捷，不爲大傷。並催促裝束，伏聽敕旨。」上意止存河南，不納。玄謨攻碻磝，不克退還。世祖即位，索虜求互市，江夏王義恭、竟陵王誕、建平王宏、何尚之、何偃以爲宜許；柳元景、王玄謨、顏竣、謝莊、檀和之、褚湛之以爲不宜許〔七八〕。時遂通之。大明二年，虜寇青州，爲刺史顏師伯所破，退走。

前廢帝永光元年，濬死，謚文成皇帝。子弘之字第豆胤代立。景和中，北討徐州刺史義陽王昶，昶單騎奔虜。太宗泰始初，江州刺史晉安王子勛爲逆，四方反，徐州刺史薛安都、青州刺史沈文秀、冀州刺史歷城鎮主崔道固等，亦各舉兵。虜謀欲納昶，下書曰：

易稱「利用行師」，書云「龔行天罰」，必觀時而後施，因機而後舉。故夏伐有扈，四海以平，晉定吳會，萬方以壹。今宋室衰微〔七九〕，凶難洊起，國有殺君之逆，邦罹崩離之難，起自蕭牆，釁流合境。僞使持節、散騎常侍、都督徐南北兗青冀幽七州豫州之梁郡諸軍事、征北將軍、儀同三司、徐州刺史義陽王昶〔八〇〕，踵微子之蹤，蹈項伯之迹，知機體運，歸欵闕庭，朕錫以顯爵，班同親舊。昶弟湘東王進不能扶危定傾，退不能降身高謝，阻兵安忍，篡位自立，既無闔閭靜亂之功，而有無知悖禮之變，怠棄三正，慢易天常，覆敗之徵既兆，危亡之應已著。僞江州刺史晉安王復稱大號，自立一隅，荆郢二州刺史安陸臨海王劉子綏子頊大擅威令，不相祗伏。徐州刺史彭城鎮主薛安都、青州刺史沈文秀、冀州刺史歷城鎮主崔道固等，皆彼之要藩，懼及禍難，擁衆獨據，各無定主。仰觀天象，俯察人謀，六軍燮伐之期，率土同軌之日。

朕承休烈，屬當泰運，思播靈武，廓寧九服，豈可得臨萬乘之機，遘時來之遇，而不討其讎逆，振其艱患哉。今可分命諸軍，以行九伐。使持節征東大將軍安定王直懃伐伏玄、侍中尚書左僕射安西大將軍平北公直懃美晨〔八一〕、散騎常侍殿中尚書平北將軍山陽公呂羅漢，領隴右之衆五萬，沿漢而東，直指襄陽。使持節征南大將軍勃海王直懃天賜〔八二〕、侍中尚書令安東大將軍始平王直懃渴言侯、散騎常侍殿中尚書令安西將軍西陽王直懃蓋戶千，領幽、冀之衆七萬，濱海而南，直指東陽。使持節征南將軍京兆王直懃子推〔八三〕、侍中司徒安南大將軍新建王獨孤侯尼須、散騎常侍西平公韓道人，領江、雍之衆八萬，出洛陽，直至壽陽。使持節征南大將軍宜陽王直懃新成〔八四〕、侍中太尉征東大將軍直懃駕頭拔、羽直征東將軍北平公拔敦及義陽王劉昶，領定、相之衆十萬，出濟、兗，直造彭城，與諸軍尅期同到，會于秣陵。納昶反國，定其社稷，使荆、揚沾德義之風，江、漢被來蘇之惠。邊壃將吏，不得因宋衰亂，有所侵損，以傷我國家存救之義。主者明宣所部，咸使聞知，稱朕意焉。

既而晉安王子勛事平，太宗遣張永、沈攸之北討，薛安都大懼，遣使引虜。虜遣萬騎救之，永、攸之敗退，虜攻青、冀二州，並剋，執沈文秀、崔道固。又下書：

朕承天序，臨御兆民，思闡皇風，以隆治道。而荆吳僭傲，跨跱一方，天降其殃，以罰有罪，篡戮發於蕭牆，毒害嬰於羣庶。徐州刺史薛安都、司州刺史常珍奇，深體逆順，歸誠獻欵。遭難已久，飢饉荐臻，或以糊口之功，私力竊盜，或不識王命，藏竄山藪，或爲囚徒，先被執繫，元元之命，甚可哀愍。其曲赦淮北三州之民，自天安二年正月三十日壬寅昧爽以前，諸犯死罪以下，繫囚見徒，一切原遣。唯子殺父母，孫殺祖父母，弟殺兄，妻殺夫，奴殺主，不從赦例。若亡命山澤，百日不首，復其初罪。

今陽春之初，東作方興，三州之民，各安其業，以就農桑。有饑窮不自存，通其市糴之路，鎮統之主，懃加慰納，遵用輕典，以莅新化。若綏導失中，令民逃亡，加罪無縱。其普宣下，咸使聞知朕意焉。

此後虜復和親，信餉歲至，朝庭亦厚相報答。泰豫元年，虜狹石鎮主白虎公、安陽鎮主莫索公、貞陽鎮主鶵落生、襄陽王桓天生等，引山蠻馬步二萬餘人，攻圍義陽縣義陽戍。司州刺史王贍遣從弟司空行參軍思遠、撫軍行參軍王叔瑜擊大破之，虜退走。

自索虜破慕容，據有中國〔八五〕，而芮芮虜有其故地，蓋漢世匈奴之北庭也。芮芮一號大檀，又號檀檀，亦匈奴別種。自西路通京師，三萬餘里。僭稱大號，部衆殷强，歲時遣使詣京師，與中國亢禮，西域諸國焉耆、鄯善、龜茲、姑墨東道諸國，並役屬之。無城郭，逐水草畜牧，以氈帳爲居，隨所遷徙。其土地深山則當夏積雪，平地則極望數千里，野無青草。地氣寒涼，馬牛齕枯噉雪，自然肥健。國政疏簡，不識文書，刻木以記事，其後漸知書契，至今頗有學者。去北海千餘里，與丁零相接。常南擊索虜，世爲仇讎，故朝庭每羈縻之。其東有槃槃國、趙昌國，渡流沙萬里，又有粟特國，太祖世，並奉表貢獻。粟特大明中遣使獻生師子、火浣布、汗血馬，道中遇寇，失之。

史臣曰：久矣，匈奴之與中國並也。自漢氏以前，綿跨年世，紛梗外區，驚震中寓。周無上筭，漢收下策。魏代分離，種落遷散，數十年間，外郡無風塵之警，邊城早開晚閉，胡馬不敢南臨。至于晉始，姦黠漸著，密邇畿封，窺候壃埸，俘民略畜者，無歲月而闕焉。元康以後，風雅雕喪，五胡遞襲，翦覆諸華。及涉珪以鐵馬長驅，席卷趙、魏，負其衆力，遂與上國爭衡矣。高祖宏圖盛略，欲以苞括宇宙爲念，逮于懸旗清洛，飲馬長涇，北狄屻鋭挫鋒，閉重嶮而自固。于時戎車外動，王命相屬，裳冕委蛇，軺軒繼路，舊老懷思古之情，行人或爲之殞涕，自是關、河響動，表裏寧壹。宫車甫晏，戎心外駭，覆我牢、滑，翦我伊、瀍〔八六〕，是以太祖忿之，開定司、兗，而兵無勝略，棄師隕衆，委甲横原，捐州亘水〔八七〕，荆、吴銳卒，逸氣未攄，偏城孤將，銜冤就虜，遂蹙境延寇，僅保清東。自是兵摧勢弱，邊隙稍廣，壯騎陵突，鳴鏑日至，芻牧年傷，禾麥歲犯，小則囚虜吏民，大則俘執長守，羽書繼塗，奔命相屬，青、徐、兗、冀之間蕭然矣。而自木末以來，並有賢才狡筭，妙識兵權，深通戰術，屬鞬淩厲，氣冠百夫，故能威服華甸，志雄羣虜。至於狸伐篡僞，彌煽凶威，英圖武略，事駕前古，雖冒頓之鷙勇，檀石之驍强，不能及也。遂西吞河右，東舉龍碣，總括戎荒，地兼萬里。雖裂土分區，不及魏、晉，而華氓戎落，衆力兼倍。至乃連騎百萬，南向而斥神華，胡旆映江，穹帳遵渚，京邑荷檐，士女喧惶。天子内鎮羣心，外御羣寇，役竭民徭，費殫府實，舉天下以攘之，而力猶未足也。既而虜縱歸師，殲累邦邑，剪我淮州，俘我江縣，喋喋黔首，跼高天，蹐厚地，而無所控告。强者爲轉屍，弱者爲繫虜，自江、淮至于清、濟，户口數十萬，自免湖澤者，百不一焉。村井空荒，無復鳴雞吠犬。時歲惟暮春，桑麥始茂，故老遺氓，還號舊落，桓山之響，未足稱哀。六州蕩然，無復餘蔓殘搆，至於乳鷰赴時，銜泥靡託，一枝之間，連窠十數，春雨裁至，增巢已傾。雖事舛吴宫，而殲亡匪異，甚矣哉，覆敗之至於此也。太祖懲禍未深，復興外略，頓兵堅城，棄甲河上，是我有再敗，敵有三勝也。自此以後，通互市，納和親，而侵疆軼戍，于歲連屬。逮泰始搆紛，邊將外叛，致夷引寇，亡我四州。高祖劬勞日昃，思一區宇，旍旗卷舒，僅而後克。後主守文，刑德不樹，一舉而棄司、兗，再舉而喪徐方，華服蕭條，鞠爲茂草，豈直天時，抑由人事。夫地勢有便習，用兵有短長，胡負駿足，而平原悉車騎之地，南習水鬬，江湖固舟檝之鄉，代馬胡駒，出自冀北，楩柟豫章，植乎中土，蓋天地所以分區域也。若謂氈裘之民，可以決勝於荊、越，必不可矣；而曰樓船之夫，可以爭鋒於燕、冀，豈或可乎。虞詡所謂「走不逐飛」，蓋以我徒而彼騎也。因此而推勝負，殆可以一言蔽之。

校勘記

〔一〕并州刺史東嬴公司馬騰於晉陽爲匈奴所圍　「東」字原闕，據晉書卷一〇一劉元海載記補。司馬騰，晉書卷三七宗室傳有傳。

〔二〕其後爲苻堅所破執還長安後聽北歸犍死子開字涉珪代立　按北史卷一魏本紀一云什翼犍爲苻堅將苻洛所破後，旋爲其庶長子寔君所殺，未嘗執送長安，又云拓跋珪爲什翼犍之孫，並與本書所載異。又魏書卷二太祖紀云太祖道武皇帝諱珪，此云名開字涉珪，開、珪音相近，蓋爲異譯。

〔三〕明年四月　按魏書卷二太祖紀，北魏道武帝克中山在北魏皇始二年十月甲申，即晉安帝隆安元年。

〔四〕自稱曰魏號年天賜　按魏書卷二太祖紀、通鑑卷一〇九晉紀隆安二年，拓跋珪定國號爲魏時年號爲天興，非天賜，改年號爲天賜乃在定國號後之第七年，即晉元興三年。下文「元年，治代郡桑乾縣之平城」，亦天興元年事。疑「天賜」爲「天興」之訛。

〔五〕元年治代郡桑乾縣之平城　「元年」，原作「九年」，據南監本、局本改。按魏書卷二太祖紀，天興元年「秋七月，遷都平城」。

〔六〕遣鄭兵將軍揚州刺史山陽公達奚斤吴兵將軍廣州刺史蒼梧公公孫表　「鄭兵將軍」，魏書卷三太宗紀、卷二九奚斤傳作「晉兵大將軍」。「揚州刺史」，魏書卷三太宗紀、卷二九奚斤傳作「行揚州刺史」。「蒼梧公」，魏書卷三太宗紀作「安固子」，卷三三公孫表傳作「固安子」。

〔七〕將軍劉憐領二百騎至雍丘以防之　「軍」字原闕，據通鑑卷一一九宋紀永初三年補。

〔八〕陳留太守嚴稜爲虜所獲　「嚴稜」，原作「嚴慢」，據魏書卷二九奚斤傳、卷九七島夷劉裕傳、通鑑卷一一九宋紀永初三年改。

〔九〕并力向廣等力不敵　張森楷校勘記：「當疊『廣等』二字。」

〔一〇〕鄭兵與公孫表及宋兵將軍交州刺史交阯侯普幾萬五千騎　「普幾」，即魏書卷三〇周幾傳之周幾。魏書卷一一三官氏志九：「獻帝以（中略）次兄爲普氏，後改爲周氏。」

〔一〕德祖於城内穴地　「地」，原作「城」，據册府卷三九九、通鑑卷一一九宋紀景平元年改。

〔二〕虜又遣楚兵將軍徐州刺史安平公涉歸幡能健越兵將軍青州刺史臨菑侯薛道千陳兵將軍淮州刺史壽張子張模東擊青州　通鑑卷一一九宋紀景平元年：「魏叔孫建入臨淄，所向城邑皆潰。」考異云：「本紀亦云『安平公涉歸寇青州』。按後魏書無涉歸等姓名，蓋皆胡中舊名，即叔孫建等也。」孫彪考論卷四：「按魏書，涉歸幡能健即叔孫建也。叔孫本姓乙旃氏，檀道濟傳作乙旃眷，此作涉歸幡能健，皆語音轉譯，無定字。」按魏書卷一一三官氏志九：「獻帝又命叔父之胤曰乙旃氏，後改爲叔孫氏。」涉歸幡蓋乙旃之異譯。

〔三〕車騎參軍王玄謨領千人　「參軍」，原作「將軍」。孫彪考論卷四：「玄謨時不得爲車騎將軍。蓋『參軍』之誤。」按孫説是，今據改。

〔四〕使劉粹召高道瑾還壽陽　「陽」字原闕，據殿本、局本、通鑑卷一一九宋紀景平元年補。

〔五〕若沈叔狸已進　「進」，原作「追」，據通鑑卷一一九宋紀景平元年改。

〔六〕劉粹使助高道瑾戍　「使」，原作「便」，據通鑑卷一一九宋紀景平元年改。

〔七〕回風轉爓　「爓」，原作「爤」，據殿本、局本改。

〔八〕元德因留綏撫　「留」，原作「苗」，孫彪考論卷四：「『苗』當作『留』。」按孫説是，今據改。

〔九〕破高平郡所統高平方與任城金鄉亢父等五縣　「任城」，原作「住城」，據殿本、局本改。「亢父」，原作「抗父」，據殿本改。孫彪考論卷四：「『抗』當爲『亢』。」按亢父，見本書卷三五州郡志一兗州。

〔二〇〕移鎮長廣之不其城　「不其」，原作「不期」，殿本考證：「當作『不其』。」今改正。按本書卷三六州郡志二青州長廣太守下有不其縣。

〔二一〕虁以固守功　原作「下以固守以功」，南監本作「虁以固守以功」，汲本、局本作「下虁固守以功」。殿本考證：「『下』，一本作『虁』，謂竺虁也。『下以固守以功』六字，當去一『以』字，作『虁以固守功』五字。」今據以訂正。

〔二二〕虎牢被圍二百日　「虎牢」二字原闕，據册府卷二一七、卷三九九、通鑑卷一一九宋紀景平元年補。

〔二三〕德祖唯保一城　原作「一保一城」，北監本、汲本、殿本、局本作「共保一城」，册府卷三九九作「德祖惟保一城」，今據通鑑卷一一九宋紀景平元年訂補。

〔二四〕每答表書　「答」，原作「益」，據通鑑卷一一九宋紀景平元年改。

〔二五〕沈叔狸屯高橋　「叔」字原闕，據局本、通鑑卷一一九宋紀景平元年及本卷上文補。

〔二六〕司空徐羨之尚書傅亮領軍將軍謝晦表曰　按本書卷四三傅亮傳，傅亮於少帝即位後進位爲尚書令。疑「尚書」下佚「令」字。

〔二七〕德祖滎陽陽武人也　「陽武」，原作「南武陽」，據晉書卷八一毛寶傳改。洪頤煊諸史考異卷五：「『南武陽』當是『陽武』之訛。」孫虨考論卷四：「毛德祖，晉書有傳，當云滎陽陽武人。」

〔二八〕斬賊寧朔將軍趙玄石於柏谷　「趙玄石」，本書卷四五王鎮惡傳、晉書卷一一九姚泓載記作「趙玄」。

〔二九〕以德祖督司州之河東平陽二郡諸軍　「諸軍」，晉書卷八一毛寶傳附毛德祖傳作「軍事」。據本書文例，「諸軍」下有「事」字是。

〔三〇〕又除督司州之河東平陽河北雍州之京兆豫州之潁川兗州之陳留九郡軍事滎陽太守　晉書卷八一毛寶傳附毛德祖傳亦云德祖是時督九郡軍事，然九郡數之衹六郡，當有脱誤。按德祖既爲滎陽太守，則當督滎陽軍事，其餘二郡則未可知。

〔三一〕少帝曰　「少帝」下，文選卷五七顏延年陽給事誄有「詔」字，疑是。

〔三二〕投命均節　「均節」，文選卷五七顏延年陽給事誄作「徇節」。

〔三三〕龍驤將軍兗州刺史徐琰東郡太守王景度並坐失守　「東郡」，原作「東陽」，據魏書卷三太宗紀、卷二九奚斤傳、卷九七島夷劉裕傳及本卷上文改。

〔三四〕又毁壞鍾離城　「鍾離城」，通鑑卷一一九宋紀景平元年作「鍾城」，胡注：「在泰山界。」按鍾離在今安徽鳳陽，魏兵時尚未能到此，似以作「鍾城」爲是。

〔三五〕生禽赫連昌于安定　原作「生禽赫連昌中山王安定」十字。孫虨考論卷四：「按斤時軍安定，『中山王』三字疑誤文。又按『王』當作『于』，『中山』二字衍。」按孫説是，今訂正。

〔三六〕赫連氏有名衞臣者　孫虨考論卷四：「『赫連氏』上當著『初』字。」按衞臣，魏書卷九五鐵弗劉虎傳附衞辰傳、晉書卷一三〇赫連勃勃載記作衞辰，蓋音譯無定字。

〔三七〕以道懷二州士民　孫彪考論卷四：「『懷』下蓋脱『遠』字。」

〔三八〕虜悉斂河南一戍歸河北　按本書卷六五杜驥傳：「索虜撤河南戍悉歸河北。」魏書卷三〇安同傳附安頡傳：「攝河南三鎮北渡。」南史卷二五到彦之傳：「魏滑臺、虎牢、洛陽守兵並走。」「一戍」疑誤。孫彪考論卷四：「『一戍』當作『諸戍』。」

〔三九〕尹沖及司馬滎陽太守崔模抗節不降投塹死　按魏書卷四上世祖紀上、卷三〇安同傳、卷九七島夷劉裕傳，尹沖於虎牢抗節不屈，力竭投城而死。魏書卷二四崔玄伯傳，崔模是役降於北魏，後賜爵武陵男。此載尹沖與崔模俱抗節而死，誤。通鑑卷一二一宋紀元嘉七年云是時「尹沖及滎陽太守清河崔模降魏」，亦誤。

〔四〇〕虜鎮東將軍武昌王宜勒庫莫提移書益梁二州　「鎮東將軍」，魏書卷一六道武七王河南王曜傳附提傳作「鎮東大將軍」。「宜勒」，當是「直勤」之訛。據魏書道武七王傳，時武昌王提爲平原鎮都大將。

〔四一〕逮我烈祖重之聖明應運龍飛廓清燕趙　按烈祖謂道武帝拓跋珪。魏書卷一〇八之一禮志四之一，高祖太和十五年「四月，經始明堂，改營太廟。詔曰：『祖有功，宗有德，自非功德厚者，不得擅祖宗之名。（中略）烈祖有創基之功，世祖有開拓之德，宜爲祖宗，百世不遷。而遠祖平文功未多於昭成，然廟號爲太祖；道武建業之勳，高於平文，廟號爲烈祖。比功校德，以爲未允。朕今奉尊道武爲太祖』」云云。據是則北魏道武帝廟號初爲烈祖，孝文帝太和十五年後，始改稱太祖，正位七室之首。魏收魏書於禮志載其事，而於本紀略之。或謂「烈祖」當作「太祖」，非是。

〔四二〕使持節侍中都督雍秦二州諸軍事安西將軍建興公吐奚愛弼　吐奚愛弼即古弼。通鑑卷一二四宋紀元嘉十九年：「魏主使安西將軍古弼督隴右諸軍及殿中虎賁。」考異云：「宋索虜傳作『吐奚愛弼』，氏胡傳作『吐奚弼』，蓋其舊姓。今從後魏書。」按魏書卷一一三官氏志九：「吐奚氏，後改爲古氏。」

〔四三〕使持節侍中都督秦雍梁益四州諸軍事安西將軍開府儀同三司淮陰公皮豹子　「秦」字原闕，據魏書卷五一皮豹子傳補。孫虨考論卷四：「『雍』上當有『秦』字。」又「安西將軍」，魏書卷四下世祖紀下作「征西將軍」。據魏書卷五一皮豹子傳、卷一〇五天象志之一，皮豹子領兵侵宋時所任乃征西將軍。疑「安西」爲「征西」之訛。又「開府」上原衍「啓」字，今删。又魏書卷四下世祖紀下、卷三七司馬楚之傳、卷五一皮豹子傳，皮豹子以淮陽公督諸軍南侵，疑「淮陰」爲「淮陽」之訛。

〔四四〕使持節都督洛豫州及河内諸軍事鎮南大將軍開府儀同三司淮南王直勤它大翰爲其後繼「直勤」，原作「直勒」，今改正。下文作「直懃」，「直懃」即「直勤」，「特勤」之異譯，皆魏主子弟之稱。參見本書卷六五校勘記〔一五〕、卷七二文九王傳校勘記〔四〕。

〔四五〕在之一亡十　孫彪考論卷四：「『在之』疑誤。」吴金華續議以爲「在之」二字當是「得」字之殘誤。「得一亡十」，語出漢書卷九五南粵傳載漢文帝書：「得一亡十，朕不忍爲也。」

〔四六〕吾等別愛後自馳檄相譬書　孫彪考論卷四：「『愛』字疑衍，『書』字疑訛。」

〔四七〕魏爾時祇德悔禍　「禍」，原作一字空格，據三朝本、南監本、北監本、汲本、殿本、局本補。

〔四八〕饋餼之秩　「秩」，原作「秋」，據通鑑卷一二四宋紀元嘉二十二年改。孫彪考論卷四：「『秋』當作『秩』。」

〔四九〕二十三年　按魏書卷四下世祖紀下、卷一〇五天象志之三、通鑑卷一二四宋紀元嘉二十二年皆記蓋吴反於杏城在太平真君六年九月，即宋元嘉二十二年。

〔五〇〕屠各反叛吴自攻之爲流矢所中死　按魏書卷四下世祖紀下載蓋吴於太平真君七年（即元嘉二十三年）八月，「爲其下人所殺」，魏書卷四〇陸俟傳、通鑑卷一二四宋紀元嘉二十三年謂殺蓋吴者，乃其二叔。

〔五一〕綏遠將軍汝陽潁川二郡太守郭道隱並棄城奔走　「汝陽」，原作「汝南」，據本書卷五文帝紀改。

〔五二〕遣右軍行參軍陳憲行郡事　「右軍」，原作「左軍」，按下文文帝詔稱「右軍行參軍、行汝南新蔡二郡軍事陳憲」，今據改。時南平王鑠爲右將軍、豫州刺史，陳憲蓋爲其參佐。

〔五三〕燾遣從弟永昌王庫仁真步騎萬餘　按魏書卷一七明元六王永昌王健傳，永昌王仁爲燾從子，非從弟。孫虨考論卷四：「據魏書，永昌王仁，燾從子，非弟也。宋書屢見，以爲從弟。」

〔五四〕舉參軍劉泰之自代　「劉泰之」，魏書卷四下世祖紀下作「劉坦之」。

〔五五〕武陵國左常侍杜幼文五人　「武陵國」，原作「武陵園」，據殿本、局本改。

〔五六〕謙之領泰之軍副殿中將軍程天祚督戰　「軍副」，原作「軍嗣」。孫虨考論卷四：「按文義，『嗣』字疑『副』字之誤，連上爲句，泰之則軍主也。列傳『軍副』屢見。」按孫說是，今據改。

〔五七〕不若彼翳行竊步也　「不若」二字，原作「否」一字，據通鑑卷一二五宋紀元嘉二十七年訂正。

〔五八〕彼募人以來　「彼」、「以來」三字原闕，據通鑑卷一二五宋紀元嘉二十七年補。

〔五九〕取彼亦不須我兵刃　「不」字原闕，據通鑑卷一二五宋紀元嘉二十七年補。

〔六〇〕去春南巡　「去春」，通鑑卷一二五宋紀元嘉二十七年作「今春」。按上文云「元嘉二十七年」，則「去春」，乃指元嘉二十六年。然元嘉二十六年北魏並無南侵之事，疑通鑑是。

〔六一〕傖人謂換易爲博　此七字原作正文，孫虨考論卷四：「『傖人謂換易爲博』句，非魏主書中所有，蓋史臣注文也。沈書往往有小注，而傳寫誤爲大字。」按孫說是，今改爲注文。

〔六二〕統輔國將軍楊文德宣威將軍巴西梓潼二郡太守劉弘宗　「宣威將軍」，原作「宣武將軍」，據魏書卷九七島夷劉裕傳改。按本書百官志，有宣威將軍，無宣武將軍。

〔六三〕部龍驤將軍杜坦寧遠將軍竟陵太守南城縣開國侯劉德願　「杜坦」，原作「枝坦」，據魏書卷九七島夷劉裕傳、通鑑卷一二五宋紀元嘉二十七年改。

〔六四〕稜威震滲　殿本考證：「滲字不見字書，疑作殄，謂震懾而殄滅之也。」孫虨考論卷四：「『滲』實『嵾』字誤，郭璞江賦『厓隒爲之泐嵾』，義同。」

〔六五〕揚南徐兗江四州富有之民家資滿五十萬僧尼滿二十萬者並四分換一　「五十萬」，原作「五千萬」，「二十萬」，原作「二千萬」，今並據通典卷一一食貨一一、通鑑卷一二五宋紀元嘉二十七年訂正。

〔六六〕過此率計　「計」，原作「討」，據通典卷一一食貨一一改。孫虨考論卷四：「『率討』當爲『率計』。」

〔六七〕從弟高梁王阿斗埿自青州道　「高梁王阿斗埿」，本書卷七四魯爽傳作「僞高梁王阿叔泥」，魏書卷四下世祖紀下、通鑑卷一二五宋紀元嘉二十七年作「高涼王那」。按魏書卷一四神元平文諸帝子孫高涼王孤傳有高涼王那。

〔六八〕遣楚王樹洛真南康侯杜道儁進軍清西　「楚王樹洛真」，魏書卷四下世祖紀下、卷一八太武五王傳、通鑑卷一二五宋紀元嘉二十七年作「楚王建」。

〔六九〕趨苞橋至欲渡清西　「苞橋」，水經注卷二五泗水作「泡橋」。泗水下納泡水，有清水之稱，即所謂清泗，故泗水入淮之口稱清口。「清西」，三朝本、南監本、北監本、汲本、殿本、局本作「清河」。

〔七〇〕司馬到元度守蒜山　「蒜山」，原作「耘山」，據南監本、汲本、殿本、局本改。

〔七一〕自採石至于暨陽　「暨陽」，原作「既陽」，據殿本、局本、通鑑卷一二五宋紀元嘉二十七年改。按本書卷三五州郡志一，南徐州晉陵郡有暨陽縣。

〔七二〕前將軍徐湛之守石頭倉城　按本書卷七一徐湛之傳，徐湛之元嘉二十四年爲前軍將軍、南兗州刺史，二十六年爲丹陽尹，前軍將軍如故。

〔七三〕又募人賫冶葛酒置空村中　「冶葛酒」，通鑑卷一二五宋紀元嘉二十七年作「野葛酒」，胡注：「野葛有毒，食之殺人。」

〔七四〕是歲燾病死　北魏太武帝之卒年，本書卷五文帝紀繫於元嘉二十九年，魏書卷四下世祖紀下繫於魏正平二年，即宋元嘉二十九年。此云「是歲」，誤。

〔七五〕燾怒賜死　北史卷一六魏太武五王晉王伏羅傳，晉王伏羅太平真君八年薨，非爲燾所殺。按通鑑卷一二五宋紀元嘉二十四年考異以爲宋書索虜傳乃「出於傳聞」。

〔七六〕次曰吳王名可博真次曰楚王名樹洛真　北史卷一六魏太武五王南安王余傳，南安王余，初封吳王，可博真即余之鮮卑名。廣陽王建，初封楚王，樹洛真即建之鮮卑名。據北史，建實爲兄，余實爲弟，宋書兄弟倒置，蓋鄰國傳聞之誤。

〔七七〕而立濬爲主號年爲正平　按魏書卷四下世祖紀下、卷五高宗紀，正平爲魏太武帝拓跋燾年號，燾正平二年三月卒，次年十月文成帝拓跋濬即帝位，改年號爲興安。此云「正平」，亦鄰國傳聞之誤。

〔七八〕柳元景王玄謨顏竣謝莊檀和之褚湛之以爲不宜許　「顏竣」，原作「顧竣」，今改正。

〔七九〕今宋室衰微　「宋室」，原作「宗室」，據局本改。

〔八〇〕僞使持節散騎常侍都督徐南北兗青冀幽七州豫州之梁郡諸軍事征北將軍儀同三司徐州刺史義陽王昶　七州數之祇六州，當有誤。本書卷七二文九王傳，義陽王昶北奔前都督徐兗南兗青冀幽六州豫州之梁郡諸軍事。

〔八一〕侍中尚書左僕射安西大將軍平北公直懃美晨　美晨即魏書之宜都王目辰。據魏書卷一四神元平文諸帝子孫宜都王目辰傳，目辰未嘗封平北公。魏書卷七上高祖紀上、卷五一呂羅漢傳皆云其是時爲南平公。

〔八二〕使持節征南大將軍勃海王直懃天賜　此即魏書卷一九上景穆十二王傳上之汝陰王天賜，和平三年封，未記其有封勃海王事。

〔八三〕使持節征南將軍京兆王直懃子推　「推」字原闕，據魏書卷一九上景穆十二王傳上京兆王子推傳補。

〔八四〕使持節征南大將軍宜陽王直懃新成　此即魏書卷一九上景穆十二王傳上之陽平王新成，太安三年封，未記其有封宜陽王事。

〔八五〕自索虜破慕容據有中國　「慕容」下原衍「鑾馬二萬餘人攻圍義陽」十字，係上文重出，今刪去。

〔八六〕翦我伊瀍　「瀍」，原作「涠」，據南監本、殿本、局本改。按涠，瀍之訛字。

〔八七〕捐州亘水　張森楷校勘記：「『州』當作『舟』。」

宋書卷九十六

列傳第五十六

鮮卑吐谷渾

阿柴虜吐谷渾，遼東鮮卑也。父弈洛韓，有二子，長曰吐谷渾，少曰若洛廆〔一〕。若洛廆別爲慕容氏。渾庶長，廆正嫡。父在時，分七百戶與渾〔二〕，渾與廆二部俱牧馬，馬鬭相傷，廆怒，遣信謂渾曰：「先公處分，與兄異部，牧馬何不相遠，而致鬭爭相傷？」渾曰：「馬是畜生，食草飲水，春氣發動，所以致鬭。鬭在於馬，而怒及人邪。永別甚易〔三〕，今當去汝萬里。」於是擁馬西行，日移一頓，頓八十里。經數頓，廆悔悟，深自咎責，遣舊父老及長史乙那樓追渾令還〔四〕。渾曰：「我乃祖以來，樹德遼右，又卜筮之言，先公有二子，福胙並流子孫。我是卑庶，理無並大，今以馬致別，殆天所啓。諸君試擁馬令東，馬若還東，我當相隨去。」樓喜拜曰：「處可寒。」虜言「處可寒」，宋言爾官家也。即使所從二千騎共遮馬令回，不盈三百步，欻然悲鳴突走，聲若頹山。如是者十餘輩，一向一遠。樓力屈，又跪曰：「可寒，此非復人事。」渾謂其部落曰：「我兄弟子孫，並應昌盛，廆當傳子及曾孫玄孫，其間可百餘年，我乃玄孫間始當顯耳。」於是遂西附陰山。遭晉亂，遂得上隴。後廆追思渾，作阿干之歌。鮮卑呼兄爲「阿干」。廆子孫竊號，以此歌爲輦後大曲。

渾既上隴，出罕幵、西零。西零，今之西平郡，罕幵，今枹罕縣。自枹罕以東千餘里，暨甘松，西至河南，南界昂城、龍涸。自洮水西南，極白蘭，數千里中，逐水草，廬帳居，以肉酪爲糧。西北諸雜種謂之爲阿柴虜。

渾年七十二死，有子六十人，長吐延嗣。吐延身長七尺八寸，勇力過人，性刻暴，爲昂城羌酋姜聰所刺，劍猶在體，呼子葉延，語其大將絶拔渥曰〔五〕：「吾氣絶，棺斂訖，便遠去保白蘭。白蘭地既嶮遠，又土俗懦弱，易爲控御。葉延小，意乃欲授與餘人，恐倉卒終不能相制。今以葉延付汝，汝竭股肱之力以輔之，孺子得立，吾無恨矣。」抽劍而死。嗣位十三年，年三十五。有子十二人。

葉延少而勇果，年十歲，縛草爲人，號曰姜聰，每旦輒射之，射中則喜，不中則號叫泣涕。其母曰：「讎賊諸將已屠膾之，汝年小，何煩朝朝自苦如此。」葉延嗚咽不自勝，答母曰：「誠知無益，然葉延罔極之心，不勝其痛耳。」性至孝，母病，三日不能食，葉延亦不食。頗視書傳，自謂曾祖弈洛韓始封昌黎公，曰：「吾爲公孫之子。案禮，公孫之子，得氏王父字。」命姓爲吐谷渾氏。嗣立二十三年，年三十三〔六〕。有子四人。

長子碎奚立。碎奚性純謹，三弟專權，碎奚不能制，諸大將共誅之。碎奚憂哀不復攝事，遂立子視連爲世子〔七〕，委之事，號曰「莫賀郎」。「莫賀」，宋言父也。碎奚遂以憂死。在位二十五年，年四十二。有子六人。子視連以父憂卒，不遊娛，不酣宴。在位十五年，年四十二。有子二人，長曰視羆，次烏紇提〔八〕。視羆嗣立十一年，年四十二〔九〕。子樹洛干等並小，弟烏紇提立。紇提立八年，年三十五。視羆子樹洛干立，自稱車騎將軍，義熙初也。

樹洛干死，弟阿犲自稱驃騎將軍。譙縱亂蜀，阿犲遣其從子西彊公吐谷渾敕來泥拓土至龍涸、平康。少帝景平中，阿犲遣使上表獻方物。詔曰：「吐谷渾阿犲介在遐表，慕義可嘉，宜有寵任。今酬其來款，可督塞表諸軍事、安西將軍、沙州刺史、澆河公。」未及拜受，太祖元嘉三年，又詔加除命。未至而阿犲死，弟慕璝立。六年，表曰：「大宋應運，四海宅心，臣亡兄阿犲慕義天朝，款情素著。去年七月五日，謁者董湛至，宣傳明詔，顯授榮爵，而臣私門不幸，亡兄見背。臣以懦弱，負荷後任，然天恩所報，本在臣門，若更反覆，懼停信命。輒拜受寵任，奉遵上旨，伏願詳處，更授章策。」七年，詔曰：「吐谷渾慕璝兄弟慕義，至誠可嘉，宜授策爵，以甄忠款。可督塞表諸軍事、征西將軍、沙州刺史、隴西公。」

先是晉末，金城東允街縣胡人乞伏乾歸擁部衆據洮河、罕幵，自號隴西公。乾歸死，子熾磐立，遣使詣晉朝歸順，以爲使持節、都督河西諸軍事、平西將軍，公如故。高祖即位，進號安西大將軍。熾磐死，子茂蔓立〔一〇〕。慕璝前後屢遣軍擊，茂蔓率部落東奔隴右，慕璝據有其地。是歲，赫連定於長安爲索虜拓跋燾所攻，擁秦户口十餘萬西次罕幵，欲向涼州，慕璝距擊，大破之，生擒定。燾遣使求，慕璝以定與之。九年，慕璝遣司馬趙敍奉貢獻，并言二萬人捷。太祖加其使持節、散騎常侍、都督西秦河沙三州諸軍事、征西大將軍、西秦河二州刺史、領護羌校尉，進爵隴西王。弟慕延爲平東將軍，慕璝兄樹洛干子拾寅爲平北將軍〔一一〕，阿豺子緯代鎮軍將軍。詔慕璝南國將士，昔沒在佛佛者，並悉致。慕璝遣送朱昕之等五十五户，一百五十四人。

慕璝死，弟慕延立〔一二〕，遣使奉表。十五年，除慕延使持節、散騎常侍、都督西秦河沙三州諸軍事、鎮西大將軍〔一三〕、領護羌校尉、西秦河二州刺史、隴西王。十六年，改封河南王。其年，以拾虔弟拾寅爲平西將軍，慕延庶長子繁暱爲撫軍將軍，慕延嫡子琬爲左將軍、河南王世子。十九年，追贈阿犲本號安西、秦沙三州諸軍事、沙州刺史、領護羌校尉、隴西王〔一四〕。索虜拓跋燾遣軍擊慕延，大破之，慕延率部落西奔白蘭，攻破于闐國。慮虜復至，二十七年，遣使上表云：「若不自固者，欲率部曲入龍涸越嶲門。」并求牽車，獻烏丸帽、女國金酒器、胡王金釧等物。太祖賜以牽車，若虜至不自立，聽入越嶲。虜竟不至也。

慕延死，拾寅自立。二十九年，以拾寅爲使持節、督西秦河沙三州諸軍事、安西將軍、領護羌校尉、西秦河二州刺史、河南王。拾寅東破索虜，加開府儀同三司。世祖大明五年，拾寅遣使獻善舞馬，四角羊。皇太子、王公以下上舞馬歌者二十七首。太宗泰始三年，進號征西大將軍。五年，拾寅奉表獻方物，以弟拾皮爲平西將軍、金城公。後廢帝又進號車騎大將軍〔一五〕。

其國西有黃沙，南北一百二十里，東西七十里，不生草木，沙州因此爲號。屈真川有鹽池，甘谷嶺北有雀鼠同穴，或在山嶺，或在平地，雀色白，鼠色黃，地生黃紫花草，便有雀鼠穴。白蘭土出黃金、銅、鐵。其國雖隨水草，大抵治慕賀川〔一六〕。

史臣曰：吐谷渾逐草依泉，擅彊塞表，毛衣肉食，取資佃畜，而錦組繒紈，見珍殊俗，徒以商譯往來，故禮同北面。自昔哲王，雖存柔遠，要荒回隔，禮文弗被，大不過子，義著春秋。晉、宋垂典，不脩古則，遂爵班上等，秩擬台光。辮髮稱賀，非尚簪冕，言語不通，寧敷衮職。雖復苞篚歲臻，事惟賈道，金罽氈毦，非用斯急，送迓煩擾，獲不如亡。若令肅慎年朝，越常歲饗，固不容以異見書，取高前策。聖人謂之荒服，此言蓋有以也。

校勘記

〔一〕父弈洛韓有二子長曰吐谷渾少曰若洛廆　「弈洛韓」，晉書卷九七西戎吐谷渾傳、卷一〇六石季龍載記上、卷一〇八慕容廆載記、御覽卷一二一引崔鴻十六國春秋前燕録、通典卷一九〇邊防六作「涉歸」。「若洛廆」，晉書慕容廆載記、御覽卷一二一引十六國春秋前燕録作「弈洛瓌」，南史卷七九西戎河南傳作「廆洛干」。

〔二〕分七百户與渾　「七百户」，晉書卷九七西戎吐谷渾傳作「一千七百家」。

〔三〕永別甚易　「永別」，南監本、殿本、局本、北史卷九六吐谷渾傳、晉書卷九七西戎吐谷渾傳作「乖別」。

〔四〕遣舊父老及長史乙那樓追渾令還　「乙那樓」，晉書卷九七西戎吐谷渾傳作「史那樓馮」，北史卷九六吐谷渾傳作「七那樓」。按魏書卷一一三官氏志九，一那蔞氏後改爲蔞氏。乙那樓蓋一那蔞之異譯。宋書但稱其姓，晉書則著其名曰馮。下云「樓喜拜曰」，本書蓋誤以「乙那」爲姓，「樓」爲其名。

〔五〕語其大將絶拔渥曰　「絶拔渥」，魏書卷一〇一吐谷渾傳作「紇拔埿」，晉書卷九七西戎吐谷渾傳作「紇拔泥」，北史卷九六吐谷渾傳作「絶拔埿」。

〔六〕嗣立二十三年年三十三　「年三十三」，原作「年四十三」，據晉書卷九七西戎吐谷渾傳改。按上云年十歲，父死，此云嗣立二十三年，則當作「年三十三」。

〔七〕遂立子視連爲世子　「視連」，原作「祝連」，據三朝本、南監本、北監本、汲本、殿本、局本、晉書卷九七西戎吐谷渾傳、北史卷九六吐谷渾傳改。

〔八〕有子二人長曰視羆次烏紇提　魏書卷一〇一吐谷渾傳、北史卷九六吐谷渾傳皆云視羆爲視連之弟。

〔九〕視羆嗣立十一年年四十二　晉書卷九七西戎吐谷渾傳云視羆「在位十一年，年三十三卒」。按下文云視羆卒後，「子樹洛干等並小，弟烏紇提立」。若視羆年四十二卒，則諸子不當並小。疑「四十二」爲「三十三」之訛。

〔一〇〕子茂蔓立　「茂蔓」，魏書卷九九鮮卑乞伏國仁傳、御覽卷三五〇引崔鴻西秦録作「暮末」，魏書卷四上世祖紀上、晉書卷一二五乞伏熾磐載記、御覽卷一二七引崔鴻十六國春秋西秦録作「慕末」。通典卷一九〇邊防六作「茂蔓」，本注云：「茂音戊。」

〔一一〕慕璝兄樹洛干子拾寅爲平北將軍　「拾寅」，本書卷五文帝紀作「拾虔」。按下文云元嘉十六年，「以拾虔弟拾寅爲平西將軍」，本書文帝紀記在是年六月癸丑。拾虔於拾寅爲兄，理應先於拾寅拜官，且拾寅若於元嘉九年已爲平北將軍，則十六年時又不當改爲平西將軍。疑「拾寅」乃「拾虔」之訛。

〔二〕弟慕延立　「慕延」，本書卷五文帝紀作「慕容延」，北史卷九六吐谷渾傳作「慕利延」，通鑑卷一二二宋紀元嘉八年考異云：「十六國春秋作『没利延』。」

〔三〕鎭西大將軍　「鎭」，原作「領」，據南監本、北監本、汲本、局本改。

〔四〕追贈阿犲本號安西秦沙三州諸軍事沙州刺史領護羌校尉隴西王　「秦沙」上應有「都督」二字。又三州數之僅二州之數，按上文載元嘉九年文帝以慕璝爲「都督西秦河沙三州諸軍事」，十五年又以慕延爲「都督西秦河沙三州諸軍事」，則十九年時追贈阿犲亦應爲都督西秦河沙三州諸軍事。疑「秦沙三州」當作「西秦河沙三州」。

〔五〕後廢帝又進號車騎大將軍　「後廢帝」，原作「前廢帝」。按本書卷九後廢帝紀云元徽三年九月丙辰，「征西大將軍河南王吐谷渾拾寅進號車騎大將軍」，今據改。

〔六〕大抵治慕賀川　「慕賀川」，原作「慕賀州」，南齊書卷五九河南傳作「慕駕川」。北史卷九六吐谷渾傳、通典卷一九〇邊防六作「伏羅川」，「伏羅川」即「慕賀川」之異譯。則「州」爲「川」字之訛，今改正。

宋書卷九十七

列傳第五十七

夷蠻

林邑國　扶南國　訶羅陁國　呵羅單國　媻皇國
媻達國　闍婆婆達國　師子國　天竺迦毗黎國
高句驪國　百濟國　倭國　荆雍州蠻　豫州蠻

南夷、西南夷，大抵在交州之南及西南，居大海中洲上，相去或三五千里，遠者二三萬里，乘船舉帆，道里不可詳知。外國諸夷雖言里數，非定實也。

南夷林邑國，高祖永初二年，林邑王范陽邁遣使貢獻，即加除授。太祖元嘉初，侵暴日南、九德諸郡，交州刺史杜弘文建牙聚衆欲討之，聞有代，乃止。七年，陽邁遣使自陳與交州不睦，求蒙恕宥。八年，又遣樓船百餘寇九德，入四會浦口，交州刺史阮彌之遣隊主相道生三千人赴討，攻區粟城不剋，引還。林邑欲伐交州，借兵於扶南王，扶南不從。十年，陽邁遣使上表獻方物，求領交州，詔答以道遠，不許。十二、十五、十六、十八年，頻遣貢獻，而寇盜不已，所貢亦陋薄。

太祖忿其違慠，二十三年，使龍驤將軍、交州刺史檀和之伐之，遣太尉府振武將軍宗慤受和之節度。和之遣府司馬蕭景憲爲前鋒，慤仍領景憲軍副。陽邁聞將見討，遣使上表，求還所略日南民户，奉獻國珍。太祖詔和之：「陽邁果有款誠，許其歸順。」其年二月，軍至朱梧戍，遣府户曹參軍日南太守姜仲基、前部賊曹參軍蟜弘民隨傳詔畢願、高精奴等宣揚恩旨。陽邁執仲基、精奴等二十八人，遣弘民反命，外言歸款，猜防愈嚴。景憲等乃進軍向區粟城，陽邁遣大帥范扶龍大戍區粟，又遣水步軍徑至。景憲破其外救，盡鋭攻城，五月，剋之，斬扶龍大首，獲金銀雜物不可勝計。乘勝追討，即剋林邑，陽邁父子並挺身奔逃，所獲珍異，皆是未名之寶。上嘉將帥之功，詔曰：「林邑介恃遐險，久稽王誅。龍驤將軍、交州刺史檀和之忠果到列，思略經濟，禀命攻討，萬里推鋒，法命肅齊，文武畢力，潔己奉公，以身率下，故能立勳海外，震服殊俗。宜加褒飾，參管近侍，可黄門侍郎，領越騎校尉、行建武將軍。龍驤司馬蕭景憲協贊軍首，勤捷顯著，總勒前驅，剋殄巢穴，必能威服荒夷，撫懷民庶。可持節、督交州廣州之鬱林寧浦二郡諸軍事、建威將軍、交州刺史。」龍驤司馬童林之、九真太守傅蔚祖戰死，並贈給事中。

世祖孝建二年，林邑又遣長史范龍跋奉使貢獻，除龍跋揚武將軍。大明二年，林邑王范神成又遣長史范流奉表獻金銀器及香布諸物。太宗泰豫元年，又遣使獻方物。

初，檀和之被徵至豫章，值豫章民胡誕世等反，因討平之，并論林邑功，封雲杜縣子〔一〕，食邑四百户。和之，高平金鄉人，檀憑子也。太祖元嘉二十七年，自太子左衛率爲世祖鎮軍司馬、輔國將軍、彭城太守。元凶弒立，以爲西中郎將、雍州刺史〔二〕。世祖入討，加輔國將軍，統豫州戍事，因出南奔。世祖即位，以爲右衛將軍。孝建二年，除輔國將軍、豫州刺史，不行，復爲右衛，加散騎常侍。三年，出爲南兖州刺史〔三〕，坐酣飲黷貨，迎獄中女子入内，免官禁錮。其年卒，追贈左將軍，謚曰襄子。

廣州諸山並俚、獠，種類繁熾，前後屢爲侵暴，歷世患苦之。世祖大明中，合浦大帥陳檀歸順，拜龍驤將軍。四年，檀表乞官軍征討未附，乃以檀爲高興太守，將軍如故。遣前朱提太守費沈、龍驤將軍武期率衆南伐，并通朱崖道，並無功，輒殺檀而反，沈下獄死。

扶南國，太祖元嘉十一、十二、十五年，國王持黎跋摩遣使奉獻。

西南夷訶羅陁國，元嘉七年，遣使奉表曰：

伏承聖王，信重三寶，興立塔寺，周滿國界。城郭莊嚴，清淨無穢，四衢交通，廣博平坦。臺殿羅列，狀若衆山，莊嚴微妙，猶如天宮。聖王出時，四兵具足，導從無數，以爲守衛。都人士女，麗服光飾，市廛豐富，珍賄無量，王法清整，無相侵奪。學徒遊集，三乘競進，敷演正法，雲布雨潤。四海流通，萬國交會，長江眇漫，清淨深廣，有生咸資，莫能銷穢，陰陽調和，災厲不行。誰有斯美，大宋揚都，聖王無倫，臨覆上國。有大慈悲，子育萬物，平等忍辱，怨親無二，濟乏周窮，無所藏積，靡不照達，如日之明，無不受樂，猶如淨月。宰輔賢良，羣臣貞潔，盡忠奉主，心無異想。

伏惟皇帝，是我真主。臣是訶羅陁國主名曰堅鎧〔四〕，今敬稽首聖王足下，惟願大王知我此心久矣，非適今也。山海阻遠，無緣自達，今故遣使，表此丹誠。所遣二人，一名毗紉，一名婆田，今到天子足下。堅鎧微蔑，誰能知者，是故今遣二人，表此微心，此情既果，雖死猶生。仰惟大國，藩守曠遠，我即邊方藩守之一。上國臣民，普蒙慈澤，願垂恩逮，等彼僕臣。臣國先時人衆殷盛，不爲諸國所見陵迫，今轉衰弱，鄰國競侵。伏願聖王，遠垂覆護，并市易往反，不爲禁閉。若見哀念，願時遣還，令此諸國，不見輕侮，亦令大王名聲普聞，扶危救弱，正是今日。今遣二人，是臣同心，有所宣啓，誠實可信。願勑廣州時遣舶還，不令所在有所陵奪。願自今以後，賜年年奉使。今奉微物，願垂哀納。

呵羅單國治闍婆洲。元嘉七年，遣使獻金剛指鐶、赤鸚鵡鳥、天竺國白疊古貝、葉波國古貝等物。十年，呵羅單國王毗沙跋摩奉表曰：

常勝天子陛下：諸佛世尊，常樂安隱，三達六通，爲世間道，是名如來，應供正覺，遺形舍利，造諸塔像，莊嚴國土，如須彌山，村邑聚落，次第羅匝，城郭館宇，如忉利天宮，宮殿高廣，樓閣莊嚴，四兵具足，能伏怨敵，國土豐樂，無諸患難。奉承先王，正法治化，人民良善，慶無不利，處雪山陰，雪水流注，百川洋溢，八味清淨，周匝屈曲，順趣大海，一切衆生，咸得受用。於諸國土，殊勝第一，是名震旦，大宋揚都，承嗣常勝大王之業，德合天心，仁廕四海，聖智周備，化無不順，雖人是天，護世降生，功德寶藏，大悲救世，爲我尊主常勝天子。是故至誠五體敬禮。呵羅單國王毗沙跋摩稽首問訊。

其後爲子所篡奪。十三年，又上表曰：

大吉天子足下：離淫怒癡，哀愍羣生，想好具足，天龍神等，恭敬供養〔五〕，世尊威德，身光明照，如水中月，如日初出，眉間白豪〔六〕，普照十方，其白如雪，亦如月光，清淨如華，顏色照曜，威儀殊勝，諸天龍神之所恭敬，以正法寶，梵行衆僧，莊嚴國土，人民熾盛，安隱快樂。城閣高峻，如乾他山，衆多勇士，守護此城，樓閣莊嚴，道巷平正，著種種衣，猶如天服，於一切國，爲最殊勝吉。揚州城無憂天主，愍念羣生，安樂民人，律儀清淨，慈心深廣，正法治化，共養三寶，名稱遠至，一切並聞。民人樂見，如月初生，譬如梵王，世界之主，一切人天，恭敬作禮。呵羅單跋摩以頂禮足，猶如現前，以體布地，如殿陛道，供養恭敬，如奉世尊，以頂著地，曲躬問訊。

忝承先業，嘉慶無量，忽爲惡子所見爭奪，遂失本國。今唯一心歸誠天子，以自存命。今遣毗紉問訊大家，意欲自往，歸誠宣訴，復畏大海，風波不達。今命得存，亦由毗紉此人忠志，其恩難報。此是大家國，今爲惡子所奪，而見驅擯，意頗忿惋，規欲雪復。伏願大家聽毗紉買諸鎧仗袍襖及馬，願爲料理毗紉使得時還。前遣閣邪仙婆羅訶，蒙大家厚賜，悉惡子奪去，啓大家使知。今奉薄獻，願垂納受。

此後又遣使。二十六年，太祖詔曰：「訶羅單、媻皇、媻達三國，頻越遐海，款化納貢，遠誠宜甄，可並加除授。」乃遣使策命之曰：「惟爾慕義款化，效誠荒遐，恩之所洽，殊遠必甄，用敷典章，顯茲策授。爾其欽奉凝命，永固厥職，可不慎歟。」二十九年，又遣長史媻和沙彌獻方物。

媻皇國，元嘉二十六年，國王舍利媻羅跋摩遣使獻方物四十一種，太祖策命之爲媻皇國王曰：「惟爾仰政邊城，率貢來庭，皇澤凱被，無幽不洽。宜班典策，授茲嘉命。爾其祗順禮度，式保厥終，可不慎歟。」二十八年，復貢獻。世祖孝建三年，又遣長史竺那媻智奉表獻方物。以那媻智爲振威將軍。大明三年，獻赤白鸚鵡。大明八年、太宗泰始二年，又遣使貢獻。太宗以其長史竺須羅達、前長史振威將軍竺那媻智並爲龍驤將軍。

媻達國，元嘉二十六年，國王舍利不陵伽跋摩遣使獻方物。太祖策命之爲婆達國王曰：「惟爾仰化懷誠，馳慕聲教，皇風遐暨，荒服來款，是用加茲顯策，式甄義順。爾其祗順憲典，永終休福，可不慎歟。」二十六年、二十八年〔七〕，復遣使獻方物。

闍婆婆達國〔八〕，元嘉十二年，國王師黎婆達陁阿羅跋摩遣使奉表曰〔九〕：

宋國大主大吉天子足下：敬禮一切種智安隱，天人師降伏四魔，成等正覺，轉尊法輪，度脱衆生，教化已周，入于涅槃，舍利流布，起无量塔，衆寶莊嚴，如須彌山，經法流布，如日照明，無量淨僧，猶如列宿。國界廣大，民人衆多，宮殿城郭，如忉利天宮。名大宋揚州大國大吉天子，安處其中，紹繼先聖，王有四海，閻浮提内，莫不來服。悉以茲水，普飲一切，我雖在遠，亦霑靈潤，是以雖隔巨海，常遥臣屬，願照至誠，垂哀納受。若蒙聽許，當年遣信，若有所須，惟命是獻，伏願信受，不生異想。今遣使主佛大陁婆、副使葛抵奉宣微誠，稽首敬禮大吉天子足下，陁婆所啓，願見信受，諸有所請，唯願賜聽。今奉微物，以表微心。

師子國，元嘉五年〔一〇〕，國王刹利摩訶南奉表曰：

謹白大宋明主，雖山海殊隔，而音信時通。伏承皇帝道德高遠，覆載同於天地，明照齊乎日月，四海之外，無往不伏，方國諸王，莫不遣信奉獻，以表歸德之誠，或泛海三年，陸行千日，畏威懷德，無遠不至。我先王以來，唯以脩德爲正，不嚴而治，奉事三寶，道濟天下，欣人爲善，慶若在己，欲與天子共弘正法，以度難化。故託四道人遣二白衣送牙臺像以爲信誓，信還，願垂音告。

至十二年，又復遣使奉獻。

天竺迦毗黎國，元嘉五年，國王月愛遣使奉表曰：

伏聞彼國，據江傍海，山川周固，衆妙悉備，莊嚴清淨，猶如化城，宮殿莊嚴，街巷平坦，人民充滿，歡娛安樂。聖王出遊，四海隨從，聖明仁愛，不害衆生，萬邦歸仰，國富如海。國中衆生，奉順正法，大王仁聖，化之以道，慈施羣生，無所遺惜。帝修淨戒，軌道不及，無上法船，濟諸沈溺，羣寮百官，受樂無怨，諸天擁護，萬神侍衛，天魔降伏，莫不歸化。王身端嚴，如日初出，仁澤普潤，猶如大雲，聖賢承業，如日月天，於彼真丹，最爲殊勝。

臣之所住，名迦毗河，東際于海，其城四邊，悉紫紺石，首羅天護，令國安隱。國王相承，未嘗斷絶，國中人民，率皆修善，諸國來集，共遵道法，諸寺舍中，皆七寶形像，衆妙供具，如先王法。臣自修檢，不犯道禁，臣名月愛，棄世王種。

惟願大王聖體和善，羣臣百官，悉自安隱。今以此國羣臣吏民，山川珍寶，一切歸屬，五體歸誠大王足下。山海遐隔，無由朝覲，宗仰之至，遣使下承。使主父名天魔悉達，使主名尼陁達，此人由來良善忠信，是故今遣奉使表誠。大王若有所須，珍奇異物，悉當奉送，此之境土，便是王國，王之法令，治國善道，悉當承用。願二國信使往來不絕，此反使還，願賜一使，具宣聖命，備勑所宜。款至之誠，望不空反，所白如是，願加哀愍。

奉獻金剛指環、摩勒金環諸寶物、赤白鸚鵡各一頭。太宗泰始二年，又遣使貢獻，以其使主竺扶大、竺阿彌並爲建威將軍。

元嘉十八年，蘇摩黎國王那隣那羅跋摩遣使獻方物。世祖孝建二年，斤陁利國王釋婆羅那隣陁遣長史竺留陁及多獻金銀寶器。後廢帝元徽元年，婆黎國遣使貢獻。凡此諸國，皆事佛道。

佛道自後漢明帝，法始東流，自此以來，其教稍廣，自帝王至于民庶，莫不歸心，經誥充積，訓義深遠，別爲一家之學焉。元嘉十二年，丹陽尹蕭摹之奏曰：「佛化被于中國，已歷四代，形像塔寺，所在千數，進可以繫心〔一〕，退足以招勸。而自頃以來，情敬浮末，不以精誠爲至，更以奢競爲重。舊宇頹弛，曾莫之修，而各務造新，以相姱尚。甲第顯宅，於茲殆盡，材竹銅綵，糜損無極，無關神祇，有累人事。建中越制〔二〕，宜加裁檢，不爲之防，流遁末息〔一三〕。請自今以後，有欲鑄銅像者，悉詣臺自聞；興造塔寺精舍，皆先詣在所二千石通辭，郡依事列言本州；須許報，然後就功。其有輒造寺舍者，皆依不承用詔書律，銅宅林苑，悉没入官。」詔可。又沙汰沙門，罷道者數百人。

世祖大明二年，有曇標道人與羌人高闍謀反，上因是下詔曰：「佛法訛替，沙門混雜，未足扶濟鴻教，而專成逋藪。加姦心頻發，凶狀屢聞，敗亂風俗，人神交怨。可付所在，精加沙汰，後有違犯，嚴加誅坐。」於是設諸條禁，自非誡行精苦，並使還俗。而諸寺尼出入宮掖，交關妃后，此制竟不能行。

先是晉世庾冰始創議，欲使沙門敬王者，後桓玄復述其義，並不果行。大明六年，世祖使有司奏曰：「臣聞邃宇崇居，非期宏峻，拳跪槃伏，非止敬恭，將以施張四維，締制八寓。故雖儒法枝派，名墨條分，至於崇親嚴上，厥繇靡爽。唯浮圖爲教，逷自龍堆，反經提傳，訓遐事遠，練生瑩識，恒俗稱難，宗旨緬謝，微言淪隔，拘文蔽道，在末彌扇。遂乃陵越典度，偃倨尊戚，失隨方之眇迹，迷製化之淵義。夫佛法以謙儉自牧，忠虔爲道，不輕比丘，遭人斯拜〔一四〕，目連桑門，遇長則禮，寧有屈膝四輩，而簡禮二親〔一五〕，稽顙耆臘，而直體萬乘者哉。故咸康創議〔一六〕，元興載述，而事屈偏黨，道挫餘分。今鴻源遥洗，羣流仰鏡，九仙賁寶，百神聳職，而畿輦之内，舍弗臣之氓，陛席之間，延抗禮之客，懼非所以澄一風範，詳示景則者也。臣等參議，以爲沙門接見，比當盡虔禮敬之容，依其本俗，則朝徽有序，乘方兼遂矣。」詔可。前廢帝初，復舊。

世祖寵姬殷貴妃薨，爲之立寺，貴妃子子鸞封新安王，故以新安爲寺號。前廢帝殺子鸞，乃毀廢新安寺，驅斥僧徒，尋又毀中興、天寶諸寺。太宗定亂，下令曰：「先帝建中興及新安諸寺，所以長世垂範，弘宣盛化。頃遇昏虐，法像殘毀，師徒奔迸，甚以矜懷。妙訓淵謨，有扶名教。可招集舊僧，普各還本，並使材官，隨宜修復。」

宋世名僧有道生。道生，彭城人也。父爲廣武令〔一七〕。生出家爲沙門法大弟子。幼而聰悟，年十五，便能講經。及長有異解，立頓悟義，時人推服之。元嘉十一年，卒於廬山。沙門慧琳爲之誄。

慧琳者，秦郡秦縣人，姓劉氏。少出家，住冶城寺，有才章，兼外内之學，爲廬陵王義真所知。嘗著均善論，其詞曰：

有白學先生，以爲中國聖人，經綸百世，其德弘矣，智周萬變，天人之理盡矣，道無隱旨，教罔遺筌，聰叡迪哲，何負於殊論哉。有黑學道士陋之，謂不照幽冥之途，弗及來生之化，雖尚虛心，未能虛事，不逮西域之深也。於是白學訪其所以不逮云爾。

白曰：「釋氏所論之空，與老氏所言之空，無同異乎？」黑曰：「異。釋氏即物爲空，空物爲一。老氏有無兩行，空有爲異。安得同乎。」白曰：「釋氏空物，物信空邪？」黑曰：「然。空又空，不翅於空矣。」白曰：「三儀靈長於宇宙，萬品盈生於天地，孰是空哉？」黑曰：「空其自性之有，不害因假之體也。今構羣材以成大厦，罔專寢之實，積一豪以致合抱，無檀木之體，有生莫俄頃之留，泰山蔑累息之固，興滅無常，因緣無主，所空在於性理，所難據於事用，吾以爲悞矣。」白曰：「所言實相，空者其如是乎？」黑曰：「然。」白曰：「浮變之理，交於目前，視聽者之所同了邪？解之以登道場，重之以輕異學，誠未見其淵深。」黑曰：「斯理若近，求之實遠。夫情之所重者虛，事之可重者實。今虛其真實，離其浮僞，愛欲之惑，不得不去。愛去而道場不登者，吾不知所以相曉也。」白曰：「今析豪空樹，無□垂蔭之茂，離材虛室，不損輪奐之美，明無常增其愒蔭之情，陳若偏篤其競辰之慮。貝錦以繁采發輝，和羹以鹽梅致旨，齊侯追爽鳩之樂，燕王無延年之術，恐和合之辯，危脆之教，正足戀其嗜好之欲，無以傾其愛競之惑也。」黑曰：「斯固理絕於諸華，墳素莫之及也。」白曰：「山高累卑之辭，川樹積小之詠，舟壑火傳之談，堅白唐肆之論，蓋盈於中國矣，非理之奧，故不舉以爲教本耳。子固以遺情遺累，虛心爲道，而據事剖析者，更由指掌之間乎。」黑曰：「周、孔爲教，正及一世，不見來生無窮之緣，積善不過子孫之慶，累惡不過餘殃之罰，報効止於榮祿，誅責極於窮賤，視聽之外，冥然不知〔一八〕，良可悲矣。釋迦關無窮之業，拔重關之險，陶方寸之慮，宇宙不足盈其明，設一慈之救，羣生不足勝其化，敍地獄則民懼其罪，敷天堂則物歡其福，指泥洹以長歸，乘法身以遐覽，神變無不周，靈澤靡不覃，先覺翻翔於上世，後悟騰翥而不紹，坎井之局，何以識大方之家乎。」白曰：「固能大其言矣，今効神光無徑寸之明，驗靈變罔纖介之異，勤誠者不覩善救之貌，篤學者弗剋陵虛之實，徒稱無量之壽，孰見期頤之叟，咨嗟金剛之固，安覩不朽之質。苟於事不符，宜尋立言之指，遺其所寄之說也。且要天堂以就善，曷若服義而蹈道，懼地獄以敕身，孰與從理以端心。禮拜以求免罪，不由祗肅之意，施一以徼百倍，弗乘無悋之情。美泥洹之樂，生耽逸之慮，贊法身之妙，肇好奇之心，近欲未弭，遠利又興，雖言菩薩無欲，羣生固以有欲矣。甫救交敝之氓，永開利競之俗，澄神反道，其可得乎。」黑曰：「不然。若不示以來生之欲，何以權其當生之滯。物情不能頓至，故積漸以誘之。奪此俄頃，要彼無窮，若弗勤春稼，秋穡何期。端坐井底，而息意庶慮者，長淪於九泉之下矣。」白曰：「異哉！何所務之乖也。道在無欲，而以有欲要之，北行求郢，西征索越，方長迷於幽都，永謬滯於昧谷。遼遼閩、楚，其可見乎。所謂積漸者，日損之謂也。當先遺其所輕，然後忘其所重，使利欲日去，淳白自生耳。

豈得以少要多，以鹿易妙，俯仰之間，非利不動，利之所蕩，其有極哉。乃丹青眩媚綵之目〔一九〕，土木夸好壯之心，興糜費之道，單九服之財，樹無用之事，割羣生之急，致營造之計，成私樹之權，務勸化之業，結師黨之勢，苦節以要厲精之譽，護法以展陵競之情，悲矣。夫道其安寄乎。是以周、孔敦俗，弗關視聽之外，老、莊陶風，謹守性分而已。」黑曰：「三遊本於仁義，盜跖資於五善，聖跡之敝，豈有內外。且黃、老之家，符章之僞，水祝之誣，不可勝論。子安於彼，駭於此，玩於濁水，違於清淵耳。」白曰：「有跡不能不敝，有術不能無僞，此乃聖人所以桎梏也。今所惜在作法於貪，遂以成俗，不正其敝，反以爲高耳。至若淫妄之徒，世自近鄙，源流蔑然，固不足論。」黑曰：「釋氏之教，專救夷俗，便無取於諸華邪？」白曰：「曷爲其然。爲則開端，宜懷屬緒，愛物去殺，尚施周人，息心遺榮華之願，大士布兼濟之念，仁義玄一者，何以尚之。惜乎幽旨不亮，末流爲累耳。」黑曰：「子之論善殆同矣，便事盡於生乎？」白曰：「幽冥之理，固不極於人事矣。周、孔疑而不辨，釋迦辨而不實，將宜廢其顯晦之跡，存其所要之旨。請嘗言之。夫道之以仁義者，服理以從化，帥之以勸戒者，循利而遷善。故甘辭興於有欲，而滅於悟理，淡說行於天解，而息於貪僞。是以示來生者，蔽虧於道、釋不得已，杜幽闇者，冥符於姬、孔閉其兑。由斯論之，言之者未必遠，知之者未必得，不知者未必失，但知六度與五教並行，信順與慈悲齊立耳。殊塗而同歸者，不得守其發輪之轍也。」

論行於世。舊僧謂其貶黜釋氏，欲加擯斥。太祖見論賞之，元嘉中〔二〇〕，遂參權要，朝廷大事，皆與議焉。賓客輻湊，門車常有數十兩，四方贈賂相係，勢傾一時。注孝經及莊子逍遥篇、文論，傳於世。

又有慧嚴、慧議道人，並住東安寺，學行精整，爲道俗所推。時鬭場寺多禪僧，京師爲之語曰：「鬭場禪師窟，東安談義林。」世祖大明四年，於中興寺設齋。有一異僧，衆莫之識，問其名，答言名明慧，從天安寺來，忽然不見。天下無此寺名，乃改中興曰天安寺。大明中，外國沙門摩訶衍苦節有精理，於京都多出新經，勝鬘經尤見重内學。

東夷高句驪國，今治漢之遼東郡。高句驪王高璉，晉安帝義熙九年，遣長史高翼奉表獻赭白馬。以璉爲使持節、都督營州諸軍事、征東將軍、高句驪王、樂浪公。高祖踐阼，詔曰：「使持節、都督營州諸軍事、征東將軍、高句驪王、樂浪公璉，使持節、督百濟諸軍事、鎭東將軍、百濟王映，並執義海外，遠修貢職。惟新告始，宜荷國休，璉可征東大將軍，映可鎭東大將軍。持節、都督、王、公如故。」三年，加璉散騎常侍，增督平州諸軍事。少帝景平二年，璉遣長史馬婁等詣闕獻方物，遣使慰勞之，曰：「皇帝問使持節、散騎常侍、都督營平二州諸軍事、征東大將軍、高句驪王、樂浪公，纂戎東服，庸績繼軌，厥惠既彰，款誠亦著，踰遼越海，納貢本朝。朕以不德，忝承鴻緒，永懷先蹤，思覃遺澤。今遣謁者朱邵伯、副謁者王邵子等，宣旨慰勞。其茂康惠政，永隆厥功，式昭往命，稱朕意焉。」

先是，鮮卑慕容寶治中山，爲索虜所破，東走黃龍。義熙初，寶弟熙爲其下馮跋所殺，跋自立爲主，自號燕王，以其治黃龍城，故謂之黃龍國。跋死，子弘立〔二二〕，屢爲索虜所攻，不能下。太祖世，每歲遣使獻方物。元嘉十二年，賜加除授。十五年，復爲索虜所攻，弘敗走，奔高驪北豐城，表求迎接。太祖遣使王白駒、趙次興迎之，并令高驪料理資遣，璉不欲使弘南，乃遣將孫漱、高仇等襲殺之。白駒等率所領七千餘人掩討漱等，生禽漱，殺高仇等二人。璉以白駒等專殺，遣使執送之，上以遠國，不欲違其意，白駒等下獄，見原。

璉每歲遣使。十六年，太祖欲北討，詔璉送馬，璉獻馬八百匹。世祖孝建二年，璉遣長史董騰奉表慰國哀再周，并獻方物。大明三年，又獻肅慎氏楛矢石砮。七年，詔曰：「使持節、散騎常侍、督平營二州諸軍事、征東大將軍、高句驪王、樂浪公璉〔二三〕，世事忠義，作藩海外，誠係本朝，志剪殘險，通譯沙表，克宣王猷。宜加褒進，以旌純節。可車騎大將軍、開府儀同三司，持節、常侍、都督、王、公如故。」太宗泰始、後廢帝元徽中，貢獻不絕。

百濟國，本與高驪俱在遼東之東千餘里，其後高驪略有遼東，百濟略有遼西。百濟所治，謂之晉平郡晉平縣。

義熙十二年，以百濟王餘映爲使持節、都督百濟諸軍事、鎮東將軍、百濟王〔三〕。高祖踐祚，進號鎮東大將軍。少帝景平二年，映遣長史張威詣闕貢獻。元嘉二年，太祖詔之曰：「皇帝問使持節、都督百濟諸軍事、鎮東大將軍、百濟王。累葉忠順，越海効誠，遠王纂戎，聿修先業，慕義既彰，厥懷赤款，浮桴驪水，獻賝執贄，故嗣位方任，以藩東服，勉勗所莅，無墜前蹤。今遣兼謁者閭丘恩子、兼副謁者丁敬子等宣旨慰勞稱朕意。」其後每歲遣使奉表，獻方物。七年，百濟王餘毗復修貢職，以映爵號授之。二十七年，毗上書獻方物，私假臺使馮野夫西河太守，表求易林、式占、腰弩，太祖並與之。毗死，子慶代立。世祖大明元年，遣使求除授，詔許。二年，慶遣使上表曰：「臣國累葉，偏受殊恩，文武良輔，世蒙朝爵。行冠軍將軍右賢王餘紀等十一人，忠勤宜在顯進，伏願垂愍，並聽賜除。」仍以行冠軍將軍右賢王餘紀爲冠軍將軍。以行征虜將軍左賢王餘昆、行征虜將軍餘暈並爲征虜將軍。以行輔國將軍餘都、餘乂並爲輔國將軍。以行龍驤將軍沐衿、餘爵並爲龍驤將軍。以行寧朔將軍餘流、麋貴並爲寧朔將軍。以行建武將軍于西、餘婁並爲建武將軍。太宗泰始七年，又遣使貢獻。

倭國在高驪東南大海中，世修貢職。高祖永初二年，詔曰：「倭讚萬里修貢，遠誠宜甄，可賜除授。」太祖元嘉二年，讚又遣司馬曹達奉表獻方物。讚死，弟珍立，遣使貢獻。自稱使持節、都督倭百濟新羅任那秦韓慕韓六國諸軍事、安東大將軍、倭國王。表求除正，詔除安東將軍、倭國王。珍又求除正倭隋等十三人平西、征虜、冠軍、輔國將軍號，詔並聽。二十年，倭國王濟遣使奉獻，復以爲安東將軍、倭國王。二十八年，加使持節、都督倭新羅任那加羅秦韓慕韓六國諸軍事，安東將軍如故。并除所上二十三人軍、郡。濟死，世子興遣使貢獻。世祖大明六年，詔曰：「倭王世子興，奕世載忠，作藩外海，稟化寧境，恭修貢職。新嗣邊業，宜授爵號，可安東將軍、倭國王。」興死，弟武立，自稱使持節、都督倭百濟新羅任那加羅秦韓慕韓七國諸軍事、安東大將軍、倭國王。

順帝昇明二年，遣使上表曰：「封國偏遠，作藩于外，自昔祖禰，躬擐甲胄，跋涉山川，不遑寧處。東征毛人五十五國，西服衆夷六十六國，渡平海北九十五國，王道融泰，廓土遐畿，累葉朝宗，不愆于歲。臣雖下愚，忝胤先緒，驅率所統，歸崇天極，道遥百濟〔二四〕，裝治船舫，而句驪無道，圖欲見吞，掠抄邊隸，虔劉不已，每致稽滯，以失良風。雖曰進路，或通或不。臣亡考濟實忿寇讎，壅塞天路，控弦百萬，義聲感激，方欲大舉，奄喪父兄，使垂成之功，不獲一簣。居在諒闇，不動兵甲，是以偃息未捷。至今欲練甲治兵，申父兄之志，義士虎賁，文武效功，白刃交前，亦所不顧。若以帝德覆載，摧此彊敵，克靖方難，無替前功。竊自假開府儀同三司，其餘咸各假授〔二五〕，以勸忠節。」詔除武使持節、都督倭新羅任那加羅秦韓慕韓六國諸軍事、安東大將軍、倭王。

荆、雍州蠻，槃瓠之後也。分建種落，布在諸郡縣。荆州置南蠻，雍州置寧蠻校尉以領之。世祖初，罷南蠻併大府，而寧蠻如故。蠻民順附者，一户輸穀數斛，其餘無雜調，而宋民賦役嚴苦，貧者不復堪命，多逃亡入蠻。蠻無傜役，彊者又不供官税，結黨連羣，動有數百千人，州郡力弱，則起爲盜賊，種類稍多，户口不可知也。所在多深險，居武陵者有雄谿、樠谿、辰谿、酉谿、舞谿〔二六〕，謂之五谿蠻。而宜都、天門、巴東、建平、江北諸郡蠻，所居皆深山重阻，人跡罕至焉。前世以來，屢爲民患。

少帝景平二年，宜都蠻帥石寧等一百二十三人詣闕上獻。太祖元嘉六年，建平蠻張雝之等五十人〔二七〕，七年，宜都蠻田生等一百一十三人，並詣闕獻見。其後沔中蠻大動，行旅殆絶。天門漊中令宗矯之徭賦過重〔二八〕，蠻不堪命。十八年，蠻田向求等爲寇，破漊中，虜略百姓。荆州刺史衡陽王義季遣行參軍曹孫念討破之，獲生口五百餘人，免矯之官。二十四年，南郡臨沮當陽蠻反，縛臨沮令傅僧驥。荆州刺史南譙王義宣遣中兵參軍王諶討破之。

先是，雍州刺史劉道產善撫，諸蠻前後不附官者，莫不順服，皆引出平土，多緣沔爲居。及道產亡，蠻又反叛。及世祖出爲雍州，羣蠻斷道，擊大破之。臺遣軍主沈慶之連年討蠻，所向皆平殄，事在慶之傳。二十八年正月，龍山雉水蠻寇抄涅陽縣，南陽太守朱曇韶遣軍討之〔二九〕，失利，殺傷三百餘人，曇韶又遣二千人係之，蠻乃散走。是歲，湼水諸蠻因險爲寇，雍州刺史隨王誕遣使説之曰：「頃威懷所被，覃自遐遠，順化者寵禄，逆命者無遺，此亦爾所知也。聖朝今普天肆眚，許以自新，便宜各還舊居，安堵復業，改過革心，於是乎始。」先是，蠻帥魯奴子擁龍山，屢爲邊患。魯軌在長社，奴子歸之，軌言於虜主，以爲四山王。軌子爽歸國，奴子亦求内附，隨王誕又遣軍討沔北諸蠻，襲濁山、如口、蜀松三柴，剋之，又圍升錢、柏義諸柴〔三〇〕，蠻悉力距戰。軍以具裝馬夾射，大破之，斬首二百級，獲生蠻千口，牛馬八十頭。

世祖大明中，建平蠻向光侯寇暴峽川，巴東太守王濟、荊州刺史朱脩之遣軍討之，光侯走清江。清江去巴東千餘里。時巴東、建平、宜都、天門四郡蠻爲寇，諸郡民户流散，百不存一，太宗、順帝世尤甚，雖遣攻伐，終不能禁，荊州爲之虛敝。

大明中，桂陽蠻反，殺荔令晏珍之，臨賀蠻反，殺開建令邢伯兒〔三一〕，振武將軍蕭沖之討之，獲少費多，抵罪。

豫州蠻，廩君後也。盤瓠及廩君事，並具前史。西陽有巴水、蘄水、希水、赤亭水、西歸水，謂之五水蠻，所在並深岨，種落熾盛，歷世爲盜賊。北接淮、汝，南極江、漢，地方數千里。

元嘉二十八年，西陽蠻殺南川令劉臺，并其家口。二十九年，新蔡蠻二千餘人破大雷戍，略公私船舫，悉引入湖。有亡命司馬黑石在蠻中，共爲寇盜。太祖遣太子步兵校尉沈慶之率江、荊、雍、豫諸州軍討之。世祖大明四年，又遣慶之討西陽蠻，大剋獲而反。司馬黑石徒黨三人，其一人名智，黑石號曰「太公」，以爲謀主；一人名安陽，號譙王；一人名續之，號梁王。蠻文小羅等討禽續之〔三二〕，爲蠻世財所篡，小羅等相率斬世財父子六人。

豫州刺史王玄謨遣殿中將軍郭元封慰勞諸蠻，使縛送亡命，蠻乃執智黑石、安陽二人送詣玄謨〔三三〕，世祖使於壽陽斬之。

太宗初即位〔三四〕，四方反叛，及南賊敗於鵲尾，西陽蠻田益之、田義之、成邪財、田光興等起義攻郢州，剋之。以益之爲輔國將軍，都統四山軍事〔三五〕，又以蠻户立宋安、光城二郡，以義之爲宋安太守，光興爲龍驤將軍、光城太守。封益之邊城縣王，食邑四百一十一户，成邪財陽城縣王，食邑三千户〔三六〕，益之徵爲虎賁中郎將，將軍如故。順帝昇明初，又轉射聲校尉、冠軍將軍。成邪財死，子婆思襲爵，爲輔國將軍、武騎常侍。晉熙蠻梅式生亦起義，斬晉熙太守閻湛之、晉安王子勛典籤沈光祖〔三七〕，封高山侯，食所統牛崗、下柴二村三十户。

史臣曰：漢世西譯遐通，兼途累萬，跨頭痛之山，越繩度之險，生行死徑，身往魂歸。晉氏南移，河、隴夐隔，戎夷梗路，外域天斷。若夫大秦、天竺，迥出西溟，二漢銜役，特艱斯路，而商貨所資，或出交部，汎海陵波，因風遠至。又重峻參差，氏衆非一，殊名詭號，種別類殊，山琛水寶，由茲自出，通犀翠羽之珍，蛇珠火布之異，千名萬品，並世主之所虚心，故舟舶繼路，商使交屬。太祖以南琛不至，遠命師旅，泉浦之捷，威震滄溟，未名之寶，入充府實。夫四夷孔熾，患深自古，蠻、蜒殊雜，種衆特繁，依深傍岨，充積畿甸，咫尺華氓，易興狡毒，略財據土，歲月滋深。自元嘉將半，寇慝彌廣，遂盤結數州，搖亂邦邑。於是命將出師，恣行誅討，自江漢以北，廬江以南，搜山盪谷，窮兵罄武，繫頸囚俘，蓋以數百萬計。至於孩年耋齒，執訊所遺，將卒申好殺之憤，干戈窮酸慘之用，雖云積怨，爲報亦甚。張奐所云：「流血于野，傷和致災。」斯固仁者之言矣。

校勘記

〔一〕封雲杜縣子　「雲」字原闕，據南監本、殿本、局本、南史卷七八夷貊上林邑國傳補。按本書卷三七州郡志三郢州竟陵郡有雲杜。

〔二〕以爲西中郎將雍州刺史　「雍州」，原作「雅州」，據本書卷九九二凶傳改。張森楷校勘記、孫彪考論卷四並云「當作『雍州』」。

〔三〕三年出爲南兗州刺史　本書卷六孝武帝紀云孝建二年八月甲申，「以右衞將軍檀和之爲南兗州刺史」。

〔四〕臣是訶羅陁國主名曰堅鎧　「國主」，北監本、汲本、殿本、局本作「國王」。

〔五〕恭敬供養　「敬」，原作「也」，據南監本、北監本、汲本、殿本、局本改。

〔六〕如日初出眉間白豪　「出眉」，原作二字空格；「白豪」，原作「自蒙」。孫彪考論卷四：「天竺表有云『如日初出』，此闕處疑亦是『出』字。又按梁書狼牙修國奉表有云，『眉間白豪，其白如雪』。『自蒙』即『白豪』之誤，闕處更當有一『眉』字。」按孫説是，今據改。

〔七〕二十六年二十八年　孫彪考論卷四：「按『二十六年』四字當衍，然南史亦如此，則本史駁文也。」按上文已見二十六年，此「二十六年」非衍文即有訛誤。

〔八〕闍婆婆達國　本書卷五文帝紀作「闍婆娑達國」，南史卷七八夷貊上闍婆達國傳作「闍婆達國」。

〔九〕國王師黎婆達陁阿羅跋摩遣使奉表曰　「師黎婆達陁阿羅跋摩」，南史卷七八夷貊上闍婆達國傳作「師黎婆達呵陁羅跋摩」，明本册府卷九六八作「師梨婆達訶陀羅跋摩」。

〔一〇〕元嘉五年　按本書卷五文帝紀元嘉七年七月，有師子國遣使獻方物之記載，元嘉五年無。

〔一一〕進可以繫心　「繫」，原作「擊」，據弘明集卷一一答宋文皇帝讚揚佛教事、册府卷六八九改。

〔一二〕建中越制　弘明集卷一一答宋文皇帝讚揚佛教事作「違中越制」。

〔一三〕流遁未息　「遁」，原作「道」，據通鑑卷一二二宋紀元嘉十二年改。按此句弘明集卷一一答宋文皇帝讚揚佛教事作「流遁末已」。

〔一四〕遭人斯拜　「人」上原有「道」字，據高僧傳卷八齊上定林寺釋僧遠傳删。

〔一五〕而簡禮二親　「禮」，原作「體」，據高僧傳卷八齊上定林寺釋僧遠傳、通鑑卷一二九宋紀大明六年改。

〔一六〕故咸康創議　「咸康」，原作「成康」，據南監本、殿本、局本、高僧傳卷八齊上定林寺釋僧遠傳改。按咸康爲東晉成帝年號。

〔一七〕父爲廣武令　「廣武」，高僧傳卷七宋京師龍光寺竺道生傳、出三藏記集卷一五道生法師傳、南史卷七八夷貊上天竺迦毗黎國傳作「廣戚」。

〔一八〕冥然不知　「冥」，原作「溟」，據殿本、局本改。

〔一九〕乃丹青眩媚綵之目　「丹」，原作一字空格，據南監本、北監本、汲本、殿本、局本補。

〔二〇〕元嘉中　「元嘉」，原作「元真」，據南監本、北監本、汲本、殿本、局本、御覽卷六五五引宋書改。

〔二一〕跋死子弘立　「子」，疑當作「弟」。按晉書卷一二五馮跋載記、御覽卷一二七引崔鴻十六國春秋北燕録，馮弘爲馮跋之弟。此蓋本書承鄰國傳聞而誤。

〔二二〕使持節散騎常侍督平營二州諸軍事征東大將軍高句驪王樂浪公璉　「平營」，原作「平榮」，據北監本、汲本、殿本、局本改。又上文載晉義熙九年以高璉都督營州，又載宋少帝景平二年高璉爲「都督營平二州諸軍事」，疑「督」前當有「都」字。

〔二三〕以百濟王餘映爲使持節都督百濟諸軍事鎮東將軍百濟王　「餘映」，通志卷一九四四夷一作「餘腆」，通典卷一八五邊防一作「夫餘腆」，本注：腆音「佗典反」。

〔一四〕道遥百濟　「遥」，南史卷七九夷貊下倭國傳作「遥」，御覽卷七八二作「過」，太平寰宇記卷一七四作「經」。

〔一五〕其餘咸各假授　「各」字原闕，據南史卷七九夷貊下倭國傳、通典卷一八五邊防一補。

〔一六〕居武陵者有雄谿樠谿辰谿酉谿舞谿　「舞谿」，南史卷七九夷貊下荆雍州蠻傳作「武溪」。

〔一七〕建平蠻張雝之等五十人　「張雝之」，南史卷七九夷貊下荆雍州蠻傳作「張維之」。

〔一八〕天門漊中令宗矯之傜賦過重　「宗矯之」，南史卷七九夷貊下荆雍州蠻傳、通典卷一八七邊防三作「宋矯之」。

〔一九〕南陽太守朱曇韶遣軍討之　「朱曇韶」，原作「朱雲韶」，據南監本、北監本、汲本、殿本、局本改。按下文亦作「曇韶」。

〔二〇〕又圍升錢柏義諸柴　「升錢」，南史卷七九夷貊下荆雍州蠻傳作「斗錢」，古「升」、「斗」字形極相似，易致訛。

〔二一〕殺開建令邢伯兒　「開建」，原作「關建」，據本書卷三七州郡志三改。按湘州臨慶郡有開建縣。

〔二二〕蠻文小羅等討禽續之　「文小羅」，南史卷七九夷貊下豫州蠻傳作「文山羅」。

〔二三〕蠻乃執智黑石安陽二人送詣玄謨　「智黑石安陽二人」，南史卷七九夷貊下豫州蠻傳作「智安陽二人」，疑是。上云司馬黑石徒黨三人，一名智，一名安陽，一名續之。此祇言二人，則從南史作「智安陽二人」爲是，若從本書，則是三人，非二人。且司馬黑石時爲其主，史列黑石之名，亦不當在智之後，疑「黑石」二字是衍文。

〔三四〕太宗初即位　「太宗」，原作「世宗」。按宋無「世宗」，南史卷七九夷貊下豫州蠻傳作「明帝」，則本書當云「太宗」，今改正。

〔三五〕都統四山軍事　本書卷八七殷琰傳：「弋陽西山蠻田益之起義，攻郭確於弋陽，以益之爲輔國將軍，督弋陽西山事。」通鑑卷一三一宋紀泰始二年亦云是時「弋陽西山蠻田益之起義」，則田益之爲弋陽西山蠻，故爲都統西山軍事。疑「四山」爲「西山」之訛。「事」，原作「人」，據南史卷七九夷貊下豫州蠻傳、册府卷九七三改。

〔三六〕食邑三千户　按是時郢州之西陽土人助明帝攻郢州，乃以田益之爲首，故本卷敍事列田益之於田義之、成邪財等人前，而本書卷八七殷琰傳、通鑑卷一三一宋紀泰始二年則僅書田益之之名也。然益之所封僅得四百一十一户，是成邪財當不得有三千户之食邑。本書卷三七州郡志三，時郢州西陽郡領十縣，二千九百八十三户。成邪財所封之陽城乃西陽十縣之一，約三百户耳。疑「三千」乃「三百」之訛。

〔三七〕蘄晉熙太守閻湛之晉安王子勛典籤沈光祖　「沈光祖」，原作「沈光明祖」。孫虨考論卷四：「自序篇見晉安典籤沈光祖，此衍『明』字。」按孫説是，今據删。

宋書卷九十八

列傳第五十八

氐胡

略陽清水氐楊氏　大且渠蒙遜

略陽清水氐楊氏，秦、漢以來，世居隴右，爲豪族。漢獻帝建安中，有楊騰者，爲部落大帥。騰子駒，勇健多計略，始徙仇池。仇池地方百頃，因以百頃爲號，四面斗絕，高平地方二十餘里，羊腸蟠道，三十六回。山上豐水泉，煑土成鹽。駒後有名千萬者，魏拜爲百頃氐王。千萬子孫名飛龍〔一〕，漸彊盛，晉武假征西將軍〔二〕，還居略陽。無子，養外甥令狐氏子爲子，名戊搜〔三〕。晉惠帝元康六年，避齊萬年之亂，率部落四千家，還保百頃，自號輔國將軍、右賢王。關中人士奔流者多依之〔四〕，戊搜延納撫接，欲去者則衞護資遣之。

愍帝以爲驃騎將軍、左賢王。時南陽王保在上邽，又以戊搜子難敵爲征南將軍。建興五年，戊搜卒，難敵襲位。與堅頭分部曲，難敵號左賢王，屯下辨，堅頭號右賢王，屯河池。元帝太興四年，劉曜伐難敵，與堅頭俱奔晉壽，臣於李雄，曜退，復還仇池。

成帝咸和九年，難敵卒，子毅立，自號使持節、龍驤將軍、左賢王、下辨公。以堅頭子槃爲使持節、冠軍將軍、右賢王、河池公。咸康元年，遣使稱藩於晉，以毅爲征南，槃征東將軍。三年，毅族兄初襲殺毅，并有其衆，自立爲仇池公，臣於石虎。後遣使稱藩於穆帝。永和三年，以初爲使持節、征南將軍、雍州刺史、平羌校尉、仇池公。初子國爲鎮東將軍、武都太守。十年，改封初天水公。十一年，毅小弟宋奴使姑子梁式王因侍直手刃殺初，初子國率左右誅式王及宋奴〔五〕，復自立。征西將軍桓温表國爲鎮北將軍、秦州刺史、平羌校尉，國子安爲振威將軍、武都太守。十二年，國從父楊俊復殺國自立，安奔苻生，俊遣使歸順。升平三年，以俊爲平西將軍、平羌校尉、仇池公。四年，俊卒，子世立，復以爲冠軍將軍、平羌校尉、武都太守、仇池公。海西公太和三年，遷征西將軍、秦州刺史，以世弟統爲寧東將軍、武都太守。五年，世卒，統廢世子纂自立。纂一名德，聚黨殺統，遣使詣簡文帝自陳，復以纂爲平羌校尉、秦州刺史、仇池公。咸安元年，苻堅遣楊安、苻雅等討纂克之，徙其民於關中，空百頃之地。纂後爲楊安所殺。

宋奴之死也，二子佛奴、佛狗奔逃關中，苻堅以佛奴爲右將軍，佛狗爲撫夷護軍。後以女妻佛奴子定，以定爲尚書、領軍將軍。孝武帝太元八年，苻堅敗於淮南，關中擾亂，定盡力奉堅。堅死，乃將家奔隴右，徙治歷城，城在西縣界，去仇池百二十里。置倉儲於百頃。招合夷、晉，得千餘家，自號龍驤將軍、平羌校尉、仇池公，稱蕃於晉孝武帝，孝武帝即以其自號假之。求割天水之西縣、武都之上禄爲仇池郡，見許。十五年，又以定爲輔國將軍、秦州刺史，定已自署征西將軍。又進持節、都督隴右諸軍事、輔國大將軍、開府儀同三司，校尉、刺史如故。其年，進平天水略陽郡，遂有秦州之地，自號隴西王〔六〕。至十九年，攻隴西虜乞佛乾歸，定軍敗見殺。無子，佛狗子盛先爲監國，守仇池，襲位，自號使持節、征西將軍、秦州刺史、平羌校尉、仇池公。謚定爲武王。分諸四山氐、羌爲二十部護軍，各爲鎮戍，不置郡縣。安帝隆安三年，遣使稱蕃，奉獻方物。安帝以盛爲輔國將軍、平羌校尉、仇池公。元興三年，桓玄輔晉，進盛平北將軍、涼州刺史、西戎校尉。義熙元年，姚興伐盛，盛懼，遣子難當爲質。興遣將王敏攻城，因梁州别駕吕瑩，求救於盛，盛遣軍次濜口，敏退〔七〕。以盛爲都督隴右諸軍事、征西大將軍、開府儀同三司。時益州刺史毛璩討桓玄所置梁州刺史桓希，敗走，漢中空虚，盛遣兄子平南將軍撫守漢中。三年，又假盛使持節、北秦州刺史。盛又遣將苻宣行梁州刺史代撫。九年，梁州刺史索邈鎮南城，宣乃還〔八〕。高祖踐阼，進盛車騎大將軍，加侍中。永初三年，改封武都王，以長子玄爲武都王世子，加號前將軍，難當爲冠軍將軍，撫爲安南將軍。盛嗣位三十年，太祖元嘉二年六月卒，時年六十二，私謚曰惠文王。

玄字黄眉，自號使持節、都督隴右諸軍事、征西大將軍、開府儀同三司、平羌校尉、秦州刺史、武都王。雖爲蕃臣，猶奉義熙之號。善待士，爲流、舊所懷。安南將軍撫有文武智略，玄不能容，三年，因其子殺人，并誅之。太祖即以玄爲使持節、征西將軍、平羌校尉、北秦州刺史、武都王〔九〕。乃改義熙之號，奉元嘉正朔。初，盛謂玄曰：「吾年已老，當爲晉臣，汝善事宋帝。」故玄奉焉。追贈盛驃騎大將軍，餘如故。六年六月，玄卒，私謚曰孝昭王。

弟難當廢玄子保宗一名羌奴而自立，號使持節、都督雍涼諸軍事、秦州刺史、平羌校尉、武都王。太祖以爲冠軍將軍、秦州刺史、武都王。九年，進號征西將軍，加持節、都督、校尉之號。難當拜保宗爲鎮南將軍，鎮宕昌，以次子順爲鎮東將軍、秦州刺史，守上邽。保宗謀襲難當，事泄，收繫之。先是，四方流民有許穆之、郝恢之二人投難當，並改姓爲司馬。穆之自云名飛龍，恢之自云名康之，云是晉室近戚。康之尋爲人所殺。十年，難當以益州刺史劉道濟失蜀土人情，以兵力資飛龍，使入蜀爲寇，道濟擊斬之。時梁州刺史甄法護刑法不理，太祖遣刺史蕭思話代任。難當因思話未至，法護將下〔一〇〕，舉兵襲梁州，破白馬，獲晉昌太守張範。法護遣參軍魯安期、沈法慧等拒之，並各犇退。難當又遣建忠將軍趙進攻葭萌，獲晉壽太守范延朗。其年十一月，法護委鎮犇洋川，難當遂有漢中之地。以氐苻粟持爲梁州刺史，又以其凶悍殺之，以司馬趙溫代爲梁州。十年正月〔一一〕，思話使司馬蕭承之先驅進討〔一二〕，所向剋捷，遂平梁州，事在思話傳。四月，難當遣使奉表謝罪，曰：

臣聞生成之德，含氣同係，而榮悴殊塗，遭遇異兆，至於恩降自然，誠無答謝。夫以狂聖道隔，猶存克念之誠，況君親莫二，不期自感者哉。每思自竭，奉遵光訓，丹誠未諒，大謗已臻。梁州刺史甄法護誣臣遣司馬飛龍擾亂西蜀，諸所譖引，言非一事，長塗萬里，無路自明，風塵之聲，日有滋甚。與其逆生，寧就清滅，文武同憤，制不自由。遣參軍姚道賢齎書詣梁州刺史蕭思話，尋續又遣詣臺歸罪。道賢至西城，爲守兵所殺，行李蔽擁，日月莫照。法護恇擾，望風奔逃，臣即回軍，秋毫無犯，權留少守，以俟會通。其後數旬，官軍尋至，守兵單弱，懼不自免，續遣輕兵，共相迎接。值秦流民，懷土及本，行將既旋，不容禁制，由臣約防無素，以致斯闕。

臣本歷代守蕃，世荷殊寵，王化始基，順天委命，要名期義，不在今日，豈可假託妖妄，毀敗成功，如此之形，灼然易見，仰恃聖明，必垂鑒察。但臣微心不達，迹違忠順，至乃聲聞朝庭，勞煩師旅，負辱之深，罪當誅責。遠隔遐荒，告謝無地，謹遣兼長史齊亮聽命有司，并奉送所授第十一符策，伏待天旨。

太祖以其邊裔，下詔曰：「楊難當表如此，悔謝前愆，可特恕宥，并特還章節。」

十二年，難當釋保宗，遣鎮童亭〔一三〕。保宗奔〔一四〕索虜主拓跋燾以爲都督隴西諸軍事、征西大將軍、開府儀同三司、平羌校尉、南秦王，遣襲上邽，難當子順失守退，以爲雍州刺史，守下辨。十三年三月，難當自立爲大秦王，號年曰建義，立妻爲王后，世子爲太子，置百官，具擬天朝，然猶奉朝庭，貢獻不絕。十七年，其國大旱，多災異，降大秦王復爲武都王。

十八年十月，傾國南寇，規有蜀土，慮漢中軍出，遣建忠將軍苻沖出東洛以防之。梁州刺史劉真道擊斬沖〔一五〕。十一月，難當剋葭萌，獲晉壽太守申坦，遂圍涪城，巴西太守劉道錫嬰城固守〔一六〕，難當攻之十餘日，不剋，乃還。十九年正月，太祖遣龍驤將軍裴方明、太子左積弩將軍劉康祖、後軍參軍梁坦甲士三千人，又發荊、雍二州兵討難當，受劉真道節度。五月，方明等至漢中，長驅而進。真道到武興，攻僞建忠將軍苻隆，剋之。安西參軍韋俊、建武將軍姜道盛別向下辨，真道又遣司馬夏侯穆季西取白水，難當子雍州刺史順、建忠將軍楊亮拒之，並望風奔走。閏月，方明至蘭皋，難當鎮北將軍苻義德、建節將軍苻弘祖萬餘人列陣拒戰，方明擊破之，斬弘祖，殺二千餘人，義德遁去。天水任愈之率部曲歸順。難當世子撫軍大將軍和據修城，方明又遣軍率愈之攻和，大破之。於是難當將妻子奔索虜，死于虜中。安西參軍魯尚期追難當出寒峽〔一七〕，生禽建節將軍楊保熾、安昌侯楊虎頭。初，難當遣第三子虎爲鎮南將軍、益州刺史〔一八〕，守陰平。聞父走，逃還，至下辨。方明使子肅之要之，生禽虎，傳送京師，斬于建康市。仇池平。

以輔國司馬胡崇之爲龍驤將軍、秦州刺史、平羌校尉，守仇池〔一九〕。索虜拓跋燾遣安西大將軍吐奚弼、平北將軍拓跋齊等二萬人邀崇之。二十年二月，崇之至濁水，去仇池八十里，遇齊等，戰敗没，餘衆奔還漢中。

三月，前鎮東司馬苻達、征西從事中郎任朏等舉義，立保宗弟文德爲主。拓跋齊聞兵起遁走，達追擊斬齊〔二〇〕，因據白崖，分平諸戍。文德自號使持節、都督秦河涼三州諸軍事、征西大將軍、秦河涼三州牧、平羌校尉、仇池公，遣露板馳告朝廷。太祖詔曰：「近者校尉仇池公表虜縱逸，寇竊仇池，將士挫傷，民萌塗炭，眷言西顧，矜慨在懷。楊文德世篤忠順，誠感家國，糾率義徒，奄殄凶醜，鋒旗所向，殲潰無遺，氛祲澄清，蕃境寧一，念功惟事，良有欣嘉。便可遣使慰勞，宣示朝旨，并勑梁州刺史申坦隨宜應援。」又詔曰：「顯録勳効，蓋惟國典，施賞務速，無或踰時。楊文德志氣果到，文武兼全，乘機潛奮，殊功仍集，告捷歸誠，獻俘萬里，朝無蹔土，樹難自肅，休烈昭著，朕甚嘉焉。楊氏世祖西勞，方忠累葉〔二一〕，宜紹先緒，膺受寵榮。可使持節、散騎常侍、都督北秦雍二州諸軍事、征西大將軍、平羌校尉、北秦州刺史，封武都王。」任朏祖父岐，伯父祚，父綜，並仕楊氏，爲諮議從事中郎。朏有志幹，文德以爲左司馬。

文德既受朝命，進戍茄蘆城。二十五年，爲索虜所攻，奔于漢中。時世祖鎮襄陽，執文德歸之于京師，以失守，免官，削爵土。二十七年，王師北討，起文德爲輔國將軍，率軍自漢中西入，搖動汧、隴。文德宗人楊高率陰平、平武羣氐，據唐魯橋以距文德，文德水陸俱攻，大破之，衆並奔散。高遁走奔羌，文德追之至黎印嶺，高單身投羌仇阿弱家，追斬之，陰平、平武悉平。又遣文德伐啖提氐，不剋，梁州刺史劉秀之執送荆州，使文德從祖兄頭戍茄蘆。荆州刺史南郡王義宣反，文德不同見殺，世祖追贈征虜將軍、秦州刺史。

孝建二年，以保宗子元和爲征虜將軍，以頭爲輔國將軍。元和既楊氏正統，羣氐欲相宗推，年小才弱，不能綏御所部，頭母妻子弟並爲索虜所執，頭至誠奉順，無所顧懷。朝廷既不正元和號位，部落未有定主，雍州刺史王玄謨上表曰〔二二〕：「被敕令臣遣使與楊元和、楊頭相聞，并致信餉。即遣中軍行參軍呂智宗齎書并信等，亦自遣使隨智宗。及頭語智宗，頃破家爲國，母妻子弟并墜没虜中，不顧孝道，陳力邊捍，竭忠盡誠，未爲朝廷所識。

若以元和承統，宜授王爵；若以其年小未堪大任，則應別有所委。頃來公私紛紜，華、戎交搆，皆此之由。臣伏尋頭元嘉以來，實有忠誠於國，棄親遺愛，誠在可嘉。氐、羌負遠，又與虜咫尺，急之則反，緩之則怨。觀頭使人言語，不敢便望仇池公，所希政在西秦州假節而已。如臣愚見，蕃捍漢川，使無虜患，頭實有力，四千户荒州，殆不足吝。元和小弱，若未可專委，復數年之後，必堪嗣業，用之不難。若才用不稱，則應歸頭。若茄蘆不守，漢川亦無立理。」上不許。其後立元和爲武都王，治白水，不能自立，復走奔索虜。

元和從弟僧嗣，復自立〔三〕，還戍茄蘆，以爲寧朔將軍、仇池太守。太宗泰始二年，詔曰：「僧嗣遠守西疆，世篤忠款，宜加旌顯，以甄義概。可冠軍將軍、北秦州刺史、武都王，太守如故。」三年，加持節、都督北秦雍二州諸軍事，進號征西將軍、校尉，刺史如故。僧嗣卒，從弟文度復自立。泰豫元年，以爲龍驤將軍、略陽太守，封武都王，又改龍驤爲寧朔將軍。後廢帝元徽四年，加督北秦州諸軍事、平羌校尉、北秦州刺史，將軍如故。文度遣弟龍驤將軍文弘伐仇池，破戍兵於蘭皋。順帝昇明元年，詔曰：「茂賞有章，寔昭國度，疇庸斯炳，載宣史册。督北秦州諸軍事、寧朔將軍、平羌校尉、北秦州刺史、武都王文度門乘輝寵，世榮邊邑，忠果既亮，才勁兼彰。龍驤將軍楊文弘肅協成規，躬提桴鼓，申稜百頃，席卷蘭皋，功烈之美，並足嘉歎，宜膺爵授，以酬勳緒。文度可使持節、都督北秦雍二州諸軍事、征西將軍，刺史、校尉悉如故。文弘輔國將軍、略陽太守。」其年，虜破茄蘆，文度見殺，追贈本官，加散騎常侍。以文弘督北秦州諸軍事、平羌校尉、北秦州刺史，襲封武都王，將軍如故。退治武興。

大且渠蒙遜，張掖臨松盧水胡人也。匈奴有左且渠、右且渠之官，蒙遜之先爲此職，羌之酋豪曰大，故且渠以位爲氏，而以大冠之。世居盧水爲酋豪。蒙遜高祖暉仲歸，曾祖遮，皆雄健有勇名。祖祁復延，封狄地王〔二四〕。父法弘襲爵，苻氏以爲中田護軍。

蒙遜代父領部曲，有勇略，多計數，爲諸胡所推服。呂光自王於涼州，使蒙遜自領營人配箱直，又以蒙遜叔父羅仇爲西平太守〔二五〕。安帝隆安三年春〔二六〕，呂光遣子鎮東將軍纂率羅仇伐枹罕虜乞佛乾歸，爲乾歸所敗，光委罪羅仇，殺之。四月，蒙遜求還葬羅仇，因聚萬餘人叛光，殺臨松護軍〔二七〕，屯金山。五月，光揮纂擊破蒙遜，蒙遜將六七人，逃山中〔二八〕，家户悉亡散。時蒙遜兄男成將兵西守晉昌〔二九〕，聞蒙遜反，引軍還，殺酒泉太守疊滕〔三〇〕，推建康太守段業爲主。業自號龍驤大將軍、涼州牧、建康公，以男成爲輔國將軍。男成及晉昌太守王德圍張掖，剋之，業因據張掖。蒙遜率部曲投業，業以蒙遜爲鎮西將軍、臨池太守〔三一〕，王德爲酒泉太守。尋又以蒙遜領張掖太守。三年四月，業使蒙遜將萬人攻光弟子純於西郡，經旬不剋，乃引水灌城，窘急乞降，執之以歸。時王德叛業，自稱河州刺史，業使蒙遜西討，德焚城，將部曲走投晉昌太守唐瑤，蒙遜追德至沙頭，大破之，虜其妻子部落而還。轉西安太守，將軍如故。四年五月〔三二〕，蒙遜與男成謀殺業，男成不許，蒙遜反譖男成於業，業殺男成。蒙遜乃謂其部曲曰：「段公無道，枉殺輔國。吾爲輔國報讎。」遂舉兵攻張掖，殺段業，自稱車騎大將軍〔三三〕，建號永安元年。

是月，敦煌太守李暠亦起兵，自號冠軍大將軍、西胡校尉、沙州刺史，太守如故。稱庚子元年。與蒙遜相抗。其冬，暠遣唐瑤及鷹揚將軍宋繇攻酒泉，獲太守大且渠益生，蒙遜從叔也。

呂光死，子簒立，元年，爲從弟隆所簒〔三四〕。姚興攻涼州，隆稱臣請降，蒙遜亦遣使詣興，興以爲鎮西將軍、沙州刺史、西海侯。二年二月，蒙遜與西平虜禿髮傉檀共攻涼州，爲隆所破。十月，傉檀復攻隆，三年三月〔三五〕，隆以蒙遜、傉檀交逼，遣弟超詣姚興求迎。七月，興遣將齊難迎隆，隆説難伐蒙遜〔三六〕，蒙遜懼，遣弟爲質，獻寶貨於難，乃止，以武衛將軍王尚行涼州刺史而還。

義熙元年正月，李暠改稱大將軍、大都督、涼州牧、護羌校尉、涼公；五月，移據酒泉。

姚興假傉檀涼州刺史，代王尚屯姑臧。二年九月，蒙遜襲李暠，至安彌，去城六十里，暠乃覺。引軍出戰，大敗，退還，閉城自守，蒙遜亦歸。六年，蒙遜攻破傉檀，傉檀走屯樂都。武威人焦朗入姑臧，自號驃騎大將軍，臣于李暠。八年，蒙遜攻焦朗，殺之〔三七〕。據姑臧，自號大都督、大將軍、河西王，改稱玄始元年，立子正德爲世子。

十三年五月〔三八〕，李暠死，子歆立。六月，歆伐蒙遜，至建康，蒙遜拒之，歆退走，追到西支澗〔三九〕，蒙遜大敗，死者四千餘人，乃收餘衆，增築建康城，置兵戍而還。

十四年，蒙遜遣使詣晉，奉表稱蕃，以蒙遜爲涼州刺史。高祖踐阼，以歆爲使持節、都督高昌敦煌晉昌酒泉西海玉門堪泉七郡諸軍事、護羌校尉、征西大將軍、酒泉公。

永初元年七月，蒙遜東略浩亹，李歆乘虛攻張掖，蒙遜回軍西歸，歆退走，追至臨澤，斬歆兄弟三人，進攻酒泉，剋之。歆弟敦煌太守恂據郡，自稱大將軍。十月，蒙遜遣世子正德攻恂，不下。三年正月〔四〇〕，蒙遜自往築長堤引水灌城，數十日，又不下。三月，恂武衛將軍宋承、廣武將軍張弘舉城降〔四一〕，恂自殺，李氏由是遂亡。於是鄯善王比龍入朝，西域三十六國皆稱臣貢獻。

高祖以蒙遜爲使持節、散騎常侍、都督涼州諸軍事、鎮軍大將軍、開府儀同三司、涼州刺史、張掖公。

十二月，晉昌太守唐契反，復遣正德攻契。景平元年三月，克之，契奔伊吾。

八月，芮芮來抄，蒙遜遣正德距之，正德輕騎進戰，軍敗見殺。乃以次子興國爲世子。

是歲，進蒙遜侍中、都督涼秦河沙四州諸軍事、驃騎大將軍、領護匈奴中郎將、西夷校尉、涼州牧，河西王，開府、持節如故。

太祖元嘉元年，枹罕虜乞佛熾槃出貂渠谷攻河西白草嶺，臨松郡皆没，執蒙遜從弟成都、從子日蹄、頗羅等而去〔四二〕。

三年，改驃騎爲車騎。世子興國遣使奉表，請周易及子集諸書，太祖並賜之，合四百七十五卷。蒙遜又就司徒王弘求搜神記，弘寫與之。

六年，蒙遜征枹罕，時乞佛熾槃死矣，子茂蔓大破蒙遜，生禽興國，殺三千餘人。蒙遜贖興國，送穀三十萬斛，竟不遣。蒙遜乃立興國母弟菩提爲世子，朝廷未知也。七年，以興國爲冠軍將軍、河西王世子。其年夏四月，西虜赫連定爲索虜拓跋燾所破，奔上邽。十一月，茂蔓聞定敗，將家户及興國東征，欲移居上邽。八年正月至南安，定率衆禦茂蔓，大破之，殺茂蔓〔四三〕，執興國而還。四月，定避拓跋燾，欲渡河西擊蒙遜。五月，率部曲至治城峽口，渡河，濟未半，爲吐谷渾慕璝所邀，見獲，興國被創數日死。

九年，以菩提爲冠軍將軍、河西王世子。十年四月，蒙遜卒，時年六十六。私謚曰武宣王。菩提年幼，蒙遜第三子茂虔時爲酒泉太守[四四]，衆議推茂虔爲主，襲蒙遜位號。十一年，茂虔上表曰：「臣聞功以濟物爲高，非竹帛無以述德，名以當實爲美，非謚號無以休終。先臣蒙遜西復涼城，澤憺崐裔，芟夷羣暴，清灑區夏。暨運鍾有道，備大宋之宗臣，爵班九服，享惟永之丕祚，功名昭著，剋固貞節。考終由正，而請名之路無階，懿跡雖弘，而述敍之美有缺。臣子痛感，咸用不安。謹案謚法，剋定禍亂曰武，善聞周達曰宣。先臣廓清河外，勳光天府，標牓稱迹，實兼斯義。輒上謚爲武宣王。若允天聽，垂之史筆，則幽顯荷榮，始終無恨。」詔曰：「使持節、侍中、都督秦河沙涼四州諸軍事、車騎大將軍、開府儀同三司、領護匈奴中郎將、西夷校尉、涼州牧河西王蒙遜，才兼文武，勳濟西服，爰自萬里，款誠夙著，方仗忠果，翼宣遠略，奄至薨隕，悽悼于懷。便遣使弔祭，并加顯謚。嗣子茂虔，纂戎前軌，乃心彌彰，宜蒙寵授，紹茲蕃業。可持節、散騎常侍、都督涼秦河沙四州諸軍事、征西大將軍、領護匈奴中郎將、西夷校尉、涼州刺史、河西王。」

河西人趙敺善歷筭。十四年，茂虔奉表獻方物，并獻周生子十三卷，時務論十二卷，三國總略二十卷，俗問十一卷，十三州志十卷，文檢六卷，四科傳四卷，燉煌實録十卷，涼書十卷，漢皇德傳二十五卷，亡典七卷，魏駮九卷，謝艾集八卷，古今字二卷，乘丘先生三卷〔四五〕，周髀一卷，皇帝王歷三合紀一卷，趙敺傳并甲寅元歷一卷，孔子讚一卷，合一百五十四卷。茂虔又求晉、趙起居注諸雜書數十件，太祖賜之。

十六年閏八月，拓跋燾攻涼州，茂虔兄子萬年爲虜内應，茂虔見執。茂虔弟安彌縣侯無諱先爲征西將軍、沙州刺史、都督建康以西諸軍事、酒泉太守，第六弟武興縣侯儀德爲征東將軍、秦州刺史、都督丹嶺以西諸軍事、張掖太守〔四六〕。燾既獲茂虔，遣軍擊儀德，棄城奔無諱。於是無諱、儀德擁家户西就從弟敦煌太守唐兒。燾使將守武威、酒泉、張掖而還。十七年正月，無諱使唐兒守敦煌，自與儀德伐酒泉，三月，剋之。攻張掖、臨松，得四萬餘户，還據酒泉。十八年五月，唐兒反，無諱留從弟天周守酒泉，復與儀德討唐兒。唐兒將萬餘人出戰，大敗，執唐兒殺之，復據敦煌。七月，拓跋燾遣軍圍酒泉。十月，城中饑，萬餘口皆餓死，天周殺妻以食戰士，食盡，城乃陷，執天周至平城，殺之。于時虜兵甚盛，無諱衆饑，懼不自立，欲引衆西行。十一月，遣弟安周五千人伐鄯善，堅守不下。十九年四月，無諱自率萬餘家棄敦煌，西就安周，未至而鄯善王比龍將四千餘家走，因據鄯善。初，唐契自晉昌奔伊吾，是年攻高昌，高昌城主闞爽告急〔四七〕。八月，無諱留從子豐周守鄯善，自將家户赴之。未至，而芮芮遣軍救高昌，殺唐契，部曲奔無諱。九月，無諱遣將衛寮夜襲高昌〔四八〕，爽奔芮芮，無諱復據高昌。

遣常侍氾儁奉表使京師，獻方物。太祖詔曰：「往年狡虜縱逸，侵害涼土，西河王茂虔遂至不守，淪陷寇逆，累世著誠，以爲矜悼。次弟無諱克紹遺業，保據方隅，外結鄰國，內輯民庶，係心闕庭，踐修貢職，宜加朝命，以褒篤勳。可持節、散騎常侍、都督涼河沙三州諸軍事、征西大將軍、領護匈奴中郎將、西夷校尉、涼州刺史、河西王。」

無諱卒，弟安周立。二十一年，詔曰：「故征西大將軍、河西王無諱弟安周，才略沈到，世篤忠欵，統承遺業，民衆歸懷。雖亡士喪師，孤立異所，而能招率殘寡，攘寇自今，宜加榮授，垂軌先烈。可使持節、散騎常侍、都督涼河沙三州諸軍事、領西域戊己校尉、涼州刺史、河西王〔四九〕。」世祖大明三年，安周奉獻方物。

史臣曰：氐藉世業之資，胡因倔起之衆，結根百頃，跨有河西，雖戎夷猾夏，自擅荒服，而財力雄富，頗尚禮文。楊氏兵精地險，境接華漢，伺隙邊關，首鼠疆埸，遂西入白馬，東出黃金，乘晉壽之捷，構圍涪之釁，規吞黑水，志傾井絡，紀、郢之勢方危，樊、鄧之心屢駭。天子聽朝不怡，有懷辛、李之將，而齊之宣皇，率偏旅數百，定命先驅，推鋒直指，勢踰風雹，雲徹席卷，致届南城，逐北追奔，全勝萬里，敵人皆裹骨輿屍〔五〇〕，越至險而自竄，其餘皆膏身山野，委骸川澤。既而裴、劉二將，藉其威聲，故使濁水靡旗，蘭皋失嶮，氐族轉徙奔亡，遺燼不滅者若綖，梁土獲乂，以迄于今。由此而言，功烈可謂盛矣。

校勘記

〔一〕千萬子孫名飛龍　北史卷九六氐傳作「千萬孫名飛龍」，通典卷一八九邊防五作「千萬孫飛龍」。

〔二〕晉武假征西將軍　「征西將軍」，北史卷九六氐傳、通典卷一八九邊防五作「平西將軍」。

〔三〕名戊搜　「戊搜」，北史卷九六氐傳、通典卷一八九邊防五作「茂搜」。

〔四〕關中人士奔流者多依之　「人」，原作一字空格，南監本作「八」，汲本無空格，今據局本、北史卷九六氐傳、通典卷一八九邊防五補。

〔五〕初子國率左右誅式王及宋奴　「初」字原闕，據北史卷九六氐傳補。

〔六〕自號隴西王　「隴」字原闕，據北史卷九六氐傳補。

〔七〕興遣將王敏攻城因梁州別駕呂瑩求救於盛盛遣軍次濜口敏退　晉書卷一一八姚興載記下：「晉義熙二年，平北將軍、梁州督護苻宣入漢中，興梁州別駕呂營、漢中徐逸、席難起兵應宣，求救於楊盛。盛遣軍臨濜口，南梁州刺史王敏退守武興。」通鑑卷一一四晉紀義熙三年：「氐王楊盛以平北將軍苻宣爲梁州督護，將兵入漢中，秦梁州別駕呂瑩等起兵應之。刺史王敏攻之，瑩等求援於盛。盛遣軍臨濜口，敏退屯武興。」可證此段文有脱訛。

〔八〕宣乃還　「宣」，原作「寧」，據上文及通鑑卷一一六晉紀義熙九年改。

〔九〕太祖即以玄爲使持節征西將軍平羌校尉北秦州刺史武都王　「太祖」，原作「明帝」，南監本作「文帝」。龔道耕蛛隱廬日箋（稿本）：「此段並述元嘉中事，『明帝』當作『太祖』。」按龔說是，今改正。

〔一〇〕法護將下　「將」下原衍「軍」字，據通鑑卷一二二宋紀元嘉十年删。

〔一一〕十年正月　據本書卷五文帝紀、建康實録卷一二、通鑑卷一二二宋紀，蕭思話討楊難當以及下文所載之此年「四月，難當遣使奉表謝罪」等，皆爲元嘉十一年事。

〔一二〕思話使司馬蕭承之先驅進討　「蕭承之」，原作「蕭諱」，據魏書卷一〇一氐傳改正。錢大昕考異卷二四：「此傳稱『蕭諱』者，齊高帝之父承之，追謚宣帝者也。」

〔一三〕難當釋保宗遣鎮童亭　「保宗」，原作「保守」，據南監本、北監本、汲本、殿本、局本、魏書卷一〇一氐傳、通鑑卷一二二宋紀元嘉十二年改。「童亭」，魏書卷一〇一氐傳、通鑑卷一二二宋紀元嘉十二年作「董亭」。水經注卷一七渭水：「涇谷水又東北歷董亭下。楊難當使兄子保宗鎮董亭，即是亭也。」

〔一四〕保宗奔　「奔」字下疑脱「索虜」二字。

〔一五〕梁州刺史劉真道擊斬沖　「劉真道」，原作「劉道真」，據本書卷四七劉懷肅傳附劉真道傳乙正。下文並改。

〔一六〕巴西太守劉道錫嬰城固守　「劉道錫」，原作「劉道銀」，據建康實錄卷一二、通鑑卷一二三宋紀元嘉十八年改。按劉道錫見本書卷六五劉道産傳。

〔一七〕安西參軍魯尚期追難當出寒峽　「寒峽」，水經注卷二〇漾水作「塞峽」。

〔一八〕難當遣第三子虎爲鎮南將軍益州刺史　「三」，原作「二」。按上文載「難當世子撫軍大將軍和據修城」，又載難當「以次子順爲鎮東將軍、秦州刺史，守上邽」，則虎爲難當第三子，今改正。本書卷四七劉懷肅傳附劉真道傳云虎爲難當「第三息」，是其證。

〔一九〕以輔國司馬胡崇之爲龍驤將軍秦州刺史平羌校尉守仇池　「秦州」，通鑑卷一二四宋紀元嘉十九年作「北秦州」。按胡崇之既守仇池，則當爲北秦州刺史。是時南秦州刺史爲劉真道，見本書卷五文帝紀、通鑑卷一二三宋紀元嘉十八年。

〔二〇〕達追擊斬齊　通鑑卷一二四宋紀元嘉二十年胡注：「考異曰：『按後魏河間公齊傳云：「文德求援於宋，宋遣房亮之、苻昭、啖龍等帥衆助文德，斬龍，禽亮之，氐遂平，以功拜内都大官，卒。」』然則宋書誤也。」

〔二一〕楊氏世祖西勞方忠累葉　張森楷校勘記：「疑當作『楊氏世祖西方，勞忠累葉』。」

〔二二〕雍州刺史王玄謨上表曰　「玄」字原闕，據通鑑卷一二八宋紀孝建二年補。

〔二三〕元和從弟僧嗣復自立　「從弟」，北史卷九六氐傳作「從叔」。按南齊書卷五九氐傳、梁書卷五四諸夷武興國傳皆云元和爲保宗之子，文德爲保宗之弟，僧嗣爲文德從弟。則僧嗣當爲元和之從叔。

〔二四〕封狄地王　「狄地王」，崔鴻十六國春秋卷九四北涼録一作「北地王」，北史卷九三僭僞沮渠蒙遜傳作「伏地王」。

〔二五〕又以蒙遜叔父羅仇爲西平太守　「叔父」，魏書卷九九盧水胡沮渠蒙遜傳、晉書卷一二九沮渠蒙遜載記、御覽卷一二四引崔鴻十六國春秋北涼録作「伯父」。晉書卷一二二呂光載記、通鑑卷一〇九晉紀隆安元年云「羅仇弟子蒙遜」，亦以羅仇爲蒙遜伯父。

〔二六〕安帝隆安三年春　下文又有「三年四月，業使蒙遜將萬人攻光弟子純於西郡」等事，「三年」重出，當有誤。按羅仇從伐乾歸及下文所載是年四月蒙遜叛光等事，御覽卷一二四引崔鴻十六國春秋北涼録繫於龍飛二年，即晉安帝隆安元年。呂纂爲乾歸所敗，晉書卷一〇安帝紀繫於隆安元年三月。疑「三年」乃「元年」之訛。

〔二七〕因聚萬餘人叛光殺臨松護軍　晉書卷一二二呂光載記、卷一二九沮渠蒙遜載記皆云是時蒙遜斬殺「中田護軍馬邃」。按通鑑卷一一三晉紀元興二年：「沮渠蒙遜伯父中田護軍親信、臨松太守孔篤，皆驕恣爲民患。」胡注：「據晉書蒙遜載記，中田護軍蓋呂光所置，鎮臨松。」則是時後涼無臨松護軍，蓋以中田護軍鎮臨松而又別設臨松太守以治民。此云「殺臨松護軍」，恐有誤。

〔二八〕蒙遜將六七人逃山中　「蒙遜」二字原闕，據通鑑卷一〇九晉紀隆安元年補。

〔二九〕時蒙遜兄男成將兵西守晉昌　晉書卷一二二呂光載記、卷一二九沮渠蒙遜載記、魏書卷九九盧水胡沮渠蒙遜傳、御覽卷一二四引崔鴻十六國春秋北涼録皆云男成爲蒙遜從兄。

〔三〇〕殺酒泉太守疊滕　「疊滕」，晉書卷一二二呂光載記、册府卷四二四作「壘澄」。

〔三一〕業以蒙遜爲鎮西將軍臨池太守　「臨池太守」，晉書卷一二九沮渠蒙遜載記、通鑑卷一一〇晉紀隆安二年作「臨池侯」。

〔三二〕四年五月　段業殺男成以及蒙遜舉兵攻張掖、殺段業事，晉書卷一〇安帝紀、通鑑卷一一二晉紀分別記在隆安五年四月及五月。魏書卷九九盧水胡沮渠蒙遜傳、北史卷九三僭僞沮渠蒙遜傳記在北魏天興四年，即晉隆安五年。

〔三三〕自稱車騎大將軍　御覽卷一二四引崔鴻十六國春秋北涼録作「大將軍、涼州牧」。晉書卷一二九沮渠蒙遜載記作「使持節、大都督、大將軍、涼州牧、張掖公」。並無「車騎大將軍」之稱。

〔三四〕元年爲從弟隆所篡　「元年」上，疑佚「元興」二字。按晉書卷一二二呂纂載記：「纂在位三年，以元興元年死。」

〔三五〕三年三月　按御覽卷一二五引崔鴻十六國春秋後涼録記呂隆神鼎三年降，當晉元興二年。此云「三年」，後一年。

〔三六〕隆説難伐蒙遜　「伐」，原作「髮」，據南監本、北監本、汲本、殿本、局本、晉書卷一二九沮渠蒙遜載記改。

〔三七〕蒙遜攻焦朗殺之　晉書卷一二九沮渠蒙遜載記：「攻朗，克而宥之。」通鑑卷一一六晉紀義熙七年從晉書，亦云蒙遜「執朗而宥之」。又通鑑卷一一六記蒙遜執焦朗在義熙七年二月，晉書卷一二九沮渠蒙遜載記記蒙遜執焦朗在義熙八年前，亦與此異。

〔三八〕十三年五月　「五月」，晉書卷一〇安帝紀、通鑑卷一一八晉紀義熙十三年作「二月」。下「六月」，晉書、通鑑作「四月」。

〔三九〕追到西支澗　「西支」，晉書卷一二九沮渠蒙遜載記、魏書卷九九李暠傳附李歆傳作「解支」，錢大昕考異卷二四：「『解』當作『鮮』，鮮、西聲相近也。」「澗」，原作「間」，據晉書、魏書改。

〔四〇〕三年正月　此下沮渠蒙遜滅李恂事，魏書卷三太宗紀繫於泰常六年，即宋永初二年。劉裕以蒙遜爲鎮軍大將軍、涼州刺史、張掖公事，本書卷三武帝紀下繫於永初二年十月。疑「三年」乃「二年」之訛。

〔四一〕恂武衛將軍宋承廣武將軍張弘舉城降　「張」字原闕，據御覽卷一二四引崔鴻十六國春秋西涼録補。按晉書卷八七涼武昭王傳：「郡人宋承、張弘以恂在郡有惠政，密信招恂。（中略）宋承等推恂爲冠軍將軍、涼州刺史。」

〔四二〕執蒙遜從弟成都從子日蹄頗羅等而去　「日蹄」，十六國春秋卷九四北涼録一、通鑑卷一二〇宋紀元嘉二年作「白蹄」。十六國春秋卷八六西秦録二亦云「擒其將沮渠白蹄」。

〔四三〕八年正月至南安定率衆禦茂蔓大破之殺茂蔓　魏書卷九九鮮卑乞伏國仁傳附暮末傳云是時

「暮末及宗族五百餘人出降，送於上邽」，通鑑卷一二二宋紀云元嘉八年正月暮末降，六月爲夏主赫連定所殺。「茂蔓」，即魏書、通鑑之「暮末」。

〔四四〕蒙遜第三子茂虔時爲酒泉太守　「茂虔」，魏書卷九九盧水胡沮渠蒙遜傳、北史卷九三僭僞沮渠蒙遜傳作「牧犍」。錢大昕考異卷二四云：「『茂虔』，北史作『牧犍』。茂牧聲相近，犍與虔同音。」

〔四五〕乘丘先生三卷　「乘丘」，册府卷二三二作「桑丘」。隋書卷三四經籍志三：「桑丘先生書二卷，晉征南軍師楊偉撰，亡。」章宗源考證：「案宋書大且渠蒙遜傳『乘丘先生』，即此『桑丘先生』也。『生』下當有『書』字。」

〔四六〕第六弟武興縣侯儀德爲征東將軍秦州刺史都督丹嶺以西諸軍事張掖太守　「儀德」，魏書卷四上世祖紀上、通鑑卷一二三宋紀元嘉十六年作「宜得」。

〔四七〕高昌城主闞爽告急　「闞爽」，原作「闞爽」，據魏書卷九九盧水胡沮渠蒙遜傳附無諱傳、梁書卷五四高昌傳改。按北史卷九七西域高昌國傳：「太武時有闞爽者，自爲高昌太守。」其後闞伯周爲高昌王。

〔四八〕無諱遣將衞寮夜襲高昌　「衞寮」，魏書卷九九盧水胡沮渠蒙遜傳附無諱傳作「衞興奴」。

〔四九〕可使持節散騎常侍都督涼河沙三州諸軍事領西域戊己校尉涼州刺史河西王　按本書卷五文帝紀記元嘉二十一年「九月甲辰，以大沮渠安周爲征西將軍、涼州刺史，封河西王」，此詔既詳載安周官爵，不容不著軍號。疑「諸軍事」後佚「征西將軍」四字。

〔五〇〕敵人皆裹骨輿屍　「敵人」原在「皆」下，據殿本、局本乙正。

宋書卷九十九

列傳第五十九

二凶

元凶劭　始興王濬

元凶劭字休遠，文帝長子也。帝即位後生劭，時上猶在諒闇，故祕之。三年閏正月，方云劭生。自前代以來，未有人君即位後皇后生太子，唯殷帝乙既踐阼，正妃生紂，至是又有劭焉。體元居正，上甚喜說。

年六歲，拜爲皇太子，中庶子二率入直永福省。更築宮，制度嚴麗。年十二，出居東宮，納黃門侍郎殷淳女爲妃。十三，加元服。好讀史傳，尤愛弓馬，及長，美須眉，大眼方口，長七尺四寸。親覽宮事，延接賓客，意之所欲，上必從之。東宮置兵，與羽林等。十七年，劭拜京陵，大將軍彭城王義康、竟陵王誕、尚書桂陽侯義融並從，司空江夏王義恭自江都來會京口。

二十七年，上將北伐，劭與蕭思話固諫，不從。索虜至瓜步，京邑震駭，劭出鎮石頭，總統水軍，善於撫御。上登石頭城，有憂色，劭曰：「不斬江湛、徐湛之，無以謝天下。」上曰：「北伐自我意，不關二人也。」

上時務在本業，勸課耕桑，使宮內皆蠶，欲以諷厲天下。有女巫嚴道育，本吳興人，自言通靈，能役使鬼物。夫爲劫，坐沒入奚官。劭姊東陽公主應閤婢王鸚鵡白公主云：「道育通靈有異術。」主乃白上，託云善蠶，求召入，見許。道育既入，自言服食，主及劭並信惑之。始興王濬素佞事劭，與劭並多過失，慮上知，使道育祈請，欲令過不上聞。道育輒云：「自上天陳請，必不泄露。」劭等敬事，號曰天師。後遂爲巫蠱，以玉人爲上形像，埋於含章殿前。

初，東陽主有奴陳天興，鸚鵡養以爲子，而與之淫通。鸚鵡、天興及寧州所獻黃門慶國並預巫蠱事。劭以天興補隊主。東陽主薨，鸚鵡應出嫁，劭慮言語難密，與濬謀之。時吳興沈懷遠爲濬府佐，見待異常，乃嫁鸚鵡與懷遠爲妾，不以啓上，慮後事泄，因臨賀公主微言之。上後知天興領隊，遣閹人奚承祖詰讓劭曰：「臨賀公主啓南第先有一下人欲嫁〔一一〕，又聞此下人養他人奴爲兒，而汝用爲隊主，抽拔何乃速。汝間用主、副，並是奴邪？欲嫁置何處？」劭答曰：「南第昔屬天興，求將驅使，臣答曰：『伍那可得，若能擊賊者，可入隊。』當時蓋戲言耳，都不復憶。後天興道上通辭乞位，追存往爲者，不忍食言，呼視見其形容粗健，堪充驅使，脱爾使監禮兼隊副。比用人雖取勞舊，亦參用有氣幹者。謹條牒人名上呈。下人欲嫁者，猶未有處。」時鸚鵡已嫁懷遠矣。劭懼，馳書告濬，并使報臨賀主：「上若問嫁處，當言未有定所。」濬答書曰：「奉令，伏深惶怖，啓此事多日，今始來問，當是有感發之者，未測源由耳。計臨賀故當不應翻覆言語，自生寒熱也。此姥由來挾兩端，難可孤保，正爾自問臨賀，冀得審實也。其若見問，當作依違答之。天興先署佞人府位，不審監上當無此簿領耳。急宜犍之。殿下已見王未？宜依此具令嚴自躬上啓聞。彼人若爲不已，正可促其餘命〔一二〕，或是大慶之漸。」凡劭、濬相與書疏類如此，所言皆爲名號，謂上爲「彼人」，或以爲「其人」，以太尉江夏王義恭爲「佞人」，東陽主第在西掖門外，故云「南第」，王即鸚鵡姓，躬上啓聞者，令道育上天白天神也。

鸚鵡既適懷遠，慮與天興私通事泄，請劭殺之。劭密使人害天興。慶國謂宣傳往來，唯有二人，天興既死，慮將見及，乃具以其事白上。上驚惋，即遣收鸚鵡，封籍其家，得劭、濬書數百紙，皆呪咀巫蠱之言，得所埋上形像於宮內。道育叛亡，討捕不得，上大怒，窮治其事，分遣中使入東諸郡搜討，遂不獲。上詰責劭、濬，劭、濬惶懼無辭，唯陳謝而已。道育變服爲尼，逃匿東宮，濬往京口，又載以自隨，或出止民張旿家。

江夏王義恭自盱眙還朝，上以巫蠱告之，曰：「常見典籍有此，謂之書傳空言，不意遂所親覩。劭雖所行失道，未必便亡社稷，南面之日，非復我及汝事。汝兒子多，將來遇此不幸爾。」

先是二十八年，彗星起畢、昴，入太微，掃帝座端門，滅翼、軫。二十九年，熒惑逆行守氐，自十一月霖雨連雪，太陽罕曜。三十年正月，大風飛霰且雷。上憂有竊發，輒加劭兵衆，東宮實甲萬人。車駕出行，劭入守，使將白直隊自隨。

其年二月，濬自京口入朝，當鎮江陵，復載道育還東宮，欲將西上。有告上云：「京口民張旿家有一尼，服食，出入征北内，似是嚴道育。」上初不信，試使掩録，得其二婢，云：「道育隨征北還都。」上謂劭、濬已當斥遣道育，而猶與往來，惆悵惋駭。乃使京口以船送道育二婢，須至檢覈，廢劭，賜濬死，以語濬母潘淑妃。淑妃具以告濬。濬馳報劭，劭因是異謀，每夜輒饗將士，或親自行酒，密與腹心隊主陳叔兒、詹叔兒、齋帥張超之、任建之謀之。

道育婢將至，其月二十一日夜，詐上詔云：「魯秀謀反，汝可平明守闕，率衆入。」因使超之等集素所畜養兵士二千餘人，皆使被甲，召內外幢隊主副，豫加部勒，云有所討。宿召前中庶子、右軍長史蕭斌，夜呼斌及左衞率袁淑、中舍人殷仲素、左積弩將軍王正見，並入宮，告以大事，自起拜斌等，因流涕，衆並驚愕，語在淑傳。明旦未開鼓，劭以朱服加戎服上，乘畫輪車，與蕭斌同載，衞從如常入朝之儀，守門開，從萬春門入。舊制，東宮隊不得入城，劭與門衞云：「受敕，有所收討。」令後隊速來，張超之等數十人馳入雲龍、東中華門及齋閤，拔刃徑上合殿。上其夜與尚書僕射徐湛之屏人語，至旦燭猶未滅，直衞兵尚寢。超之手行弒逆，并殺湛之。劭進至合殿中閤，太祖已崩，出坐東堂，蕭斌執刀侍直。呼中書舍人顧嘏，嘏震懼不時出，既至，問曰：「欲共見廢，何不蚤啓。」未及答，即於前斬之。遣人於崇禮闥殺吏部尚書江湛。太祖左細杖主卜天與攻劭於東堂，見殺。又使人從東閤入殺潘淑妃，又殺太祖親信左右數十人。急召始興王濬，率衆屯中堂。又召太尉江夏王義恭、尚書令何尚之。

劭即僞位，爲書曰：「徐湛之、江湛弒逆無狀，吾勒兵入殿，已無所及，號惋崩衄，肝心破裂。今罪人斯得，元凶克殄，可大赦天下。改元嘉三十年爲太初元年。文武並賜位二等，諸科一依丁卯。」初使蕭斌作詔，斌辭以不文，乃使侍中王僧綽爲之。使改元爲太初，劭素與道育所定。斌曰：「舊踰年改元。」劭以問僧綽，僧綽曰：「晉惠帝即位，便改號。」

劭喜而從之。百僚至者裁數十人，劭便遽即位。即位畢，稱疾還入永福省，然後遷大行皇帝升太極前殿。是日，以蕭斌爲散騎常侍、尚書僕射、領軍將軍，何尚之爲司空，前右衞率檀和之戍石頭〔三〕，侍中營道侯義綦爲征虜將軍、晉陵南下邳二郡太守，鎮京城，尚書殷沖爲侍中、中護軍〔四〕。大行皇帝大斂，劭辭疾不敢出。先給諸王及諸處兵仗，悉收還武庫。殺徐湛之、江湛親黨新除始興內史荀赤松、新除尚書左丞臧凝之、山陰令傅僧祐、吴令江徽、前征北行參軍諸葛詡、右衞司馬江文綱。以殷仲素爲黄門侍郎，王正見爲左軍將軍，張超之及諸同逆聞人文子、徐興祖、詹叔兒、陳叔兒、任建之等，並將校以下龍驤將軍帶郡，各賜錢二十萬。遣人謂魯秀曰：「徐湛之常欲相危，我已爲卿除之矣。」使秀與屯騎校尉龐秀之對掌軍隊。以侍中王僧綽爲吏部尚書，司徒左長史何偃爲侍中。成服日，劭登殿臨靈，號慟不自持。博訪公卿，詢求治道，薄賦輕繇，損諸遊費。田苑山澤，有可弛者，假與貧民。

三月，遣大使分行四方，分浙以東五郡爲會州，省揚州立司隸校尉，以殷沖補之。以大將軍江夏王義恭爲太保，司徒南譙王義宣爲太尉，衞將軍、荆州刺史始興王濬進號驃騎將軍。王僧綽以先預廢立，見誅。長沙王瑾、瑾弟楷、臨川王燁、桂陽侯覬、新渝侯玠〔五〕，並以宿恨下獄死。禮官希旨，謚太祖不敢盡美稱，上謚曰中宗景皇帝。以雍州刺史臧質爲丹陽尹，進世祖號征南將軍，加散騎常侍，撫軍將軍南平王鑠中軍將軍，會稽太守隨王誕會州刺史。江夏王義恭以太保領大宗師，諮稟之科，依晉扶風王故事。世祖及南譙王義宣、隨王誕諸方鎮並舉義兵。劭聞義師大起，悉聚諸王及大臣於城內，移江夏王義恭住尚書下舍，義恭諸子住侍中下省。自永初元年以前，相國府入齋、傳教、給使，免軍户，屬南彭城薛縣。劭下書，以中流起兵，當親率六師，觀變江介，悉召下番將吏。加三吳太守軍號，置佐領兵。四月，立妻殷氏爲皇后。

世祖檄京邑曰：

夫運不常隆，代有莫大之釁。爰自上葉，或因多難以成福，或階昏虐以兆亂，咸由君臣義合，理悖恩離，故堅冰之遘，每鍾澆末，未有以道御世，教化明厚，而當梟鏡反噬，難發天屬者也。先帝聖德在位，功格區宇，明照萬國，道洽無垠，風之所被，荒隅變識，仁之所動，木石開心。而賊劭乘藉冢嫡，夙蒙寵樹，正位東朝，禮絶君后，凶慢之情，發於齠齔，猜忍之心，成於幾立。賊濬險躁無行，自幼而長，交相倚附，共逞姦回。先旨以王室不造，家難亟結，故含蔽容隱，不彰其釁，訓誘啓告，冀能革音。何悟狂悖不悛，同惡相濟，肇亂巫蠱，終行弑逆，聖躬離荼毒之痛，社稷有翦墜之哀，四海崩心，人神泣血，生民以來，未聞斯禍。奉諱驚號，肝腦塗地，煩冤膈臆，容身無所。

大將軍、諸王幽閑窮省〔六〕，存亡未測。徐僕射、江尚書、袁左率，皆當世標秀，一時忠貞，或正色立朝，或聞逆弗順，並橫分階闥，懸首都市。宗黨夷滅，豈伊一姓，禍毒所流，未知其極。

昔周道告難，齊、晉勤王，漢曆中圮，虛、牟立節，異姓末屬，猶或亡軀，況幕府職同昔人，義兼臣子，所以枕戈嘗膽，苟全視息，志梟元凶，少雪仇恥。今命冠軍將軍領諮議中直兵柳元景、寧朔將軍領中直兵馬文恭等，統勁卒三萬，風馳徑造石頭，分趨白下。輔國將軍領諮議中直兵宗慤等，勒甲楯二萬，征虜將軍領司馬武昌內史沈慶之等，領壯勇五萬，相尋就路。支軍別統，或焚舟破釜，步自姑孰，或迅檝蕪湖，入據雲陽。凡此諸帥，皆英果權奇，智略深贍，名震中土，勳暢遐疆。幕府親董精悍一十餘萬，授律枕戈，駱驛繼邁。司徒叡哲淵謨，赫然震發，徵甲八州，電起荆郢。冠軍將軍臧質忠烈協舉，竈動漢陰。冠軍將軍朱脩之誠節亮款，悉力請奮。荆、雍百萬，稍次近塗，蜀、漢之卒，續已出境。又安東將軍誕、平西將軍遵考、前撫軍將軍蕭思話、征虜將軍魯爽、前寧朔將軍王玄謨，並密信俱到，不契同期，傳檄三吴，馳軍京邑，遠近俱發，揚旍萬里。樓艦騰川，則滄江霧咽，鋭甲赴野，則林薄摧根。謀臣智士，雄夫毅卒，畜志須時，懷憤待用。先聖靈澤，結在民心，逆順大數，冥發天理，無父之國，天下無之。羽檄既馳，華夷響會，以此衆戰，誰能抗禦，以此義動，何往不捷。況逆醜無親，人鬼所背，計其同惡，不盈一旅，崇極羣小，是與比周，哲人君子，必加積忌。傾海注螢，頹山壓卵，商、周之勢，曾何足云。

諸君或奕世貞賢，身缺皇渥，或勳烈肺腑，休否攸同。拘逼凶勢，俛眉寇手，含憤茹慼，不可爲心。大軍近次，威聲已接，便宜因變立功，洗雪滓累；若事有不獲，能背逆歸順，亦其次也；如有守迷遂往，黨一凶類，刑茲無赦，戮及五宗。賞罰之科，信如日月。原火一燎，異物同灰，幸求多福，無貽後悔。書到宣告，咸使聞知。

劭自謂素習武事，語朝士曰：「卿等但助我理文書，勿措意戎陳。若有寇難，吾當自出，唯恐賊虜不敢動耳。」司隸校尉殷沖掌綜文符，左衛將軍尹弘配衣軍旅，蕭斌總衆事。中外戒嚴。防守世祖子於侍中下省，南譙王義宣諸子於太倉空屋。劭使濬與世祖書曰：「聞弟忽起狂檄，阻兵反噬，縉紳憤歎，義夫激怒。古來陵上內侮，誰不夷滅，弟洞覽墳籍，豈不斯具。今主上天縱英聖，靈武宏發，自登宸極，威澤兼宣，人懷甘死之志，物競舍生之節。弟蒙眷遇，著自少長，東宮之權，其來如昨，而信惑姦邪，忘茲恩友，此之不義，人鬼同疾。今水步諸軍悉已備辦，上親御六師，太保又乘鉞臨統〔七〕，吾與烏羊，相尋即道。所以淹霆緩電者，猶冀弟迷而知返耳。故略示懷，言不盡意。主上聖恩，每厚法師，今在殿內住，想弟欲知消息，故及。」烏羊者，南平王鑠；法師，世祖世子小名也。

劭欲殺三鎮士庶家口，江夏王義恭、何尚之説之曰：「凡舉大事者，不顧家口。且多是驅逼，今忽誅其餘累，正足堅彼意耳。」劭謂爲然，乃下書一無所問。使褚湛之戍石頭，劉思考鎮東府〔八〕。濬及蕭斌勸劭勒水軍自上決戰，若不爾，則保據梁山。江夏王義恭慮義兵倉卒，船舫陋小，不宜水戰。乃進策曰：「賊駿小年，未習軍旅〔九〕，遠來疲弊，宜以逸待之。今遠出梁山，則京都空弱，東軍乘虚，容能爲患。若分力兩赴，則兵散勢離。不如養鋭待期，坐而觀釁。」劭善其議，蕭斌厲色曰：「南中郎二十年少，業能建如此大事，豈復可量。三方同惡，勢據上流，沈慶之甚練軍事，柳元景、宗慤屢嘗立功。形勢如此，實非小敵。唯宜及人情未離〔一〇〕，尚可決力一戰。端坐臺城，何由得久。主相咸無戰意，此自天也。」劭不納。疑朝廷舊臣悉不爲己用，厚接王羅漢、魯秀，悉以兵事委之，多賜珍玩美色，以悦其意。羅漢先爲南平王鑠右軍參軍，劭以其有將用，故以心膂委焉。或勸劭保石頭城者，劭曰：「昔人所以固石頭，俟諸侯勤王耳。我若守此，誰當見救。唯應力戰決之，不然不剋。」日日自出行軍，慰勞將士，親督都水治船艦，焚南岸，驅百姓家悉渡水北。使有司奏立子偉之爲皇太子，以褚湛之爲後將軍、丹陽尹，置佐史，驃騎將軍始興王濬爲侍中、中書監、司徒、録尚書六條事，中軍將軍南平王鑠爲使持節、都督南兗兗青徐冀五州諸軍事〔一一〕、征北將軍、開府儀同三司、南兗州刺史，新除左將軍、丹陽尹建平王宏爲散騎常侍、鎮軍將軍、江州刺史。

龐秀之自石頭先衆南奔，人情由是大震。以征虜將軍營道侯義綦即本號爲湘州刺史，輔國將軍檀和之爲西中郎將、雍州刺史。

十九日，義軍至新林，劭登石頭烽火樓望之。二十一日，義軍至新亭。時魯秀屯白石，劭召秀與王羅漢共屯朱雀門。蕭斌統步軍，褚湛之統水軍。二十二日，使蕭斌率魯秀、王羅漢等精兵萬人攻新亭壘，劭登朱雀門躬自督率，將士懷劭重賞，皆爲之力戰。將克，而秀斂軍遽止，爲柳元景等所乘，故大敗。劭又率腹心同惡自來攻壘，元景復破之，劭走還朱雀門，蕭斌臂爲流矢所中。褚湛之携二子與檀和之同共歸順。劭駭懼，走還臺城。其夜，魯秀又南奔。時江夏王義恭謀據石頭，會劭已令濬及蕭斌備守。劭並焚京都軍籍，置立郡縣，悉屬司隸爲民。以前軍將軍、輔國將軍王羅漢爲左衛將軍，輔國如故，左軍王正見爲太子左衛率。二十五日，義恭單馬南奔，自東掖門出，於冶渚過淮。東掖門隊主吳道興是臧質門人，冶渚軍主原稱孫是世祖故史，義恭得免。劭遣騎追討，騎至冶渚，義恭始得渡淮。義恭佐史義故二千餘人，隨從南奔，多爲追兵所殺。劭遣濬殺義恭諸子。以輦迎蔣侯神像於宮内，啓顙乞恩，拜爲大司馬，封鍾山王〔一二〕，食邑萬户，加節鉞。蘇侯爲驃騎將軍。使南平王鑠爲祝文，罪狀世祖。

加濬使持節、都督南徐會二州諸軍事、領太子太傅、南徐州刺史，給班劍二十人，征北將軍、南兗州刺史南平王鑠進號驃騎將軍，與濬並録尚書事。二十七日，臨軒拜息偉之爲太子，百官皆戎服，劭獨衮衣。下書大赦天下，唯世祖、劉義恭、義宣、誕不在原例，餘黨一無所問。

先遣太保參軍庾道、員外散騎侍郎朱和之〔一三〕，又遣殿中將軍燕欽東拒誕。五月，世祖所遣參軍顧彬之及誕前軍，並至曲阿，與道相遇，與戰，大破之。劭遣人焚燒都水西裝及左尚方，決破柏崗方山埭以絶東軍。又悉以上守家之丁巷居者，緣淮豎舶船爲樓，多設大弩。又使司隸治中監琅邪郡事羊希柵斷班瀆、白石諸水口。于時男丁既盡，召婦女親役。

其月三日，魯秀等募勇士五百人攻大航，鉤得一舶。王羅漢副楊恃德命使復航，羅漢昏酣作伎，聞官軍已渡，驚懼放仗歸降。緣渚幢隊，以次奔散，器仗鼓蓋，充塞街衢。是夜，劭閉守六門，於門内鑿塹立柵，以露車爲樓，城内沸亂，無復綱紀。丹陽尹尹弘、前軍將軍孟宗嗣等下及將吏，並踰城出奔。劭使詹叔兒燒輦及衮冕服。蕭斌聞大航不守，惶窘不知所爲，宣令所統，皆使解甲，自石頭遣息約詣闕請罪，尋戴白幡來降，即於軍門伏誅。

四日，太尉江夏王義恭登朱雀門，總羣帥，遣魯秀、薛安都、程天祚等直趣宣陽門。劭軍主徐興祖、羅訓、虞丘要兒等率衆來降。劭先遣龍驤將軍陳叔兒東討，事急，召還。是日始入建陽門，遥見官軍，所領並棄仗走。劭腹心白直諸同逆先屯閶闔門外，並走還入殿。天祚與安都副譚金因而乘之，即得俱入。安都及軍主武念、宗越等相繼進〔四〕，臧質大軍從廣莫門入，同會太極殿前，即斬太子左衞率王正見。建平、東海等七王並號哭俱出。劭穿西垣入武庫井中，隊副高禽執之。濬率左右數十人，與南平王鑠於西明門出，俱共南奔。於越城遇江夏王義恭，濬下馬曰：「南中郎今何所作？」義恭曰：「四海無統，百司固請，上已俯順羣心，君臨萬國。」又曰：「虎頭來得無晚乎？」義恭曰：「殊當恨晚。」又曰：「故當不死耶？」義恭曰：「可詣行闕請罪。」又曰：「未審猶能賜一職自効不？」義恭又曰：「此未可量。」勒與俱歸，於道斬首。

濬字休明，將産之夕，有鵩鳥鳴於屋上〔五〕。元嘉十三年，年八歲，封始興王。十六年，都督湘州諸軍事、後將軍、湘州刺史。仍遷使持節、都督南豫豫司雍并五州諸軍事、南豫州刺史，將軍如故。十七年，爲揚州刺史，將軍如故，置佐領兵。十九年，罷府。二十一年，加散騎常侍，進號中軍將軍。

明年，濬上言：「所統吳興郡，衿帶重山，地多汙澤，泉流歸集，疏決遲壅，時雨未過，已至漂没。或方春輟耕，或開秋沈稼，田家徒苦，防遏無方。彼邦奥區，地沃民阜，一歲稱稔，則穰被京城，時或水潦，則數郡爲災。頃年以來，儉多豐寡，雖賑賚周給，傾耗國儲，公私之弊，方在未已。州民姚嶠比通便宜，以爲二吳、晉陵、義興四郡，同注太湖，而松江滬瀆壅噎不利，故處處涌溢，浸漬成災。欲從武康紵溪開漕谷湖，直出海口，一百餘里，穿渠浛必無閡滯。自去踐行量度，二十許載。去十一年大水，已詣前刺史臣義康欲陳此計，即遣主簿盛曇泰隨嶠周行，互生疑難，議遂寢息。既事關大利，宜加研盡，登遣議曹從事史虞長孫與吳興太守孔山士同共履行，准望地勢，格評高下，其川源由歷，莫不踐校，圖畫形便，詳加竿考，如所較量，決謂可立。尋四郡同患，非獨吳興，若此浛獲通，列邦蒙益。不有蹔勞，無由永晏。然興創事大，圖始當難。今欲且開小漕，觀試流勢，輒差烏程、武康、東遷三縣近民，即時營作。若宜更增廣，尋更列言。昔鄭國敵將，史起畢忠〔二六〕，一開其説，萬世爲利。嶠之所建，雖則芻蕘，如或非妄，庶幾可立。」從之。功竟不立。

二十三年，給鼓吹一部。二十六年，出爲使持節、都督南徐兗二州諸軍事、征北將軍、開府儀同三司、南徐兗二州刺史，常侍如故。二十八年，遣濬率衆城瓜步山，解南兗州。三十年，徙都督荆雍益梁寧南北秦七州諸軍事、衞將軍、開府儀同三司、荆州刺史、領護南鑾校尉，持節、常侍如故。

濬少好文籍，姿質端妍。母潘淑妃有盛寵。時六宮無主，潘專總内政。濬人才既美，母又至愛，太祖甚留心。建平王宏、侍中王僧綽、中書侍郎蔡興宗並以文義往復。初，元皇后性忌，以潘氏見幸，遂以恚恨致崩，故劭深疾潘氏及濬。濬慮將來受禍，乃曲意事劭，劭與之遂善。多有過失，屢爲上所詰讓，憂懼，乃與劭共爲巫蠱。及出鎮京口，聽將揚州文武二千人自隨，優遊外藩，甚爲得意。在外經年，又失南兗，於是復願還朝。廬陵王紹以疾患解揚州，時江夏王義恭外鎮，濬謂州任自然歸己，而上以授南譙王義宣，意甚不悦。乃因員外散騎侍郎徐爰求鎮江陵，又求助於尚書僕射徐湛之。而尚書令何尚之等咸謂濬太子次弟，不宜遠出。上以上流之重，宜有至親，故以授濬。時濬入朝，遣還京，爲行留處分。至京數日而巫蠱事發，時二十九年七月也。上惋歎彌日，謂潘淑妃曰：「太子圖富貴，更是一理。虎頭復如此，非復思慮所及。汝母子豈可一日無我耶。」濬小名虎頭。使左右朱法瑜密責讓濬，辭甚哀切，并賜書曰：「鸚鵡事想汝已聞，汝亦何至迷惑乃爾。且沈懷遠何人，其詎能爲汝隱此耶？故使法瑜口宣，投筆惋慨。」濬慙懼，不知所答。濬還京，本暫去，上怒，不聽歸。其年十二月，中書侍郎蔡興宗問建平王宏曰：「歲無復幾，征北何當至？」宏歎息良久曰：「年内何必還。」在京以沈懷遠爲長流參軍，每夕輒開便門爲微行。上聞，殺其嬖人楊承先。明年正月，荆州事方行，二月，濬還朝。十四日，臨軒受拜。其日，藏嚴道育事發，明旦濬入謝，上容色非常。其夕，即加詰問，濬唯謝罪而已。潘淑妃抱持濬，泣涕謂曰：「汝始呪咀事發，猶冀刻己思愆，何意忽藏嚴道育耶。上責汝深，至我叩頭乞恩，意永不釋。今日用活何爲，可送藥來，當先自取盡，不忍見汝禍敗。」濬奮衣而去，曰：「天下事尋自當判，願小寬憂煎，必不上累。」

劭入弒之旦，濬在西州，府舍人朱法瑜奔告濬曰：「臺內叫喚，宮門皆閉，道上傳太子反，未測禍變所至。」濬陽驚曰：「今當奈何？」法瑜勸入據石頭。濬未得劭信，不知事之濟不，騷擾未知所爲。將軍王慶曰：「今宮內有變，未知主上安危，預在臣子，當投袂赴難。憑城自守，非臣節也。」濬不聽，乃從南門出，徑向石頭，文武從者千餘人。時南平王鑠守石頭，兵士亦千餘人。俄而劭遣張超之馳馬召濬，濬屏人問狀，即戎服乘馬而去。朱法瑜固止濬，濬不從。出至中門，王慶又諫曰：「太子反逆，天下怨憤。明公但當堅閉城門，坐食積粟，不過三日，凶黨自離。公情事如此，今豈宜去。」濬曰：「皇太子令，敢有復言者斬。」既入，見劭，勸殺荀赤松等。劭謂濬曰：「潘淑妃遂爲亂兵所害。」濬曰：「此是下情由來所願。」其悖逆乃如此。

及劭將敗，勸劭入海，輦珍寶繒帛下船，與劭書曰：「船故未至，今晚期當於此下物令畢，願速敕謝賜出船艦。尼已入臺，願與之明日決也。臣猶謂車駕應出此，不爾無以鎮物情。」人情離散，故行計不果。濬書所云尼，即嚴道育也。

及劭入井，高禽於井中牽出之，劭問禽曰：「天子何在？」禽曰：「至尊近在新亭。」將劭至殿前，臧質見之慟哭，劭曰：「天地所不覆載，丈人何爲見哭。」質因辨其逆狀，答曰：「先朝當見枉廢，不能作獄中囚，問計於蕭斌，斌見勸如此。」又語質曰：「可得爲啓，乞遠徙不？」質答曰：「主上近在航南，自當有處分。」縛劭於馬上，防送軍門。既至牙下，據鞍顧望，太尉江夏王義恭與諸王皆共臨視之。義恭詰劭曰：「我背逆歸順，有何大罪，頓殺我家十二兒？」劭答曰：「殺諸弟，此事負阿父。」江湛妻庾氏乘車罵之，龐秀之亦加誚讓，劭厲聲曰：「汝輩復何煩爾！」先殺其四子，謂南平王鑠曰：「此何有哉。」乃斬劭于牙下。臨刑歎曰：「不圖宗室一至於此〔七〕。」

劭、濬及劭四子偉之、迪之、彬之、其一未有名，濬三子長文、長仁、長道，並梟首大航，暴尸於市。劭妻殷氏賜死於廷尉，臨死，謂獄丞江恪曰：「汝家骨肉相殘害，何以枉殺天下無罪人。」恪曰：「受拜皇后，非罪而何？」殷氏曰：「此權時耳，當以鸚鵡爲后也。」濬妻褚氏，丹陽尹湛之女，湛之南奔之始，即見離絕，故免於誅。其餘子女妾媵，並於獄賜死。投劭、濬尸首於江，其餘同逆，及王羅漢等，皆伏誅。張超之聞兵入，逆走至合殿故基，正於御床之所，爲亂兵所殺。割腸刳心，臠剖其肉，諸將生噉之，焚其頭骨。當時不見傳國璽，問劭，云：「在嚴道育處。」就取得之。道育、鸚鵡並都街鞭殺，於石頭四望山下焚其尸，揚灰于江。毀劭東宮所住齋，汙瀦其處。

封高禽新陽縣男，食邑三百户。追贈潘淑妃長寧園夫人，置守冢。

僞司隸校尉殷沖，丹陽尹尹弘，並賜死。沖爲劭草立符文，又妃叔父也。弘二月二十一日平旦入直，至西掖門，聞宮中有變，率城内禦兵至閤道下。及聞劭入，惶怖通啓，求受處分，又爲劭簡配兵士，盡其心力。弘，天水冀人，司州刺史沖弟也。爲太祖所委任。元嘉中，歷太子左右衞率、左右衞將軍，闕人官爵高下，皆以委之。

史臣曰：甚矣哉，宋氏之家難也。自赫胥以降，立號皇王，統天南面，未聞斯禍。唯荆、莒二國，棄夏即戎，武靈胡服，亦背華典。戕賊之釁，事起肌膚，而因心之重，獨止此代。難興天屬，穢流牀笫，愛敬之道，頓滅一時，生民得無左衽，亦爲幸矣。

校勘記

〔一〕臨賀公主啓南第先有一下人欲嫁　「啓」字原闕，孫彪考論卷四：「『南第先』上當有『啓』

字。」今據補。按「南第」，乃借指文帝女東陽公主。「下人」，指東陽公主應閤婢王鸚鵡。先是，東陽主卒，鸚鵡應出嫁，始興王濬乃嫁其爲己之府佐沈懷遠，因未啓文帝而慮事泄，故乃因臨賀公主而言於上耳。

〔二〕正可促其餘命　「促」，原作「保」，據南史卷一四宋宗室及諸王下宋文帝諸子劉劭傳、通鑑卷一二六宋紀元嘉二十九年改。孫虨考論卷四：「『保』字，依語意蓋『促』字誤也。」

〔三〕前右衞率檀和之戍石頭　「右衞率」，本書卷九七夷蠻林邑國傳作「左衞率」。

〔四〕尚書殷沖爲侍中中護軍　「殷沖」，原作「殷仲景」。孫虨考論卷四：「據殷淳傳，殷沖以度支尚書爲元凶侍中、護軍。此殷仲景又一人，按即『沖』字誤，又衍『景』字。」按孫說是，今改正。

〔五〕新渝侯玠　原作「新諭侯球」，據本書卷五一宗室長沙景王道憐傳附劉義宗傳、南史卷一四宋宗室及諸王下宋文帝諸子劉劭傳、通鑑卷一二七宋紀元嘉三十年改。

〔六〕大將軍諸王幽閑窮省　龔道耕蛛隱廬日箋（稿本）：「『閑』當作『閉』。」按文選卷五八蔡邕陳太丘碑文一首「閑心靜居」劉良注：「閑，閉也。」「閑」字恐不誤。

〔七〕太保又乘鉞臨統　「乘鉞」，南史卷一四宋宗室及諸王下宋文帝諸子劉劭傳作「執鉞」。吴金華續議云：「『乘鉞』不成話。其中『乘』字應是『秉』的形誤。」

〔八〕劉思考鎮東府　「劉思考」，原作「劉思孝」。張森楷校勘記：「當作『劉思考』。」張校是，今改正。按劉思考見本書卷五一宗室營浦侯遵考傳。

〔九〕賊駿小年未習軍旅　「駿」，原作「諱」，蓋避諱孝武帝名，今改回。

〔一〇〕唯宜及人情未離　「未離」二字原闕，據通鑑卷一二七宋紀元嘉三十年補。

〔一一〕都督南兗兗青徐冀五州諸軍事　本書卷七二文九王南平穆王鑠傳云是時元凶劭以南平王鑠「都督南兗徐兗青冀幽六州諸軍事」。

〔一二〕封鍾山王　「鍾山」下原衍「郡」字，據通鑑卷一二七宋紀元嘉三十年删。按鍾山，山名，非郡名。

〔一三〕先遣太保參軍庾道員外散騎侍郎朱和之　「庾道」，本書卷七九文五王竟陵王誕傳、册府卷三七九作「庾導」，南史卷一四宋宗室及諸王下宋文帝諸子竟陵王誕傳作「庾遵」。

〔一四〕安都及軍主武念宗越等相繼進　「宗越」，原作「宋越」，據本書卷八三宗越傳改。

〔一五〕有鵩鳥鳴於屋上　「鵩」，原作「伏」，據殿本、南史卷一四宋宗室及諸王下宋文帝諸子始興王濬傳改。殿本考證：「鵩，監本誤伏，今從南史。」

〔一六〕史起畢忠　「畢」，原作「卑」，據北監本、汲本、殿本、局本改。

〔一七〕不圖宗室一至於此　「宗室」，南史卷一四宋宗室及諸王下宋文帝諸子始興王濬傳作「宋室」。

宋書卷一百

列傳第六十

自序

昔少皞金天氏有裔子曰昧，爲玄冥師，生允格、臺駘。臺駘能業其官，宣汾、洮，障大澤以處太原，帝顓頊嘉之，封諸汾川。其後四國，沈、姒、蓐、黄。沈子國，今汝南平輿沈亭是也〔一〕。春秋之時，列於盟會。定公四年，諸侯會召陵伐楚，沈子不會，晉使蔡伐沈，滅之，以沈子嘉歸。其後因國爲氏。自茲以降，譜諜罔存。秦末有沈逞，徵丞相，不就。漢初逞曾孫保，封竹邑侯。保子遵，自本國遷居九江之壽春，官至齊王太傅、敷德侯。遵子達，驃騎將軍。達子乾，尚書令。乾子弘，南陽太守。弘子勗，河内守。勗子奮，御史中丞。奮子恪，將作大匠。恪子謙，尚書、關内侯。謙子靖，濟陰太守。靖子戎字威卿，仕州爲從事，説降劇賊尹良，漢光武嘉其功，封爲海昏縣侯，辭不受。因避地徙居會稽烏程縣之餘不鄉，遂世家焉。順帝永建元年，分會稽爲吴郡〔二〕，復爲吴郡人。靈帝初平五年，分烏程、餘杭爲永安縣〔三〕，吴孫晧寶鼎二年，分吴郡爲吴興郡〔四〕，復爲郡人，雖邦邑屢改，而築室不遷。晉武帝平吴後，太康二年，改永安爲武康縣〔五〕，史臣七世祖延始居縣東鄉之博陸里餘烏邨。王父從官京師，義熙十一年，高祖賜館于建康都亭里之運巷。

戎子酆字聖通，零陵太守，致黄龍芝草之瑞。第二子滸字仲高，安平相。少子景，河間相，演之、慶之、曇慶、懷文其後也〔六〕。滸子鸞字建光，少有高名，州舉茂才，公府辟州別駕從事史。時廣陵太守陸稠，鸞之舅也，以義烈政績，顯名漢朝，復以女妻鸞。年二十三，早卒。子直字伯平，州舉茂才，亦有清名，年二十八卒。

子儀字仲則，少有至行，兄瑜十歲儀九歲而父亡，居喪過禮，毁瘠過於成人。外祖會稽盛孝章，漢末名士也，深加憂傷，每撫慰之，曰：「汝並黄中沖爽，終成奇器，何爲逾制，自取殄滅邪。」三年禮畢，殆至滅性，故兄弟並以孝著。瑜早卒。儀篤學有雅才〔七〕，以儒素自業。時海内大亂，兵革並起，經術道弛，士少全行，而儀淳深隱默，守道不移，風操貞整，不妄交納，唯與族子仲山、叔山及吴郡陸公紀友善。州郡禮請，二府交辟，公車徵，並不屈，以壽終。

子憲字元禮，左中郎、新都都尉、定陽侯，才志顯於吳朝。子矯字仲桓，以節氣立名，仕爲立武校尉、偏將軍，封列侯，建威將軍、新都太守。孫晧時，有將帥之稱。吳平後，爲鬱林、長沙太守，並不就。太康末卒。子陵字景高，太傅東海王越辟爲從事。元帝之爲鎮東將軍，命參軍事。徐馥作亂，殺吳興太守袁琇，陵討平之。子延字思長，桓溫安西參軍、潁川太守。子賀字子寧，桓沖南中郎參軍，圍袁真於壽陽，遇疾卒。

子警字世明，惇篤有行業，學通左氏春秋。家世富殖，財產累千金，仕郡主簿，後將軍謝安命爲參軍，甚相敬重。警內足於財，爲東南豪士，無仕進意，謝病歸，安固留不止，乃謂警曰：「沈參軍，卿有獨善之志，不亦高乎。」警曰：「使君以道御物，前所以懷德而至，既無用佐時，故遂飲啄之願耳。」還家積載，以素業自娛。前將軍、青兗二州刺史王恭鎮京口，與警有舊好，復引爲參軍，手書慇懃，苦相招致，不得已而應之，尋復謝職。子穆夫字彥和，少好學，亦通左氏春秋。王恭命爲前軍主簿，與警書曰：「足下既執不拔之志，高臥東南，故屈賢子共事，非以吏職嬰之也。」初，錢唐人杜子恭通靈有道術，東土豪家及京邑貴望，並事之爲弟子，執在三之敬。警累世事道，亦敬事子恭。子恭死，門徒孫泰、泰弟子恩傳其業，警復事之。隆安三年，恩於會稽作亂，自稱征東將軍，三吳皆響應。穆夫時在會稽，恩以爲前部參軍、振武將軍、餘姚令。其年十二月二十八日，恩爲劉牢之所破，輔國將軍高素於山陰回踵埭執穆夫及僞吳郡太守陸環之、吳興太守丘尪，並見害，函首送京邑，事見隆安故事。先是宗人沈預素無士行，爲警所疾，至是警聞穆夫預亂，逃藏將免矣，預以告官〔八〕，警及穆夫弟仲夫、任夫、預夫、佩夫並遇害，唯穆夫子淵子、雲子、田子、林子、虔子獲全。

淵子字敬深，少有志節，隨高祖克京城，封繁時縣五等侯。參鎮軍、車騎中軍事，又爲道規輔國、征西參軍，領寧蜀太守。與劉基共斬蔡猛於大薄，還爲太尉參軍，從征司馬休之，與徐逵之同没。時年三十五。

子正字元直，淹詳有器度，美風姿，善容止，好老、莊之學。弱冠，州辟從事。宗人光禄大夫演之稱之曰：「此宗中千里駒也。」出爲始寧、烏傷、婁令，母憂去職。服闋，爲隨王誕後軍安南行參軍。誕鎮會稽，復參安東軍事。元嘉三十年，元凶弒立，分江東爲會州，以誕爲刺史。誕將受命，正説司馬顧琛曰：「國家此禍，開闢未聞，今以江東義鋭之衆，爲天下倡始，若馳一介，四方詎不響應。以此雪朝庭冤耻，大明臣子之節，豈可北面凶逆，使殿下受其僞寵。」琛曰：「江東忘戰日久，士不習兵。雖云逆順不同，然彊弱又異，當須四方有義舉者，然後應之，不爲晚也。」正曰：「天下若有無父之國，則可矣。苟其不爾，寧可自安讎耻，而責義於餘方。今正以弒逆冤醜，義不同戴，舉兵之日，豈求必全耶。馮衍有言，大漢之貴臣，將不如荆、齊之賤士乎。況殿下義兼臣子，事實家國者哉。」琛乃與正俱入說誕，誕猶預未決。會尋陽義兵起，世祖使至，誕乃加正寧朔將軍，領軍繼劉季之。誕入爲驃騎大將軍，正爲中兵參軍，遷長水校尉。孝建元年，移青州鎮歷城，臨淄地空，除寧朔將軍、齊北海二郡太守，委以全齊之任。未拜，二年卒，時年四十三。正生好樂，厚自奉養，既終之後，家無餘財。

淵子弟雲子，元嘉中，爲晉安太守。

雲子子煥字士蔚，少爲駙馬都尉、奉朝請。元凶之入弒也，煥時兼中庶子，直坊，逼從入臺。劭既自立，以爲羽林監，辭不拜，拜員外散騎侍郎，使防南譙王義宣諸子，事在義宣傳。仍除丞相行參軍，員外散騎侍郎，南昌令，有能名。晉平王休祐驃騎中兵記室參軍，同僚皆以諂進，煥獨不。頃之，記室參軍周敬祖等爲太宗所責得罪，轉煥諮議參軍。後廢帝元徽中，以爲寧遠將軍、交州刺史，未至鎮，病卒，時年四十五。

田子字敬光，雲子弟也。從高祖克京城，進平京邑，參鎮軍軍事，封營道縣五等侯。義熙五年，高祖北伐鮮卑，田子領偏師，與龍驤將軍孟龍符爲前鋒。慕容超屯臨朐以距大軍，龍符戰没，田子力戰破之。及盧循逼京邑，高祖遣田子與建威將軍孫季高海道襲廣州，加振武將軍。循黨徐道覆還保始興，田子復與右將軍劉蕃同共攻討。循尋還廣州圍季高，田子慮季高孤危，謂藩曰：「廣州城雖險固，本是賊之巢穴，今循還圍之，或有內變。且季高衆力寡弱，不能持久。若使賊還據此，凶勢復振。下官與季高同履艱難，汎滄海，於萬死之中，克平廣州，豈可坐視危逼，不相拯救。」於是率軍南還，比至，賊已收其散卒，還圍廣州。季高單守危迫，聞田子忽至，大喜。田子乃背水結陳，身率先士卒，一戰破之。於是推鋒追討，又破循於蒼梧、鬱林、寧浦。還至廣州，而季高病死。既兵荒之後，山賊競出，攻没城郭，殺害長吏，田子隨宜討伐，旬日平殄。刺史褚叔度至〔九〕，乃還京師。除太尉參軍、振武將軍、淮陵內史，賜爵都鄉侯。復參世子征虜軍事，將軍、內史如故。八年，從討劉毅。十一年，復從討司馬休之，領別軍，與征虜將軍趙倫之，參征虜軍事、振武將軍、扶風太守。

十二年，高祖北伐，田子與順陽太守傅弘之各領別軍，從武關入，屯據青泥。姚泓欲自禦大軍，慮田子襲其後，欲先平田子，然後傾國東出。乃率步軍數萬〔一〇〕，奄至青泥。田子本爲疑兵，所領裁數百，欲擊之。傅弘之曰：「彼衆我寡，難可與敵。」田子曰：「師貴用奇，不必在衆。」弘之猶固執，田子曰：「衆寡相傾，勢不兩立。若使賊圍既固，人情喪沮，事便去矣。及其未整，薄之必克，所謂先人有奪人之志也。」便獨率所領鼓而進。合圍數重，田子撫慰士卒曰：「諸君捐親戚，棄墳墓，出矢石之間，正希今日耳。封侯之業，其在此乎。」乃棄糧毁舍，躬勒士卒，前後奮擊，所向摧陷。所領江東勇士，便習短兵，鼓譟奔之，賊衆一時潰散，所殺萬餘人，得泓僞乘輿服御。高祖表言曰：「參征虜軍事、振武將軍、扶風太守沈田子，率領勁鋭，背城電激，身先士卒，勇冠戎陳，奮寡對衆，所向必摧，自辰及未，斬馘千數。泓喪旗棄衆，奔還霸西，咸陽空盡，義徒四合，清蕩餘燼，勢在跂踵。」公天子慰勞高祖曰：「逋寇阻隘，晏安假日，舉斧函谷，規延王誅，羣師勤王，將離寒暑。公躬秉鈇鉞，稜威首塗，戎輅載脂，則郊壘疊卷，崤陝甫踐，則潼塞開扃。姚泓窘逼，棄城送死，藍田偏師，覆之霸川，甲首成林，俘獲蔽野，僞首奔迸，華、戎雲集，積紀逋寇，旦夕夷殄。」長安既平，高祖燕于文昌殿，舉酒賜田子曰：「咸陽之平，卿之功也。」即以咸陽相賞。」田子謝曰：「咸陽之平，此實聖略所振，武臣效節，田子何力之有。」即授咸陽、始平二郡太守。大軍既還，桂陽公義真留鎮長安，以田子爲安西中兵參軍、龍驤將軍、始平太守。時佛佛來寇，田子與安西司馬王鎮惡俱出北地禦之。初，高祖將還，田子及傅弘之等並以鎮惡家在關中，不可保信，屢言之高祖。高祖曰：「今留卿文武將士精兵萬人。彼若欲爲不善，正足自滅耳。勿復多言。」及俱出北地，論者謂鎮惡欲盡殺諸南人，以數千人送義真南還〔一一〕，因據關中反叛。田子與弘之謀，矯高祖令誅之，併力破佛佛，安關中，然後南還謝罪。田子宗人沈敬仁驍果有勇力，田子於弘之營内請鎮惡計事，使敬仁於坐殺之，率左右數十人自歸義真。長史王修收殺田子於長安稾倉門外，是歲義熙十四年正月十五日也。時年三十六。田子初以功應封，因此事寢。高祖表天子，以田子卒發狂易，不深罪也。無子，弟林子以第二子亮爲後。

亮字道明，清操好學，善屬文。未弱冠，州辟從事。會稽太守孟顗在郡不法，亮糾劾免官，又言災異，轉西曹主簿。時三吴水淹，穀貴民饑，刺史彭城王義康使立議以救民急，亮議以：「東土災荒，民凋穀踊，富民蓄米，日成其價。宜班下所在，隱其虚實，令積蓄之家，聽留一年儲，餘皆勒使糶貨，爲制平價，此所謂常道行於百世，權宜用於一時也。又緣淮歲豐，邑富地穰，麥既已登，黍粟行就，可析其估賦，仍就交市，三吴饑民，即以貸給，使强壯轉運，以贍老弱。且酒有喉脣之利，而非飡餌所資，尤宜禁斷，以息遊費。」即並施行。亮世祖出鎮歷陽，行參征虜軍事。民有盜發冢者，罪所近村民，與符伍遭劫不赴救同坐。亮議曰：

尋發冢之情，事止竊盜，徒以侵亡犯死，故同之嚴科。夫穿掘之侶，必銜枚以晦其迹；劫掠之黨，必讙呼以威其事。故赴凶赫者易，應潛密者難。且山原爲無人之鄉，丘壟非恒塗所踐，至於防救，不得比之村郭。督實效名，理與劫異，則符伍之坐，居宜降矣。又結罰之科，雖有同符伍之限，而無遠近之斷。

夫冢無村界，當以比近坐之，若不域之以界，則數步之內，與十里之外，便應同罹其責。防民之禁，不可頓去，止非之憲，宜當其律。愚謂相去百步內赴告不時者〔三〕，一歲刑，自此以外，差不及罰。

又啓太祖陳府事曰：「伏見西府兵士，或年幾八十，而猶伏隸；或年始七歲，而已從役。衰耗之體，氣用湮微，兒弱之軀，肌膚未實，而使伏勤昏稚，騖苦傾晚，於理既薄，爲益實輕。書制休老以六十爲限，役少以十五爲制，若力不周務，故當粗存優減。」詔曰：「前已令卿兄改革，尋值遷回，竟是不施行耶，今更勑西府也。」時營創城府，功課嚴促，亮又陳之曰：

經始城宇，莫非造創，基築既廣，夫課又嚴，不計其勞，苟務其速，以歲月之事，求不日之成。比見役人未明上作，閉鼓乃休，呈課既多，理有不逮。至於息日，拘備關限，方涉暑雨，多有死病，頃日所承，亦頗有逃逸。竊惟此既內藩，事殊外鎮，撫莅之宜，無繫早晚。若得少寬其工課，稍均其優劇，徒隸既苦，易以悅加，考其卒功，廢闕無幾。

臣聞不居其職，不謀其事，庖割有主，尸不越樽，豈臣疎小，所當預議。但臣泳恩歲厚，服義累世，苟是所懷，忘其常體。

詔答曰：「啓之甚佳。此亦由來常患，比屢敕之，猶復如此，甚爲無理。近復令孟休宣旨，想當不同，卿比可密觀其優劇也。」始興王濬臨揚州，復爲主簿、秣陵令，善擿姦伏，有非必禽。太祖稱其能，入爲尚書都官郎。

襄陽地接邊關，江左來未有皇子重鎮。元嘉二十二年，世祖出爲撫軍將軍、雍州刺史。天子甚留心，以舊宛比接二關，咫尺崤、陝，蓋襄陽之北扞，且表裏彊蠻，盤帶疆埸，以亮爲南陽太守，加揚武將軍。邊蠻畏服，皆納賦調，有數村狡猾，亮悉誅之。遣吏巡行諸縣，孤寡老疾不能自存者，皆就蠲養，耆年老齒，歲時有餼。時儒學崇建，亮開置庠序，訓授生徒。民多發冢，并婚嫁違法，皆嚴爲條禁。郡界有古時石堨，蕪廢歲久，亮籤世祖修治之，曰：「施生興業，首教農畝，立民崇政，訓本播穡，故能殷邦康俗，禮節用成。頃北洛侵蕪，南宛彫毀，獫狁肆凶，犬夷充疆，遠肅烽驛，近虞郊鬨，遂使沃衍弗井，巨防莫修，窘力輟耕，闕於分地，凶荒無待，流冗及今。禮化孚內，威禁清外，斯實去盜修畎，昭農緒稼之時，弘圖廣務，拓土祈年之日。殿下降心育物，振民復古，且方提封榛棘，綏入殊荒。竊見郡境有舊石堨，區野腴潤，實爲神皋，而蕪決稍積，久廢其利，凡管所見，謂宜創立。昔文翁守官，起沃成産，偉連撫民，開奥增業，惠昭二邦，庸列兩漢。雖効政圖功，不見所絕，聯事惟忝，憂同職同。」□□□□□□□□□□□□□□□□□□□□□又修治馬人陂，民獲其利。在任四年，遷南譙王義宣司空中兵參軍，詔曰：「陜西心膂須才，故授卿此職。」隨王誕鎮襄陽，復爲後軍中兵，領義成太守。亮莅官清約，爲太祖所嘉，賜以車馬服玩，前後累積。每遠方貢獻絶國勳器，輒班賚焉。又賜書二千卷。二十七年，卒官，時年四十七。所著詩、賦、頌、讚、三言、誄、哀辭、祭告請雨文、樂府、挽歌、連珠、教記、白事、牋、表、籤、議一百八十九首。

林子字敬士，田子弟也。少有大度，年數歲，隨王父在京口，王恭見而奇之，曰：「此兒王子師之流也。」與衆人共見遺寶，咸爭趨之，林子直去不顧。年十三，遇家禍，時雖逃竄，而哀號晝夜不絶聲。王母謂之曰：「汝當忍死彊視，何爲空自殄絶。」林子曰：「家門酷横，無復假日之心，直以至讎未復，故且苟存耳。」一門既陷妖黨，兄弟並應從誅，逃伏草澤，常慮及禍，而沈預家甚彊富，志相陷滅。林子與諸兄晝藏夜出，即貨所居宅，營墓葬父祖諸叔，凡六喪，儉而有禮。時生業已盡，老弱甚多，東土饑荒，易子而食，外迫國網，内畏彊讎，沈伏山草，無所投厝。時孫恩屢出會稽，諸將東討者相續，劉牢之、高素之徒放縱其下，虜暴縱横，獨高祖軍政嚴明，無所侵犯。林子乃自歸曰：「妖賊擾亂，僕一門悉被驅逼，父祖諸叔，同罹禍難，猶復偷生天壤者，正以仇讎未復，親老漂寄耳。今日見將軍伐惡旌善，是有道之師，謹率老弱，歸罪請命。」因流涕哽咽，三軍爲之感動。高祖甚奇之，謂曰：「君既是國家罪人，彊讎又在鄉里，唯當見隨還京，可得無恙。」乃載以別船，遂盡室移京口，高祖分宅給焉。博覽衆書，留心文義，從高祖剋京城，進平都邑。時年十八，身長七尺五寸。沈預慮林子爲害，常被甲持戈。至是林子與兄田子還東報讎。五月夏節日至，預正大集會，子弟盈堂，林子兄弟挺身直入，斬預首，男女無長幼悉屠之，以預首祭父、祖墓。仍爲本郡所命，劉毅又板爲冠軍參軍〔一三〕，並不就。林子以家門荼蓼，無復仕心，高祖敦逼，至彌年不起。及高祖爲揚州，辟爲從事，謂曰：「卿何由遂得不仕。頃年相申，欲令萬物見卿此心耳。」固辭不得已，然後就職，領建熙令，封資中縣五等侯，時年二十一。

義熙五年，從伐鮮卑，行參鎮軍軍事。大軍於臨朐交戰，賊遣虎班突騎馳軍後，林子率精勇東西奮擊，皆大破之。慕容超退守廣固，復與劉敬宣攻其西隅。廣固既平，而盧循奄至。初，循之下也，廣固未拔，循潛遣使結林子及宗人叔長。林子即密白高祖，叔長不以聞，反以循旨動林子。叔長素驍果，高祖以超未平，隱之，還至廣固，乃誅叔長。謂林子曰：「昔魏武在官渡，汝、兗之士，多懷貳心，唯李通獨斷大義，古今一也。」循至蔡洲〔一四〕，貴遊之徒，皆議遠徙，唯林子請移家京邑，高祖怪而問之，對曰：「耿純盡室從戎，李典舉宗居魏。林子雖才非古人，實受恩深重。」高祖稱善久之。林子時領別軍於石頭，屢戰摧寇。循每戰無功，乃僞揚聲當悉衆於白石步上，而設伏於南岸，故大軍初起白石，留林子與徐赤特斷拒查浦〔一五〕。林子乃進計曰：「此言妖詐，未必有實，宜深爲之防。」高祖曰：「石頭城險，且淮柵甚固，留卿在後，足以守之。」大軍既去，賊果上，赤特將擊之，林子曰：「賊聲往白石，而屢來挑戰，其情狀可知矣。賊養鋭待期，而吾衆不盈二旅，難以有功。今距守此險，足以自固。若賊僞計不立，大軍尋反，君何患焉。」赤特曰：「今賊悉衆向白石，留者必皆羸老，以鋭卒擊之，無不破也。」便鼓譟而出，賊伏兵齊發，赤特軍果敗，棄軍奔北岸，林子率軍收赤特散兵，進戰，摧破之。徐道覆乃更上鋭卒，沿塘數里。林子策之曰：「賊沿塘結陣，戰者不過一隊。今我據其津而阨其要，彼雖鋭師數里，不敢過而東必也。」於是乃斷塘而鬬。久之，會朱齡石救至，與林子并勢，賊乃散走。大軍至自白石，殺赤特以殉，以林子參中軍軍事。

從征劉毅，轉參太尉軍事。十一年，復從討司馬休之。高祖每征討，林子輒摧鋒居前，雖有營部，至於宵夕，輒勑還內侍。賊黨郭亮之招集蠻衆，屯據武陵，武陵太守王鎮惡出奔，林子率軍討之，斬亮之於七里澗，納鎮惡。武陵既平，復討魯軌於石城，軌棄衆奔襄陽，復追躡之。襄陽既定，權留守江陵。

十二年，高祖領平北將軍，林子以太尉參軍，復參平北軍事。其冬，高祖伐羌，復參征西軍事，悉署三府中兵，加建武將軍，統軍爲前鋒，從汴入河。時襄邑降人董神虎有義兵千餘人，高祖欲綏懷初附，即板爲太尉參軍，加揚武將軍，領兵從戎。林子率神虎攻倉垣，剋之，神虎伐其功，徑還襄邑。林子軍次襄邑，即殺神虎而撫其衆。時僞建威將軍、河北太守薛帛先據解縣，林子至，馳往襲之，帛棄軍奔關中，林子收其兵糧。僞并州刺史、河東太守尹昭據蒲坂，林子於陝城與冠軍檀道濟同攻蒲坂，龍驤王鎮惡攻潼關。姚泓聞大軍至，遣僞東平公姚紹爭據潼關。林子謂道濟曰：「今蒲坂城堅池深，不可旬日而剋，攻之則士卒傷，守之則引日久，不如棄之，還援潼關。且潼關天阻，所謂形勝之地，鎮惡孤軍，勢危力屈。若使姚紹據之，則難圖也。及其未至，當并力爭之。若潼關事捷，尹昭可不戰而服。」道濟從之。既至，紹舉關右之衆，設重圍圍林子及道濟、鎮惡等。時懸師深入，糧輸艱遠，三軍疑阻，莫有固志。道濟議欲渡河避其鋒，或欲棄捐輜重，還赴高祖，林子按劍曰：「相公勤王，志清六合，許、洛已平，關右將定，事之濟否，所係前鋒。今捨已捷之形，棄垂成之業，大軍尚遠，賊衆方盛，雖欲求還，豈可復得。下官受命前驅，誓在盡命，今日之事，自爲將軍辦之。然二三君子，或同業艱難，或荷恩罔極，以此退撓，亦何以見相公旗鼓耶。」塞井焚舍，示無全志，率麾下數百人犯其西北，紹衆小靡，乘其亂而薄之，紹乃大潰，俘虜以千數，悉獲紹器械資實。時諸將破賊，皆多其首級，而林子獻捷書至，每以實聞，高祖問其故，林子曰：「夫王者之師，本有征無戰，豈可復增張虛獲，以自夸誕〔一六〕。國淵以事實見賞，魏尚以盈級受罰，此亦前事之師表，後乘之良轍也。」高祖曰：「乃所望於卿也。」

初，紹退走，還保定城，留僞武衛將軍姚鸞精兵守嶮〔一七〕。林子銜枚夜襲，即屠其城，劓鸞而坑其衆。高祖賜書曰：「頻再破賊，慶快無譬。既屢摧破，想不復久耳。」紹復遣撫軍將軍姚讚將兵屯河上，絶水道。讚壘壍未立，林子邀擊，連破之，讚輕騎得脱，衆皆奔散。紹又遣長史領軍將軍姚伯子、寧朔將軍安鸞、護軍姚默騾、平遠將軍河東太守唐小方率衆三萬，屯據九泉〔一八〕，憑河固險，以絶糧援。高祖以通津阻要，兵糧所急，復遣林子爭據河源。林子率太尉行參軍嚴綱、竺靈秀卷甲進討，累戰，大破之，即斬伯子、默騾、小方三級，所俘馘及驢馬器械甚多。所虜獲三千餘人，悉以還紹，使知王師之弘。兵糧兼儲，三軍鼓行而西矣。或曰〔一九〕：「彼去國遠鬭，其鋒不可當。」林子白高祖曰：「姚紹氣蓋關右，而力以勢屈，外兵屢敗，衰亡協兆，但恐凶命先盡，不得以釁齊斧耳。」尋紹疽發背死。高祖以林子言驗，乃賜書曰：「姚紹忽死〔二〇〕，可謂天誅。」於是讚統後事，鳩集餘衆，復襲林子。林子率師禦之，旗鼓未交，一時披潰，讚輕騎遁走。既連戰皆捷，士馬旌旗甚盛，高祖賜書勸勉，并致縑帛肴漿。

高祖至閿鄉，姚泓掃境内之民，屯兵嶢柳〔二一〕。時田子自武關北入，屯軍藍田，泓自率大衆攻之。高祖慮衆寡不敵，遣林子步自秦嶺，以相接援。比至，泓已摧破，兄弟復共追討，泓乃舉衆奔霸西。田子欲窮追，進取長安，林子止之，曰：「往取長安，如指掌耳。復剋賊城，便爲獨平一國，不賞之功也。」田子乃止。復參相國事，總任如前。林子威聲遠聞，三輔震動，關中豪右，望風請附。西州人李焉等並求立功，孫姐羌雜夷及姚泓親屬，盡相率歸林子。高祖以林子綏略有方，頻賜書褒美，并令深慰納之。長安既平，殘羌十餘萬口，西奔隴上，林子追討至寡婦水，轉鬭達于槐里，剋之，俘獲萬計。

大軍東歸，林子領水軍於石門，以爲聲援。還至，朝議欲授以一州八郡〔二二〕，高祖器其才智，不使出也。故出仕以來，便管軍要，自非戎車所指〔二三〕，未嘗外典焉。後太祖出鎮荆州，議以林子及謝晦爲蕃佐，高祖曰：「吾不可頓無二人，林子行則晦不宜出。」乃以林子爲西中郎中兵參軍，領新興太守。林子思議弘深，有所陳畫，高祖未嘗不稱善。大軍還至彭城，林子以行役既久，士有歸心，深陳事宜，并言：「聖王所以戒慎祇肅，非以崇威立武，寔乃經國長民，宜廣建蕃屏，崇嚴宿衞。」高祖深相訓納〔二四〕。俄而謝翼謀反，高祖歎曰：「林子之見，何其明也。」太祖進號鎮西，隨府轉，加建威將軍、河東太守。時高祖以二虜侵擾，復欲親戎，林子固諫，高祖答曰：「吾輒當不復自行。」

高祖踐阼，以佐命功，封漢壽縣伯，食邑六百户，固讓，不許。傅亮與林子書曰：「班爵疇勳，歷代常典，封賞之發，簡自帝心。主上委寄之懷，實參休否，誠心所期，同國榮戚，政復是卿諸人共弘建内外耳。足下雖存挹退，豈得獨爲君子邪。」除府諮議參軍，將軍、太守如故。尋召暫下，以中兵局事副録事參軍王華。上以林子清公勤儉，賞賜重疊，皆散於親故。家無餘財，未嘗問生産之事，中表孤貧悉歸焉。遭母憂，還東葬，乘輿躬幸，信使相望。葬畢，詔曰：「軍國多務，内外須才，前鎮西諮議、建威將軍、河東太守沈林子，不得遂其情事，可輔國將軍起。」林子固辭，不許，賜墨詔，朔望不復還朝，每軍國大事，輒詢問焉。時領軍將軍謝晦任當國政，晦每疾寧，輒攝林子代之。林子居喪至孝，高祖深相憂愍。頃之有疾，上以林子孝性，不欲使哭泣減損，逼與入省，日夕撫慰。敕諸公曰：「其至性過人，卿等數慰視之。」小差乃出。上尋不豫，被敕入侍醫藥，會疾動還外。永初三年，薨，時年四十六。羣公知上深相矜重，恐以實啓，必有損慟，每見呼問，輒答疾病還家，或有中旨，亦假爲其答。高祖尋崩，竟不知也。賜東園祕器，朝服一具，衣一襲，錢二十萬，布二百匹。詔曰：「故輔國將軍沈林子，器懷真審，忠績允著，才志未遂，傷悼在懷。可追贈征虜將軍。」有司率常典也。元嘉二十五年，謚曰懷伯。

林子簡泰廉靖，不交接世務，義讓之美，著於閨門，雖在戎旅，語不及軍事。所著詩、賦、贊、三言、箴、祭文、樂府、表、牋、書記、白事、啓事、論、老子一百二十一首。太祖後讀林子集，歎息曰：「此人作公，應繼王太保。」子邵嗣。

邵字道輝，美風姿，涉獵文史。襲爵，駙馬都尉、奉朝請。太祖以舊恩召見，入拜，便流涕，太祖亦悲不自勝。會彊弩將軍缺，上詔録尚書彭城王義康曰：「沈邵人身不惡，吾與林子周旋異常，可以補選。」事見宋文帝中詔。於是拜彊弩將軍。出爲鍾離太守，在郡有惠政，夾淮人民慕其化，遠近莫不投集。郡先無市，時江夏王義恭爲南兗州，啓太祖置立焉。事見宋文帝中詔。義恭又啓太祖曰：「盱眙太守劉顯真求自解說，邵往莅任有績，彰於民聽，若重授盱眙，足爲良二千石。」上不許，曰：「其願還經年，方復作此流遷，必當大罔罔也。」事見宋文帝中詔。上勑州辟邵弟亮，邵以從弟正蚤孤，乞移恩於正，上嘉而許之。在任六年，入爲衡陽王義季右軍中兵參軍。始興王濬初開後軍府〔二五〕，又爲中兵。義季在江陵，安西府中兵久缺，啓太祖求人，上答曰：「稱意才難得。沈邵雖未經軍事，既是腹心，作鍾離郡，及在後軍府，房中甚修理，或欲遣之。」其事不果。事見宋文帝中詔。入爲通直郎。時上多行幸，還或侵夜，邵啓事陳論，即爲簡出。前後密陳政要，上皆納用之，深相寵待，晨夕兼侍，每出游，或敕同輦。時車駕祀南郊，特詔邵兼侍中負璽，代真官陪乘。大將軍彭城王義康出鎮豫章，申謨爲中兵參軍，掌城防之任，廬陵王紹爲江州，以邵爲南中郎府録事參軍，行府州事，事未行，會謨丁艱，邵代謨爲大將軍中兵，加寧朔將軍。事見宋文帝中詔。邵南行，上遂相任委，不復選代，仍兼録事，領城局。後義康被廢，邵改爲廬陵王紹南中郎參軍，將軍如故。義康徙安成，邵復以本號爲安成相。在郡以寬和恩信，爲南土所懷。郡民王孚有學業，志行見稱州里，邵莅任未幾，而孚卒，邵贈以孝廉，板教曰：「前文學主簿王孚，行絜業淳，棄華息競，志學修道，老而彌篤。方授右職，不幸暴亡，可假孝廉檄，薦以特牲。緬想延陵，以遂本懷。」邵慰卹孤老，勸課農桑，前後累蒙賞賜。邵疾病，使命累續，遣御醫上藥，異味遠珍，金帛衣裘，相望不絶。元嘉二十六年，卒，時年四十三。上甚相痛悼。

子侃嗣，官至山陽王休祐驃騎中兵參軍、南沛郡太守。侃卒，子整應襲爵，齊受禪，國除。

璞字道真，林子少子也。童孺時，神意閑審，有異於衆。太祖問林子：「聞君小兒器質不凡，甚欲相識。」林子令璞進見，太祖奇璞應對，謂林子曰：「此非常兒。」年十許歲，智度便有大成之姿，好學不倦，善屬文，時有憶識之功。尤練究萬事，經耳過目，人莫能欺之。居家精理，姻族資賴。弱冠，吴興太守王韶之再命，不就。張邵臨郡，又命爲主簿，除南平王左常侍。太祖引見，謂曰：「吾昔以弱年出蕃，卿家以親要見輔，今日之授，意在不薄。王家之事，一以相委，勿以國官乖清塗爲罔罔也。」

元嘉十七年，始興王濬爲揚州刺史，寵愛殊異，以爲主簿。時順陽范曄爲長史，行州事。曄性頗疎，太祖召璞謂曰：「神畿之政，既不易理。濬以弱年臨州，萬物皆屬耳目，賞罰得失，特宜詳慎。范曄性疎，必多不同。卿腹心所寄，當密以在意。彼雖行事，其實委卿也。」璞以任遇既深，乃夙夜匪懈，其有所懷，輒以密啓，每至施行，必從中出。曄正謂聖明留察，故深更恭慎，而莫見其際也。在職八年，神州大治，民無謗黷，璞有力焉。二十二年，范曄坐事誅，于時濬雖曰親覽，州事一以付璞。太祖從容謂始興王曰：「沈璞奉時無纖介之失，在家有孝友之稱，學優才贍，文義可觀，而沈深守靜，不求名譽，甚佳。汝但應委之以事，乃宜引與晤對〔二六〕。」濬既素加賞遇，又敬奉此旨。璞嘗作舊宮賦，久而未畢，濬與璞疏曰：「卿常有速藻，舊宮何其淹耶，想行就耳。」璞因事陳答，辭義可觀。濬重教曰：「卿沈思淹日，向聊相敦問〔二七〕，還白斐然，遂兼紙翰。昔曹植有言，下筆成章，良謂逸才贍藻，誇其辭説，以今況之，方知其信。執省躊躇，三復不已。吾遠慙楚元，門盈申、白之賓，近愧梁孝，庭列枚、馬之客，欣恧交至，諒唯深矣。薄因末牘，以代一面。」又與主簿顧邁、孔道存書曰：「沈璞淹思踰歲，卿研慮數旬，瓌麗之美，信同在昔。向聊問之，而還答累翰，辭藻豔逸，致慰良多。既欣股肱備此髦楚，還慙予躬無德而稱。復裁少字，宣志於璞，聊因尺紙，使卿等具知厥心。」此書真本猶存。濬年既長，璞固求辭事，上雖聽許，而意甚不悦。以璞爲濬始興國大農，尋除秣陵令。

時天下殷實，四方輻輳，京邑二縣，號爲難治。璞以清嚴制下，端平待物，姦吏斂手，猾民知懼。其閭里少年，博徒酒客，或財利爭鬬，妄相誣引，前後不能判者，璞皆知其名姓，及巧詐緣由，探擿是非，各標證據，或辨甲有以知乙，或驗東而西事自顯，莫不厭伏，有如神明。以疾去職。太祖厚加存問，賞賜甚厚。濬出爲南徐州，謂璞曰：「濬既出蕃，卿故當卧而護之。」與濬詔曰：「沈璞累年主簿，又經國卿，雖未嘗爲行佐，今故當正參軍耶。若爾，正當署餘曹，兼房任。不爾，便宜行佐正署中兵，恐於選體如不多耳。」事見宋文帝中詔。乃爲正佐。

俄遷宣威將軍、盱眙太守。時王師北伐，彭、汴無虞。璞以彊寇對陣，事未可測，郡首淮隅，道當衝要，乃修城壘，浚重隍，聚材石〔二八〕，積鹽米，爲不可勝之筭。衆咸不同，朝旨亦謂爲過。俄而賊大越逸，索虜大帥託跋燾自率步騎數十萬，陵踐六州，京邑爲之騷懼，百守千城，莫不奔駭。腹心勸璞還京師，璞曰：「若賊大衆，不盻小城，故無所懼。若肉薄來攻，則成禽也。諸君何嘗見數十萬人聚在一處，而不敗者。昆陽、合淝，前事之明驗。此是吾報國之秋，諸君封侯之日。」衆既見璞神色不異，老幼在焉，人情乃定。收集得二千精手，謂諸將曰：「足矣。但恐賊不過耳。」賊既濟淮，諸軍將帥毛熙祚、胡崇之、臧澄之等〔二九〕，爲虜所覆，無不殄盡，唯輔國將軍臧質挺身走，收散卒千餘人來向城。衆謂璞曰：「若不攻則無所事衆，若其來也，城中止可容見力耳，地狹人多，鮮不爲患。且敵衆我寡，人所共知，雖云攻守不同，故當粗量彊弱，知難而退，亦用兵之要。若以質衆法能退敵完城者，則全功不在我〔三〇〕，若宜避賊歸都，會資舟檝，則更相蹂踐，正足爲患。今閉門勿受，不亦可乎。」璞嘆曰：「不然。賊不能登城，爲諸君保之。舟檝之計，固已久息。賊之殘害，古今之未有，屠剝之刑，衆所共見，其中有福者，不過得驅還北國作奴婢耳。彼雖烏合，寧不憚此耶。所謂『同舟而濟，胡、越不患異心』也。今人多則退速，人少則退遲，吾寧欲專功緩賊乎。」乃命開門納質。質見城隍阻固，人情輯和，鮭米豐盛，器械山積，大喜，衆皆稱萬歲。及賊至，四面蟻集攻城，璞與質隨宜應拒，攻守三旬，殄其太半，燾乃遁走。有議欲追之者，璞曰：「今兵士不多，又非素附，雖固守有餘，未可以言戰也。但可整舟艫，示若欲渡岸者，以速其走計，不須實行。」咸以爲然。

臧質以璞城主，使自上露板。璞性謙虛，推功於質。既不自上，質露板亦不及焉。太祖嘉璞功効，遣中使深相褒美。太祖又別詔曰：「近者險急，老弱殊當憂迫耶。念卿爾時，難爲心想。百姓流轉已還，此遣部運尋至，委卿量所贍濟也。」始興王濬亦與璞書曰：「狡虜狂凶，自送近服，僞將即斃，酋長傷殘，實天威所喪，卿諸人忠勇之効也。吾式遏無素，致境蕪民瘠，負乘之愧，允當其責。近乞退謝愆，不蒙垂許，故以報卿。」宣城太守王僧達書與璞曰：「足下何如，想館舍正安〔三二〕，士馬無恙。離析有時，音旨無日，憂詠沈吟，增其勞望。間者獯獫扈橫，掠剥邊鄙，郵販絶塵，坰介靡達，瞻江眄淮，眇然千里。吾聞涇陽梗棘，伊滑荐遁，烏集絃絶，患深自古。承知廼昔寇苦城境，勝胄朝湌，伍甲宵舍，烽鼓交警，羽鏑驟合。而足下砥兵礪伍，總厲豪彦，師請一奮，氓無貳情。遂能固孤城，覆嚴對，陷死地，覿生光，古之田、孫，何以尚茲。商驛始通，粗知梗概，崇讚膽智，嘉賀文猛，甚善甚善。吾近以戎暴横斥，規効情命，收龜落簪，星舍京里，既獲耑至，胡馬卷迹，支離霑德，復繼前緒，行葦之懽，實協初慮。但乖塗重隔，顧增慨涕，比恒疾卧，憂委兼疊，裁書送想，無斁久懷〔三三〕。」

徵還，淮南太守，賞賜豐厚，日夕讌見。朝士有言璞功者，上曰：「臧質姻戚，又年位在前，盱眙元功，當以歸之。沈璞每以謙自牧，唯恐賞之居前，此士燮之意也。」時中書郎缺，尚書令何尚之領吏部，舉璞及謝莊、陸展，事不行。事見文帝中詔。凡中詔今悉在臺，猶法書典書也。

三十年，元凶弑立，璞乃號泣曰：「一門蒙殊常之恩，而逢若斯之運，悠悠上天，此何人哉。」日夜憂歎，以至動疾。會二凶逼令送老弱還都，璞性篤孝，尋聞尊老應幽執，輒哽咽不自勝，疾遂增篤，不堪遠迎，世祖義軍至界首，方得致身。先是，琅邪顏竣欲與璞交，不酬其意，竣以致恨。及世祖將至都，方有讒說以璞奉迎之晚，横罹世難，時年三十八。所著賦、頌、讚、祭文、誄、七、弔、四五言詩、牋、表，皆遇亂零失，今所餘詩筆雜文凡二十首。璞有子曰約〔三三〕。

伯玉字德潤，虔子子也。温恭有行業，能爲文章。少除世祖武陵國侍郎，轉右常侍，南中郎行參軍，自國入府，以文義見知，文章多見世祖集。世祖踐祚，除員外散騎郎，不拜。左衞顏竣請爲司馬。出補句容令，在縣有能名。復爲江夏王義恭太宰行參軍，與奉朝請謝超宗、何法盛校書東宫，復爲餘姚令，還爲衞尉丞。世祖舊臣故佐，普皆升顯，伯玉自守私門，朔望未嘗問訊。顏師伯、戴法興等並有蕃邸之舊，一不造問，由是官次不進。上以伯玉容狀似畫圖仲尼像，常呼爲孔丘。舊制車駕出行，衞尉丞直門，常戎服。張永謂伯玉曰：「此職乖卿志。」王景文亦與伯玉有舊，常陪輦出，指伯玉白上：「孔丘奇形容。」上於是特聽伯玉直門服玄衣。出爲晉安王子勛前軍行參軍，侍子勛讀書。隨府轉鎮軍行佐。前廢帝時，王景文領選，謂子勛典籤沈光祖曰：「鄧琬一旦爲長史行事，沈伯玉先帝在蕃□佐，今猶不改〔三四〕，民生定不應佳。」戴法興聞景文此言，乃轉伯玉爲參軍事。子勛初起兵，轉府功曹。及即僞位，以爲中書侍郎。初，伯玉爲衞尉丞，太宗爲衞尉，共事甚美。及子勛敗，伯玉下獄，見原，猶以在南無誠，被責，除南臺御史，尋轉武陵國詹事，又轉大農，母老解職。貧薄理盡，閑卧一室，自非弔省親舊，不嘗出門。司徒袁粲、司空褚淵深相知賞，選爲永世令，轉在永興，皆有能名。後廢帝元徽三年，卒，時年五十七。伯玉性至孝，奉親有聞，未嘗妄取於人，有物輙散之知故。温雅有風味，和而能辨，與人共事，皆爲深交。

弟仲玉，泰始末，爲寧朔長史、蜀郡太守。益州刺史劉亮卒，仲玉行府州事。巴西李承明爲亂，仲玉遣司馬王天生討平之。廢帝詔以爲安成王撫軍中兵參軍，加建威將軍。沈攸之請爲征西諮議，未拜，卒。

史臣年十三而孤，少頗好學，雖棄日無功，而伏膺不改。常以晉氏一代，竟無全書，年二十許，便有撰述之意。泰始初，征西將軍蔡興宗爲啓明帝，有勑賜許，自此迄今，年逾二十，所撰之書，凡一百二十卷。條流雖舉，而採掇未周，永明初，遇盜失第五帙。建元四年未終，被勑撰國史。永明二年，又忝兼著作郎，撰次起居注。自茲王役，無暇搜撰。五年春，又被勑撰宋書。六年二月畢功，表上之，曰：

臣約言：臣聞大禹刊木，事炳虞書，西伯戡黎，功煥商典。伏惟皇基積峻，帝烈弘深，樹德往朝，立勳前代，若不觀風唐世，無以見帝嬀之美，自非覩亂秦餘，何用知漢祖之業。是以掌言未記，爰動天情，曲詔史官，追述大典。臣實庸妄，文史多闕，以茲不才，對揚盛旨，是用夕惕載懷，忘其寢食者也。

臣約頓首死罪：竊惟宋氏南面，承歷統天，雖世窮八主，年減百載，而兵車亟動，國道屢屯，垂文簡牘，事數繁廣。若夫英主啓基，名臣建績，拯世夷難之功，配天光宅之運，亦足以勒銘鍾鼎，昭被方策。及虐后暴朝，前王罕二，國釁家禍，曠古未書，又可以式規萬葉，作鑒于後。

宋故著作郎何承天始撰宋書，草立紀傳，止於武帝功臣，篇牘未廣。其所撰志，唯天文、律曆，自此外，悉委奉朝請山謙之。謙之，孝建初，又被詔撰述，尋值病亡，仍使南臺侍御史蘇寶生續造諸傳，元嘉名臣，皆其所撰。寶生被誅，大明中，又命著作郎徐爰踵成前作。爰因何、蘇所述，勒爲一史，起自義熙之初，訖于大明之末。至於臧質、魯爽、王僧達諸傳，又皆孝武所造。自永光以來，至於禪讓，十餘年內，闕而不續，一代典文，始末未舉。且事屬當時，多非實録，又立傳之方，取捨乖衷，進由時旨，退傍世情，垂之方來，難以取信。臣今謹更創立，製成新史，始自義熙肇號，終於昇明三年。桓玄、譙縱、盧循、馬、魯之徒，身爲晉賊，非關後代。吴隱、謝混、郗僧施，義止前朝，不宜濫入宋典。劉毅、何無忌、魏詠之、檀憑之、孟昶、諸葛長民，志在興復，情非造宋，今並刊除，歸之晉籍。

臣遠愧南、董，近謝遷、固，以閭閻小才，述一代盛典，屬辭比事，望古慙良，鞠躬跼蹐，靦汗亡厝。本紀列傳，繕寫已畢，合七帙七十卷〔三五〕，臣今謹奏呈。所撰諸志，須成續上。謹條目録，詣省拜表奉書以聞。

臣約誠惶誠恐，頓首頓首，死罪死罪。

校勘記

〔一〕封諸汾川其後四國沈姒蓐黃沈子國今汝南平輿沈亭是也　顧炎武日知録卷二三：「按沈、姒、蓐、黃四國，皆在汾水之上，爲晉所滅。黃非『江人、黃人』之黃，則沈亦非『沈子嘉』之沈。休文乃並列而合之爲一，誤也。」

〔二〕順帝永建元年分會稽爲吴郡　本書卷三五州郡志一、後漢書卷六孝順帝紀皆云漢順帝永建四年「分會稽爲吴郡」。

〔三〕靈帝初平五年分烏程餘杭爲永安縣　漢靈帝年號無初平，漢獻帝初平僅四年。疑「初平」爲「中平」之訛。按本書卷三五州郡志一揚州吴興下云「吴分烏程、餘杭立永安縣」。

〔四〕吴孫皓寶鼎二年分吴郡爲吴興郡　按本書卷三五州郡志一、三國志卷四八吴書孫皓傳皆云孫皓寶鼎元年分吴、丹陽立吴興郡。

〔五〕太康二年改永安爲武康縣　「二年」，南史卷五七沈約傳作「三年」。本書卷三五州郡志一吴興太守條：「武康令（中略）晉武帝太康元年更名。」史記卷四七孔子世家「守封、禺之山」裴駰集解云：「晉太康元年改永安爲武康縣，今屬吳興郡。」

〔六〕演之慶之曇慶懷文其後也　「曇慶」之「慶」字原闕，據南史卷五七沈約傳補正。按沈曇慶，本書卷五四有傳。

〔七〕儀篤學有雅才　「雅才」，原作「雄才」，據南史卷五七沈約傳、册府卷五六一改。按下云「以儒素自業」，則上不當云「雄才」。

〔八〕預以告官　「告官」，原作「官告」，據南監本、汲本、殿本、局本乙正。

〔九〕刺史褚叔度至　「褚叔度」，原作「褚升度」。錢大昕考異卷二四：「『升』當作『叔』。」按本書卷五二有褚叔度傳。錢説是，今據改。

〔一〇〕乃率步軍數萬　「步軍」，南史卷五七沈約傳、通鑑卷一一八晉紀義熙十三年作「步騎」。按秦主姚泓親率大軍至青泥擊田子，志在必勝，不容無騎。晉書卷一一九姚泓載記亦云是時「泓使姚裕率步騎八千距之，泓躬將大衆繼發」。疑「步軍」爲「步騎」之訛。

〔一一〕以數千人送義真南還　「數千人」，南史卷五七沈約傳、通鑑卷一一八晉紀義熙十四年作「數十人」，疑是。

〔一二〕愚謂相去百步内赴告不時者　「内」，原作「同」，據通典卷一六七刑法五改。

〔一三〕劉毅又板爲冠軍參軍　「劉」字原闕。孫彪考論卷四：「當著『劉』字。」按孫説是，今據補。

據晉書卷八五劉毅傳，毅時爲冠軍將軍。

〔一四〕循至蔡洲　「蔡洲」，原作「蔡州」，據本書卷一武帝紀上、晉書卷一〇〇盧循傳改。按通鑑卷一一五晉紀義熙六年：「裕登石頭城望循軍，初見引向新亭，顧左右失色，既而迴泊蔡洲，乃悅。」胡注：「蔡洲在石頭西岸。今建康府上元縣西二十五里有蔡洲。」

〔一五〕留林子與徐赤特斷拒查浦　「徐赤特」，原作「徐赤將」，據本書卷一武帝紀上、南史卷一宋本紀上、通鑑卷一一五晉紀義熙六年改。下並改。

〔一六〕豈可復增張虛獲以自夸誕　「虛獲」，南史卷五七沈約傳、册府卷四〇三、卷四三四作「虜獲」，吴金華續議云：「『虛獲』不辭，必爲『虜』之形訛。」

〔一七〕留僞武衞將軍姚鸞精兵守嶮　「僞」、「姚鸞」，原作「爲」、「妃鸞」，據南監本、北監本、汲本、殿本、局本、南史卷五七沈約傳改。按，晉書卷一一九姚泓載記亦作「姚鸞」。

〔一八〕紹又遣長史領軍將軍姚伯子寧朔將軍安鸞護軍姚默騾平遠將軍河東太守唐小方率衆三萬屯據九泉　「姚伯子」，通鑑卷一一八晉紀義熙十三年作「姚洽」。「姚默騾」，晉書卷一一九姚泓載記、通鑑作「姚墨蠡」。「率衆三萬」，晉書姚泓載記作「率騎三千」，通鑑作「帥衆二千」。「九泉」，通鑑作「九原」。按晉書姚泓載記，是時姚洽不願受命，乃辭之曰：「今兵衆單弱，而遠在河外。」疑作「三萬」者，本書張大其祖林子戰功之虛辭也。

〔一九〕或曰　「或」，原作一字空格，據殿本、局本補。

〔一〇〕尋紹疽發背死高祖以林子言驗乃賜書曰姚紹忽死　「疽發背死」至「姚紹」十七字原闕，據册府卷四二八補。

〔一一〕屯兵堯柳　「堯柳」，南史卷五七沈約傳作「嶢柳」。

〔一二〕還至朝議欲授以一州八郡　「朝議欲授以一州八」八字原闕，據册府卷二〇〇補。

〔一三〕自非戎車所指　「車」，原作「軍」，據册府卷二〇〇改。

〔一四〕高祖深相訓納　「訓」，原作「訓」。殿本考證：「『訓』疑當作『訓』。」今據改。

〔一五〕始興王濬初開後軍府　「濬」，原作「潘」，據南監本、北監本、汲本、殿本、局本改。

〔一六〕乃宜引與晤對　「晤」，原作「悟」，明本册府卷二九二作「語」，今據北監本、殿本、局本、宋本册府改。

〔一七〕向聊相敦問　「問」字原闕，據册府卷二九二補。

〔一八〕聚材石　「材」，原作「財」，據册府卷三九九改。

〔一九〕諸軍將帥毛熙祚胡崇之臧澄之等　「毛熙祚」，原作「毛遐祚」，據本書卷五文帝紀、卷七四臧質傳、卷九五索虜傳改。「臧澄之」，原作「臧證之」，據本書文帝紀、臧質傳改。

〔二〇〕若以質衆法能退敵完城者則全功不在我　「質」，原作「今」，據通鑑卷一二五宋紀元嘉二十七年改。又「不」字原闕，據通鑑補。

〔二一〕想館舍正安　「正安」，册府卷九〇五作「平安」。

〔三二〕無斁久懷　「斁」，原作「敷」，據南監本、北監本、汲本、殿本、局本改。

〔三三〕璞有子曰約　「約」，原作小字注「闕」，據南史卷五七沈約傳、册府卷五六一補。按沈穆夫五子，淵子、雲子、田子、林子、虔子，本卷並有事迹，獨無虔子事迹。「璞有子曰約」下，又接敍虔子子伯玉、仲玉事迹。疑其間有脱葉。司馬光温國文正公文集卷六二與劉道原書：「今國家雖校定摹印正史，校得絶不精。只如沈約序傳，差卻數板亦不寤，其他可知也。」是則嘉祐初刻，蓋已殘闕不完。

〔三四〕沈伯玉先帝在蕃□佐今猶不改　據本卷上文，宋孝武在蕃時，沈伯玉爲其南中郎行參軍，後又爲晉安王子勛前軍行參軍，隨府轉鎮軍行佐。故王景文云「今猶不改」。疑所闕爲「行」字。

〔三五〕本紀列傳繕寫已畢合七帙七十卷　「七帙」，原作「志表」，據册府卷五六一改。按沈約宋書百卷，内本紀十卷，列傳六十卷先成。永明六年奏呈時，每十卷爲一帙，凡七十卷，故云七帙。宋書無表，奏文下云：「所撰諸志，須成續上。」則時奏呈之七十卷中，既無志，又無表。舊本作「合志表七十卷」者，其誤顯然。

附録

百衲本跋

張元濟

右宋書爲宋眉山刊本，初借北平圖書館所藏六十七卷，其後假得南潯嘉業堂劉氏殘本補入二十三卷。其志第四，列傳第四十四、五、六，第四十八、九，第五十一、二，第五十九，第六十，以常熟瞿氏鐵琴銅劍樓暨涵芬樓藏元明遞修本合配，是本刊於蜀中。

陸存齋謂：「明洪武中，取天下書版實京師，其版遂歸南京國子監。」然是本列傳第三十四版心有署「至元十八年杭州錢弼刊」者，第五十八有署「至元十八年杭州劉仁刊」者，是在元時此版已離蜀矣。余嘗見宋慶元沈中賓在浙左所刊春秋左傳正義，其刻工姓名與是本同者，有張堅、劉昭、史伯恭、李忠、李允、金滋、劉仁、張亨、張斌、周明、宋琚、何昇、何澄、朱玩、方堅、方至、蔣容、方中、王明、王信、余敏、張升、王壽三、王壽、嚴智、王定、李師正、張明、徐大中、楊昌、吴志、沈文、孫日新等，其餘六史同者亦夥。其鐫工亦極相肖，是又宋時此版先已入浙之證。卷中字體遒斂，與世間所傳蜀本，同出一派。其版心畫分五格者，可定爲蜀中紹興原刊。餘則入浙以後，由宋而元遞有補刻。

陸存齋又言：「周季貺有一部爲季滄葦舊藏。」今嘉業殘本均有季氏印記，蓋即延令故物，而由周氏散出者。陸氏謂爲無一修版，亦未確也。錢氏廿二史考異謂少帝紀卷末無史臣論，非休文書。不知宋本固有之，是本卷末一行確爲史臣論斷之詞，前有闕葉，故全文不可得見。其後並此僅存之一行亦復湮滅。按前一葉，皇太后廢少帝令末行「今廢爲滎陽王，一依漢昌邑、晉海西故事」二語，下有一「鎮」字。審其語氣，必爲「鎮西將軍某某入纂皇統」云云。惜已亡逸，無可徵信，弘治修版取南史補之，一字不易而文義不相聯屬，乃削「鎮」字以泯其迹，不知南史爲記事之文，而本書爲記言之文，牉合之迹，顯然可見。其後北監、汲古閣、武英殿遞相傳刻，悉沿其誤，使無茲本，恐無以證錢氏之説矣。王氏十七史商榷又謂「武帝紀書檄詔策皆稱劉諱，其間亦多有直稱裕者，則是後人校者所改，改之未淨，故往往數行之中忽諱忽裕，牽率已甚」云云，此必指本紀第三首葉而言，然是本悉作「諱」字，並無忽諱忽裕之異。錢、王二氏精研史籍，均不獲覩是本。吾輩生古人後，何幸而得見此未見之書耶。卷中空格及注闕字者，凡數十見，訛舛之字，亦殊不鮮，然以視後出之本，則此爲猶勝。異日當别印校記，以俟讀者之諟正焉。海鹽張元濟。

主要參考文獻

一

宋書一百卷，百衲本二十四史影印宋刻宋元明遞修本，商務印書館，一九三三年。

宋書一百卷，中華再造善本影印宋刻宋元明遞修本，國家圖書館出版社，二〇〇六年。

宋書一百卷，明萬曆二十二年南京國子監刊本，中華書局圖書館藏。

宋書一百卷，明萬曆二十六年北京國子監刻清康熙二十五年遞修本，中華書局圖書館藏。

宋書一百卷，明崇禎七年毛氏汲古閣刊本，中華書局圖書館藏。

宋書一百卷，清乾隆四年武英殿校刊本，中華書局圖書館藏。

宋書一百卷，清同治十一年金陵書局印行本，中華書局圖書館藏。

二

周易正義，三國魏王弼、晉韓康伯注，唐孔穎達等疏，十三經注疏影印清阮元校刻本，中華書局，一九八〇年。

尚書正義，漢孔安國傳，唐陸德明音義，唐孔穎達等疏，十三經注疏影印清阮元校刻本，中華書局，一九八〇年。

毛詩正義，漢毛亨傳，漢鄭玄箋，唐陸德明音義，唐孔穎達等疏，十三經注疏影印清阮元校刻本，中華書局，一九八〇年。

詩集傳，宋朱熹集注，上海古籍出版社，一九八〇年。

周禮注疏，漢鄭玄注，唐陸德明音義，唐賈公彦等疏，十三經注疏影印清阮元校刻本，中華書局，一九八〇年。

儀禮注疏，漢鄭玄注，唐賈公彦等疏，十三經注疏影印清阮元校刻本，中華書局，一九八〇年。

禮記正義，漢鄭玄注，唐陸德明音義，唐孔穎達等疏，十三經注疏影印清阮元校刻本，中華書局，一九八〇年。

五禮通考，清秦蕙田撰，景印文淵閣四庫全書本，臺灣商務印書館，一九八六年。

春秋左傳正義，晉杜預注，唐陸德明音義，唐孔穎達等疏，十三經注疏影印清阮元校刻本，中華書局，一九八〇年。

春秋左傳注，楊伯峻編著，中華書局，一九九〇年。

春秋左傳詁，清洪亮吉撰，李解民點校，中華書局，一九八七年。

春秋公羊傳注疏，漢何休注，唐陸德明音義，唐徐彦疏，十三經注疏影印清阮元校刻本，中華書局，一九八〇年。

春秋穀梁傳注疏，晉范甯集解，唐陸德明音義，唐楊士勛疏，十三經注疏影印清阮元校刻本，中華書局，一九八〇年。

論語注疏，三國魏何晏等集解，宋邢昺疏，十三經注疏影印清阮元校刻本，中華書局，一九八〇年。

孝經注疏，唐玄宗注，宋邢昺疏，十三經注疏影印清阮元校刻本，中華書局，一九八〇年。

爾雅注疏，晉郭璞注，宋邢昺疏，十三經注疏影印清阮元校刻本，中華書局，一九八〇年。

孟子注疏，漢趙岐注，宋孫奭疏，十三經注疏影印清阮元校刻本，中華書局，一九八〇年。

經典釋文彙校，唐陸德明撰，黄焯彙校，黄延祖重輯，中華書局，二〇〇六年。
方言箋疏，清錢繹撰集，李發舜、黄建中點校，中華書局，一九九一年。
釋名，漢劉熙撰，中華書局影印本，二〇一六年。
廣雅疏證，清王念孫著，鍾宇訊整理，中華書局影印清嘉慶王氏家刻本，一九八三年。
匡謬正俗平議，唐顔師古原著，劉曉東平議，齊魯書社，二〇一六年。
爾雅翼，宋羅願撰，元洪焱祖釋，叢書集成初編本，中華書局，一九八五年。
恒言録，清錢大昕撰，續修四庫全書影印清嘉慶十年刻文選樓叢書本，上海古籍出版社，二〇〇二年。
説文解字，漢許慎撰，中華書局，一九六三年。
説文解字注，漢許慎撰，清段玉裁注，上海古籍出版社，一九八一年。
説文通訓定聲，清朱駿聲撰，中華書局影印清臨嘯閣藏版，二〇一六年。
廣韻校本，周祖謨校，中華書局影印清張士俊澤存堂刊本，二〇一一年。
史記（修訂本），漢司馬遷撰，南朝宋裴駰集解，唐司馬貞索隱，唐張守節正義，中華書局，二〇一四年。

漢書，漢班固撰，唐顏師古注，中華書局，一九六二年。

漢書補注，漢班固撰，清王先謙補注，上海古籍出版社，二〇〇八年。

後漢書，南朝宋范曄撰，唐李賢等注，中華書局，一九六五年。

後漢書補注，清惠棟撰，叢書集成初編本，中華書局，一九八五年。

後漢書集解，清王先謙撰，中華書局影印一九一五年虚受堂刊本，一九八四年。

三國志，晉陳壽撰，南朝宋裴松之注，中華書局，一九五九年。

三國志考證，清潘眉撰，續修四庫全書影印清嘉慶十五年潘氏小遂初堂刻本，上海古籍出版社，二〇〇二年。

三國志集解，晉陳壽撰，南朝宋裴松之注，盧弼集解，錢劍夫整理，上海古籍出版社，二〇一二年。

晉書，唐房玄齡等撰，中華書局，一九七四年。

南齊書（修訂本），南朝梁蕭子顯撰，中華書局，二〇一七年。

梁書，唐姚思廉撰，中華書局，一九七三年。

陳書，唐姚思廉撰，中華書局，一九七二年。

魏書（修訂本），北齊魏收撰，中華書局，二〇一七年。

南史，唐李延壽撰，中華書局，一九七五年。
北史，唐李延壽撰，中華書局，一九七四年。
隋書，唐魏徵等撰，中華書局，一九七三年。
舊唐書，後晉劉昫等撰，中華書局，一九七五年。
新唐書，宋歐陽脩、宋祁撰，中華書局，一九七五年。
讀史舉正，清張熷撰，續修四庫全書影印清光緒七年趙氏刻仰視千七百二十九鶴齋叢書本，上海古籍出版社，二〇〇二年。
讀史糾謬，清牛運震著，李念孔、高文達、張茂華點校，齊魯書社，一九八九年。
十七史商榷，清王鳴盛撰，黄曙輝點校，上海古籍出版社，二〇一三年。
廿二史劄記校證（訂補本），清趙翼著，王樹民校證，中華書局，二〇〇一年。
廿二史考異（附三史拾遺、諸史拾遺），清錢大昕著，方詩銘、周殿傑校點，上海古籍出版社，二〇〇四年。
炳燭偶鈔，清陸錫熊撰，叢書集成初編本，中華書局，一九八五年。
晉宋書故，清郝懿行撰，叢書集成初編本，中華書局，一九八五年。
諸史考異，清洪頤煊撰，續修四庫全書影印清光緒十五年廣雅書局刻本，上海古籍出版社，二〇〇二年。

越縵堂讀史札記全編，清李慈銘著，北京圖書館出版社影印一九二七年北平圖書館手稿，二〇〇三年。

吕思勉讀史札記，吕思勉撰，上海古籍出版社，一九八二年。

讀史存稿，繆鉞著，三聯書店，一九六三年。

魏晉南北朝史札記（補訂本），周一良著，中華書局，二〇一五年。

二十史朔閏表，陳垣撰，中華書局，一九六二年。

資治通鑑，宋司馬光編著，元胡三省音注，中華書局，一九五六年。

資治通鑑，宋司馬光編著，元胡三省音注，上海古籍出版社影印本，一九八七年。

續資治通鑑長編，宋李燾撰，上海師大古籍所、華東師大古籍所點校，中華書局，二〇〇四年。

建康實録，唐許嵩撰，張忱石點校，中華書局，一九八六年。

通志，宋鄭樵撰，中華書局影印萬有文庫十通本，一九八七年。

國語集解（修訂本），徐元誥撰，王樹民、沈長雲點校，中華書局，二〇〇二年。

戰國策箋證，范祥雍箋證，范邦瑾協校，上海古籍出版社，二〇〇六年。

歷代名臣奏議，明黄淮、楊士奇編，上海古籍出版社影印明永樂内府刻本，一九八九年。
越縵堂日記補，清李慈銘撰，商務印書館，一九三六年。
華陽國志校補圖注，晉常璩撰，任乃强校注，上海古籍出版社，一九八七年。
元和郡縣圖志，唐李吉甫撰，賀次君點校，中華書局，一九八三年。
太平寰宇記，宋樂史撰，王文楚等點校，中華書局，二〇〇七年。
元豐九域志，宋王存撰，王文楚、魏嵩山點校，中華書局，一九八四年。
方輿勝覽，宋祝穆撰，宋祝洙增訂，施和金點校，中華書局，二〇〇三年。
輿地紀勝，宋王象之撰，中華書局影印本，一九九二年。
讀史方輿紀要，清顧祖禹撰，賀次君、施和金點校，中華書局，二〇〇五年。
嘉定鎮江志，宋史彌堅修，宋盧憲纂，宋元方志叢刊影印清道光二十二年丹徒包氏刻本，中華書局，一九九〇年。
水經注校，王國維校，袁英光、劉寅生整理標點，上海人民出版社，一九八四年。
水經注疏，北魏酈道元注，清楊守敬、熊會貞疏，段熙仲點校，陳橋驛復校，江蘇古籍出版社，一九八九年。
六朝事迹編類，宋張敦頤撰，張忱石點校，中華書局，二〇一二年。

唐六典，唐李林甫等撰，陳仲夫點校，中華書局，一九九二年。

欽定歷代職官表，清紀昀等撰，景印文淵閣四庫全書本，臺灣商務印書館，一九八六年。

通典，唐杜佑撰，王文錦等點校，中華書局，一九八八年。

文獻通考，元馬端臨撰，中華書局影印萬有文庫十通本，一九八六年。

郡齋讀書志校證，宋晁公武撰，孫猛校證，上海古籍出版社，一九九〇年。

直齋書録解題，宋陳振孫撰，徐小蠻、顧美華點校，上海古籍出版社，一九八七年。

四庫全書總目，清永瑢等撰，中華書局影印本，一九六五年。

四庫提要辨證，余嘉錫著，中華書局，二〇〇七年。

隸釋，宋洪适撰，中華書局，一九八五年。

古刻叢鈔，明陶宗儀編，中華書局影印知不足齋叢書本，一九九九年。

史通通釋，唐劉知幾撰，清浦起龍釋，上海古籍出版社，一九七八年。

荀子集解，清王先謙撰，沈嘯寰、王星賢點校，中華書局，一九八八年。

新語校注，漢陸賈撰，王利器校注，中華書局，一九八六年。

説苑疏證，漢劉向撰，趙善詒疏證，華東師範大學出版社，一九八五年。

管子校注，黎翔鳳撰，梁運華整理，中華書局，二〇〇四年。
周髀算經，漢趙爽注，北周甄鸞重述，唐李淳風注釋，上海古籍出版社，一九九〇年。
璇璣遺述，清揭暄撰，續修四庫全書影印清乾隆三十年刻本，上海古籍出版社，二〇〇二年。
匯校九章筭術（增補版），郭書春匯校，遼寧教育出版社、臺灣九章出版社，二〇〇四年。
歷代名畫記，唐張彦遠著，俞劍華注釋，上海人民美術出版社，一九六四年。
墨子校注，吴毓江撰，孫啓治點校，中華書局，一九九三年。
吕氏春秋新校釋，戰國吕不韋著，陳奇猷校釋，上海古籍出版社，二〇〇二年。
吕氏春秋注疏，王利器著，巴蜀書社，二〇〇二年。
淮南鴻烈集解，劉文典撰，馮逸、喬華點校，中華書局，一九八九年。
金樓子校箋，南朝梁蕭繹撰，許逸民校箋，中華書局，二〇一一年。
顔氏家訓集解（增補本），王利器撰，中華書局，一九九三年。
習學記言序目，宋葉適著，中華書局，一九七七年。
日知録集釋，清顧炎武撰，清黄汝成集釋，上海古籍出版社，一九八五年。
讀書記疑，清王懋竑撰，續修四庫全書影印清同治十一年福建撫署刻本，上海古籍出版社，二〇〇二年。

援鶉堂筆記，清姚範撰，上海古籍出版社，一九九六年。

羣書拾補，清盧文弨撰，叢書集成初編本，中華書局，一九八五年。

十駕齋養新録箋注（經史之部），程羽黑箋注，上海書店出版社，二〇一五年。

讀書雜志，清王念孫撰，徐煒君等校點，上海古籍出版社，二〇一四年。

銅熨斗齋隨筆，清沈濤撰，續修四庫全書影印清光緒會稽章氏刻本，上海古籍出版社，二〇〇二年。

舒藝室隨筆，清張文虎撰，魏得良校點，遼寧教育出版社，二〇〇三年。

論衡校讀箋識，馬宗霍著，中華書局，二〇一〇年。

風俗通義校注，漢應劭撰，王利器校注，中華書局，一九八一年。

愧郯録，宋岳珂撰，朗潤點校，中華書局，二〇一六年。

北堂書鈔，隋虞世南撰，唐代四大類書影印清光緒十四年南海孔廣陶三十有三萬卷堂校注重刻陶宗儀傳鈔宋本，清華大學出版社，二〇〇三年。

宋本藝文類聚，唐歐陽詢撰，上海古籍出版社影印本，二〇一三年。

藝文類聚（附索引），唐歐陽詢撰，汪紹楹校，上海古籍出版社，一九六五年。

初學記，唐徐堅等著，中華書局，一九六二年。
太平御覽，宋李昉等撰，中華書局縮印商務印書館影宋本，一九六〇年。
宋本册府元龜，宋王欽若、楊億等編，中華書局影印本，一九八九年。
册府元龜，宋王欽若、楊億等編，中華書局影印本，一九六〇年。
職官分紀，宋孫逢吉撰，景印文淵閣四庫全書本，臺灣商務印書館，一九八六年。
玉海，宋王應麟撰，廣陵書社影印光緒九年浙江書局刊本，二〇〇七年。
永樂大典，明解縉等撰，中華書局影印本，二〇一二年。
西京雜記，晉葛洪撰，中華書局，一九八五年。
世説新語箋疏（修訂本），南朝宋劉義慶著，南朝梁劉孝標注，余嘉錫箋疏，周祖謨等整理，上海古籍出版社，一九九三年。
世説新語校箋，徐震堮著，中華書局，一九八四年。
搜神記，晉干寶撰，汪紹楹校注，中華書局，一九七九年。
新輯搜神記新輯搜神後記，晉干寶、南朝宋陶潛撰，李劍國輯校，中華書局，二〇〇七年。
拾遺記，晉王嘉撰，梁蕭綺録，齊治平校注，中華書局，一九八一年。
太平廣記，宋李昉等編，汪紹楹點校，中華書局，一九六一年。

高僧傳，南朝梁釋惠皎撰，湯用彤校注，湯一玄整理，中華書局，一九九二年。

出三藏記集，南朝梁釋僧祐撰，蘇晉仁、蕭鍊子點校，中華書局，一九九五年。

弘明集校箋，南朝梁釋僧祐撰，李小榮校箋，上海古籍出版社，二〇一三年。

廣弘明集，唐釋道宣著，四部叢刊初編本，商務印書館，一九二九年。

法苑珠林校注，唐釋道世撰，周叔迦、蘇晉仁校注，中華書局，二〇〇三年。

老子校釋，朱謙之撰，中華書局，一九八四年。

列子集釋，楊伯峻撰，中華書局，一九七九年。

莊子集釋，清郭慶藩輯，王孝魚整理，中華書局，一九六一年。

列仙傳校箋，王叔岷撰，中華書局，二〇〇七年。

抱朴子内篇校釋，王明撰，中華書局，一九八五年。

抱朴子外篇校箋，楊明照校箋，中華書局，一九九一年、一九九七年。

楚辭集注，宋朱熹集注，上海古籍出版社，一九七九年。

楚辭補注，宋洪興祖撰，白化文等點校，中華書局，一九八三年。

曹植集校注，三國魏曹植著，趙幼文校注，人民文學出版社，一九八四年。

陶淵明集校箋（修訂本），晉陶潛著，龔斌校箋，上海古籍出版社，一九九六年。
陶淵明集箋注，袁行霈撰，中華書局，二〇〇三年。
謝康樂集，南朝宋謝靈運著，明沈啓原輯，明萬曆刻本，國家圖書館藏。
謝康樂集，南朝宋謝靈運著，明張溥編，漢魏六朝百三家集本，中華書局圖書館藏。
謝靈運集校注，南朝宋謝靈運著，顧紹柏校注，中州古籍出版社，一九八七年。
鮑參軍集注，清錢振倫注，黄節補注，錢仲聯增補集説校，上海古籍出版社，一九八〇年。
鮑照集校注，南朝宋鮑照著，丁福林、叢玲玲校注，中華書局，二〇一二年。
江文通集彙注，南朝江淹著，明胡之驥注，李長路、趙威點校，中華書局，一九八四年。
温國文正公文集，宋司馬光撰，四部叢刊（初編）景宋紹興刊本，商務印書館，一九二九年。
嵩山文集，宋晁説之撰，四部叢刊（續編）影印舊鈔本，上海書店，一九八五年。
潛研堂集，清錢大昕撰，吕友仁校點，上海古籍出版社，一九八九年。
文選，南朝梁蕭統編，唐李善注，中華書局影印本，一九七七年。
六臣注文選，南朝梁蕭統編，唐李善、吕延濟、劉良、張銑、吕向、李周翰注，中華書局影印本，一九八七年。
文選旁證，清梁章鉅撰，穆克宏點校，福建人民出版社，二〇〇〇年。

文選平點（重輯本），黄侃著，黄延祖重輯，中華書局，二〇〇六年。

玉臺新詠箋注，南朝陳徐陵編，清吴兆宜注，清程琰删補，穆克宏點校，中華書局，一九八五年。

文苑英華，宋李昉等編，中華書局影印本，一九六六年。

樂府詩集，宋郭茂倩編，文學古籍刊行社影宋本，一九五五年。

樂府詩集，宋郭茂倩編，中華書局，一九七九年。

全上古三代秦漢三國六朝文，清嚴可均編，中華書局影印本，一九五八年。

先秦漢魏晉南北朝詩，逯欽立輯校，中華書局，一九八三年。

三

宋書考論，清孫彪撰，孫鼎宜整理編次，二十五史三編本，岳麓書社，一九九四年。

宋書札記，清李慈銘撰，二十五史三編本，岳麓書社，一九九四年。

宋書夷貊傳地理考證，清丁謙撰，二十五史三編本，岳麓書社，一九九四年。

宋州郡志校勘記，清成孺撰，叢書集成初編本，中華書局，一九八五年。

補校宋書州郡志札記，楊守敬撰，歷代輿地圖劉宋州郡圖，清宣統元年觀海堂楊氏刊本。
宋書校勘記，張森楷著，張森楷史學遺著輯略，西南師範大學出版社，一九九八年。
宋書校勘記，張元濟撰，百衲本二十四史校勘記，商務印書館，二〇〇一年。
宋書校勘記長編，王仲犖撰，中華書局，二〇〇九年。
百衲本宋書律志校勘記，錢寶琮撰，李儼錢寶琮科學史全集第九卷錢寶琮論文集，遼寧教育出版社，一九九八年。
宋書州郡志匯釋，胡阿祥編著，安徽教育出版社，二〇〇六年。
宋州郡志校勘記校補，楊守敬校，譚其驤補，譚其驤長水集，人民出版社，一九八七年。
論沈約宋書八志，蘇晉仁撰，周紹良先生欣開九秩慶壽文集，中華書局，一九九七年。
讀宋書州郡志札記二則，何德章撰，魏晉南北朝隋唐史資料第十五輯，武漢大學出版社，一九九七年。
宋書校點本偶記，吴金華撰，古籍研究一九九七年第四期。
宋書點校本志疑，吴金華撰，古籍整理研究學刊一九九八年第三期。
宋書校點本札迻，吴金華撰，古文獻整理與古漢語研究續集，鳳凰出版社，二〇〇七年。
宋書校點續議，吴金華撰，文史二〇〇九年第二輯。

宋書校點續議（續一），吴金華撰，文史二〇一三年第一輯。
宋書校點續議（續二），吴金華撰，文史二〇一三年第三輯。
宋書校證，真大成著，中古史書校證，中華書局，二〇一三年。
宋書詞語研究，宋聞兵著，中華書局，二〇〇九年。
校補三國疆域志，金兆豐撰，商務印書館，一九三五年。
東晉方鎮年表，清萬斯同撰，兩晉南北朝十史補編本，北京圖書館出版社，二〇〇五年。
晉方鎮年表，清萬斯同撰，兩晉南北朝十史補編本，北京圖書館出版社，二〇〇五年。
東晉疆域志，清洪亮吉撰，兩晉南北朝十史補編本，北京圖書館出版社，二〇〇五年。
晉書校勘記，清周家禄撰，叢書集成初編本，中華書局，一九八五年。
晉書斠注，唐房玄齡等撰，吴士鑑、劉承幹注，中華書局影印一九二八年吴興劉氏嘉業堂本，二〇〇八年。
宋方鎮年表，清萬斯同撰，兩晉南北朝十史補編本，北京圖書館出版社，二〇〇五年。
南齊書校議，朱季海撰，中華書局，一九八四年。
南齊書校議，丁福林撰，中華書局，二〇一〇年。
補梁疆域志，清洪齮孫撰，二十五史補編本，中華書局，一九九五年。

隋書經籍志考證，清姚振宗撰，二十五史補編本，中華書局，一九九五年。
隋書地理志考證，楊守敬撰，二十五史補編本，中華書局，一九九五年。
南史校勘記，百衲本二十四史校勘記，張元濟撰，商務印書館，二〇〇一年。
南史校證，馬宗霍著，戴維校點，湖南教育出版社，二〇〇八年。
讀書札記一集二集三集，陳寅恪撰，陳寅恪集，三聯書店，二〇〇一年。
古代曆法計算法，劉洪濤著，南開大學出版社，二〇〇三年。
歷代律曆志校證，陳美東著，中華書局，二〇〇八年。
諸史天象記録考證，劉次沅著，中華書局，二〇一五年。
南朝五史人名索引，張忱石編，中華書局，一九八五年。
兩晉南北朝史，吕思勉撰，上海古籍出版社，一九八三年。
古文獻整理與古漢語研究，吴金華著，江蘇古籍出版社，二〇〇一年。
古文獻整理與古漢語研究續集，吴金華著，鳳凰出版社，二〇〇七年。
中國地方行政制度史魏晉南北朝地方行政制度，嚴耕望撰，嚴耕望史學著作集，上海古籍出版社，二〇〇七年。
諸蕃志占城屬國考，岑仲勉著，中外史地考證，中華書局，一九六二年。

兩漢州制考跋，譚其驤著，長水集，人民出版社，一九八七年。
晉永嘉喪亂後之民族遷徙，譚其驤撰，長水集，人民出版社，一九八七年。
東晉南朝的雙頭州郡，吴應壽撰，歷史地理研究第一輯，復旦大學出版社，一九八六年。
羅音室讀書筆記，吴世昌撰，學林漫録五集，中華書局，一九八二年。
魏晉南北朝史籍舉要，唐長孺著，唐書兵志箋正（外二種），中華書局，二〇一一年。
正史宋元版之研究，日尾崎康著，喬秀岩、王鏗編譯，中華書局，二〇一八年。
宋書校釋，張徽撰，博士學位論文（未刊稿），蘇州大學，二〇〇九年。

點校本二十四史及清史稿修訂工程組織機構

總　修　纂　任繼愈

學術顧問　王元化　王永興　王鍾翰　何茲全　季羨林　馮其庸　蔡尚思
戴　逸　饒宗頤（以姓氏筆畫爲序）

修纂委員會　丁福林　王小盾　王　素　朱　雷　吴玉貴　吴金華　吴麗娱
汪桂海　辛德勇　周天游　武秀成　孟彦弘　南炳文　施新榮
烏　蘭　凍國棟　陳尚君　陳高華　徐　俊　張　帆　張金龍
程妮娜　景蜀慧　趙生群　裴汝誠　鄭小容　劉次沅　劉浦江
戴建國　羅　新（以姓氏筆畫爲序）

審定委員會　王天有　王文楚　王春瑜　王　堯　王曾瑜　王繼如　白化文

田餘慶　安平秋　安作璋　何英芳　何齡修　吴宗國　吴榮曾

宋德金　李學勤　周良霄　周振鶴　周清澍　周偉洲　來新夏

祝總斌　陳允吉　陳祖武　陳智超　袁行霈　高　敏　陶　敏

徐蘋芳　張大可　張文强　張忱石　崔文印　梁太濟　許逸民

黄留珠　鄒逸麟　程毅中　傅璇琮　傅熹年　裘錫圭　蔡美彪

熊國禎　樓宇烈　劉鳳翥　龔延明　（以姓氏筆畫爲序）